PAGODA TOEFL

70+
Reading

PAGODA Books

PAGODA
TOEFL
70+ Reading

초판   1쇄 발행   2014년   3월   5일
개정판 1쇄 발행   2022년   11월 15일

지 은 이 | 장은혜, 파고다교육그룹 언어교육연구소
펴 낸 이 | 박경실
펴 낸 곳 | Wit&Wisdom 도서출판 위트앤위즈덤
임프린트 | **PAGODA Books**
출판등록 | 2005년 5월 27일 제 300-2005-90호
주   소 | 06614 서울특별시 서초구 강남대로 419, 19층(서초동, 파고다타워)
전   화 | (02) 6940-4070
팩   스 | (02) 536-0660
홈페이지 | www.pagodabook.com

저작권자 | ⓒ 2022 장은혜, 파고다아카데미

ISBN 978-89-6281-887-1 (14740)

도서출판 위트앤위즈덤   www.pagodabook.com
파고다 어학원   www.pagoda21.com
파고다 인강   www.pagodastar.com
테스트 클리닉   www.testclinic.com

2019년 8월
New iBT TOEFL®의 시작!

2019년 5월 22일, TOEFL 주관사인 미국 ETS(Educational Testing Service)는 iBT TOEFL® 시험 시간이 기존보다 30분 단축되며, 이에 따라 Writing을 제외한 3가지 시험 영역이 다음과 같이 변경된다고 발표했다. 새로 바뀐 iBT TOEFL® 시험은 2019년 8월 3일 정기 시험부터 시행되고 있다.

- 총 시험 시간 기존 약 3시간 30분 ···> 약 3시간으로 단축
- 시험 점수는 각 영역당 30점씩 총 120점 만점으로 기존과 변함없음

시험 영역	2019년 8월 1일 이전	2019년 8월 1일 이후
Reading	지문 3~4개 각 지문당 12~14문제 시험 시간 60~80분	지문 3~4개 각 지문당 10문제 시험 시간 54~72분
Listening	대화 2~3개, 각 5문제 강의 4~6개, 각 6문제 시험 시간 60~90분	대화 2~3개, 각 5문제 강의 3~4개, 각 6문제 시험 시간 41~57분
Speaking	6개 과제 독립형 과제 2개 통합형 과제 4개 시험 시간 20분	4개 과제 독립형 과제 1개 통합형 과제 3개 시험 시간 17분
Writing	*변함없음 2개 과제 시험 시간 50분	

목차

이 책의 구성과 특징

›› New TOEFL 변경 사항 및 최신 출제 유형 완벽 반영!

2019년 8월부터 변경된 새로운 토플 시험을 반영, iBT TOEFL® 70점 이상을 목표로 하는 학습자를 위해 최근 iBT TOEFL®의 출제 경향을 완벽하게 반영한 문제와 주제를 골고루 다루고 있습니다.

›› Basic Skills로 시험에 꼭 필요한 기초 개념 다지기!

Reading 언어 능력을 평가하는 iBT TOEFL® Reading에서 지문의 이해도를 높이고 읽기 실력을 향상시키기 위해 반드시 알아 두어야 하는 기초 개념을 정리했습니다.

›› TOEFL Reading 시험 입문자를 위한 문제 유형별 공략법 제공!

iBT TOEFL® Reading의 문제 유형을 효율적으로 공략하기 위한 파고다 토플 스타 강사 저자의 유형별 전략과 더불어, 입문자의 눈높이에 맞는 각 유형별 문제 풀이 방법 및 오답 선택 풀이 과정을 통해 입문자도 목표 점수에 쉽게 도달할 수 있도록 구성했습니다.

›› 2회분의 Actual Test로 실전 완벽 대비!

실제 시험과 동일하게 구성된 2회분의 Actual Test를 수록해 실전에 철저하게 대비할 수 있도록 구성했습니다.

›› 온라인 모의고사 체험 인증번호 제공!

PC에서 실제 시험과 유사한 형태로 모의 테스트를 볼 수 있는 시험 구현 시스템을 제공합니다. 본 교재에 수록되어 있는 Actual Test 2회분(Test 1, 2)과 동일한 내용을 실제 iBT TOEFL® 시험을 보듯 온라인상에서 풀어 보실 수 있습니다.

▶ 온라인 모의고사 체험 인증번호는 앞표지 안쪽에서 확인하세요.

›› 그룹 스터디와 독학에 유용한 단어 시험지 생성기 제공!

자동 단어 시험지 생성기를 통해 교재를 학습하면서 외운 단어 실력을 테스트해 볼 수 있습니다.

▶ 사용 방법: 파고다북스 홈페이지(www.pagodabook.com)에 로그인한 후 상단 메뉴의 [모의테스트] 클릭 > 모의테스트 메뉴에서 [단어 시험] 클릭 > TOEFL - PAGODA TOEFL 70+ Reading 개정판을 고른 후 원하는 문제 수를 입력하고 문제 유형 선택 > '단어 시험지 생성'을 누르고 별도의 브라우저 창으로 뜬 단어 시험지를 PDF로 내려받거나 인쇄

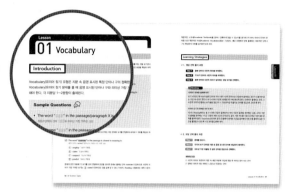

Introduction & Learning Strategies

각각의 문제 유형과 효과적인 정답 및 오답 선택 풀이 과정을 살펴봅니다. 각 Lesson에서는 예시 문제 학습을 통해 해당 문제 유형에 대한 효과적인 단계별 정답 선택 풀이 전략을 학습합니다.

Practice

앞에서 배운 학습 전략을 적용하여 문제를 풉니다. 해당 문제 유형을 집중 공략합니다.

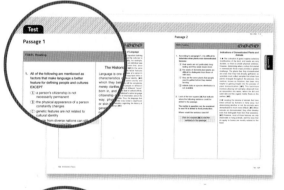

Test

실전과 유사한 유형과 난이도로 구성된 연습 문제를 풀며 iBT TOEFL® 실전 감각을 익힙니다.

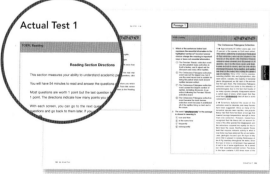

Actual Test

실제 시험과 동일하게 구성된 2회분의 Actual Test를 통해 실전에 대비합니다. 본 교재의 Actual Test는 온라인 모의고사로도 함께 제공되어 iBT TOEFL®과 유사한 환경에서 실제처럼 연습해 볼 수 있습니다.

4주 완성 학습 플랜

DAY 1	DAY 2	DAY 3	DAY 4	DAY 5
Ⅰ Basic Skills		**Ⅱ Question Types**		
Lesson 01, Lesson 02 1. 관계대명사절 2. 분사 • 개념 • Check-up • Practice	Lesson 02 3. 특정 동사에 따른 구조 4. 접속사 5. 전치사구 • 개념 • Check-up • Practice	Lesson 01, 02 • 문제 유형 및 전략 • Practice • Test	Lesson Review • 문제 & 해설 다시 보기	Lesson 03, 04 • 문제 유형 및 전략 • Practice • Test

DAY 6	DAY 7	DAY 8	DAY 9	DAY 10
Ⅱ Question Types				
Lesson Review • 문제 & 해설 다시 보기	Lesson 05 • 문제 유형 및 전략 • Practice • Test	Lesson Review • 문제 & 해설 다시 보기	Lesson 06 • 문제 유형 및 전략 • Practice • Test	Lesson Review • 문제 & 해설 다시 보기

DAY 11	DAY 12	DAY 13	DAY 14	DAY 15
Ⅱ Question Types				
Lesson 07 • 문제 유형 및 전략 • Practice • Test	Lesson Review • 문제 & 해설 다시 보기	Lesson 08 • 문제 유형 및 전략 • Practice • Test	Lesson Review • 문제 & 해설 다시 보기	Lesson 09, 10 • 문제 유형 및 전략 • Practice • Test

DAY 16	DAY 17	DAY 18	DAY 19	DAY 20
	Ⅲ Actual Test			
Lesson Review • 문제 & 해설 다시 보기	Actual Test 1 • 문제 풀이	Actual Test 1 Review • 문제 & 해설 다시 보기	Actual Test 2 • 문제 풀이	Actual Test 2 Review • 문제 & 해설 다시 보기

iBT TOEFL® 개요

1. iBT TOEFL® 이란?

TOEFL은 영어 사용 국가로 유학을 가고자 하는 외국인들의 영어 능력을 평가하기 위해 개발된 시험이다. TOEFL 시험 출제 기관인 ETS는 이러한 TOEFL 본연의 목적에 맞게 문제의 변별력을 더욱 높이고자 PBT(Paper-Based Test), CBT(Computer-Based Test)에 이어 차세대 시험인 인터넷 기반의 iBT(Internet-Based Test)를 2005년 9월부터 시행하고 있다. ETS에서 연간 30~40회 정도로 지정한 날짜에 등록함으로써 치르게 되는 이 시험은 Reading, Listening, Speaking, Writing 총 4개 영역으로 구성되며 총 시험 시간은 약 3시간이다. 각 영역별 점수는 30점으로 총점 120점을 만점으로 하며 성적은 시험 시행 약 10일 후에 온라인에서 확인할 수 있다.

2. iBT TOEFL®의 특징

1) 영어 사용 국가로 유학 시 필요한 언어 능력을 평가한다.

각 시험 영역은 실제 학업이나 캠퍼스 생활에 반드시 필요한 언어 능력을 측정한다. 평가되는 언어 능력에는 자신의 의견 및 선호도 전달하기, 강의 요약하기, 에세이 작성하기, 학술적인 주제의 글을 읽고 내용 이해하기 등이 포함되며, 각 영역에 걸쳐 고르게 평가된다.

2) Reading, Listening, Speaking, Writing 전 영역의 통합적인 영어 능력(Integrated Skill)을 평가한다.

시험이 4개 영역으로 분류되어 있기는 하지만 Speaking과 Writing 영역에서는 [Listening + Speaking], [Reading + Listening + Speaking], [Reading + Listening + Writing]과 같은 형태로 학습자가 둘 또는 세 개의 언어 영역을 통합해서 사용할 수 있는지를 평가한다.

3) Reading 지문 및 Listening 스크립트가 길다.

Reading 지문은 700단어 내외로 A4용지 약 1.5장 분량이며, Listening은 3~4분 가량의 대화와 6~8분 가량의 강의로 구성된다.

4) 전 영역에서 노트 필기(Note-taking)를 할 수 있다.

긴 지문을 읽거나 강의를 들으면서 핵심 사항을 간략하게 적어 두었다가 문제를 풀 때 참고할 수 있다. 노트 필기한 종이는 시험 후 수거 및 폐기된다.

5) 선형적(Linear) 방식으로 평가된다.

응시자가 시험을 보는 과정에서 실력에 따라 문제의 난이도가 조정되어 출제되는 CAT(Computer Adaptive Test) 방식이 아니라, 정해진 문제가 모든 응시자에게 동일하게 제시되는 선형적인 방식으로 평가된다.

6) 시험 응시일이 제한된다.

시험은 주로 토요일과 일요일에만 시행되며, 시험에 재응시할 경우, 시험 응시일 3일 후부터 재응시 가능하다.

7) Performance Feedback이 주어진다.

온라인 및 우편으로 발송된 성적표에는 수치화된 점수뿐 아니라 각 영역별로 수험자의 과제 수행 정도를 나타내는 표도 제공된다.

3. iBT TOEFL®의 구성

시험 영역	Reading, Listening, Speaking, Writing
시험 시간	약 3시간
시험 횟수	연 30~40회(날짜는 ETS에서 지정)
총점	0~120점
영역별 점수	각 영역별 0~30점
성적 확인	응시일로부터 10일 후 온라인에서 성적 확인 가능

시험 영역	문제 구성	시간
Reading	● 독해 지문 3~4개, 총 30~40문제가 출제된다. ● 각 지문 길이 700단어 내외, 지문당 10문제로 이루어져 있다. ● 지문 3개가 출제될 경우 54분, 4개가 출제될 경우 72분이 주어진다.	54분~72분
Listening	● 대화(Conversation) 2~3개(각 5문제씩)와 강의(Lecture) 3~4개(각 6문제씩)가 출제된다. ● 듣기 5개가 출제될 경우 41분, 7개가 출제될 경우 57분이 주어진다.	41분~57분
Break		10분
Speaking	● 독립형 과제(Independent Task) 1개, 통합형 과제(Integrated Task) 3개 총 4개 문제가 출제된다.	17분
Writing	● 통합형 과제(Integrated Task) 1개(20분), 독립형 과제(Independent Task) 1개(30분) 총 2개 문제가 출제된다.	50분

4. iBT TOEFL®의 점수

1) 영역별 점수

Reading	0~30	Listening	0~30
Speaking	0~30	Writing	0~30

2) iBT, CBT, PBT 간 점수 비교

iBT	CBT	PBT	iBT	CBT	PBT
120	300	677	81~82	217	553
120	297	673	79~80	213	550
119	293	670	77~78	210	547
118	290	667	76	207	540~543
117	287	660~663	74~75	203	537
116	283	657	72~73	200	533
114~115	280	650~653	71	197	527~530
113	277	647	69~70	193	523
111~112	273	640~643	68	190	520
110	270	637	66~67	187	517
109	267	630~033	65	183	513
106~108	263	623~627	64	180	507~510
105	260	617~620	62~63	177	503
103~104	257	613	61	173	500
101~102	253	607~610	59~60	170	497
100	250	600~603	58	167	493
98~99	247	597	57	163	487~490
96~97	243	590~593	56	160	483
94~95	240	587	54~55	157	480
92~93	237	580~583	53	153	477
90~91	233	577	52	150	470~473
88~89	230	570~573	51	147	467
86~87	227	567	49~50	143	463
84~85	223	563	-	-	-
83	220	557~560	0	0	310

5. 시험 등록 및 응시 절차

1) 시험 등록

온라인과 전화로 시험 응시일과 각 지역의 시험장을 확인하여 최대 6개월 전부터 시험 등록을 할 수 있으며, 일반 접수는 시험 희망 응시일 7일 전까지 가능하다.

❶ 온라인 등록

ETS 토플 등록 사이트(https://www.ets.org/mytoefl)에 들어가 화면 지시에 따라 등록한다. 비용은 신용카드로 지불하게 되므로 American Express, Master Card, VISA 등 국제적으로 통용되는 신용카드를 미리 준비해 둔다. 시험을 등록하기 위해서는 회원 가입이 선행되어야 한다.

❷ 전화 등록

한국 프로메트릭 콜센터(00-798-14-203-0248)에 09:00~18:00 사이에 전화를 걸어 등록한다.

2) 추가 등록

시험 희망 응시일 3일(주말 및 공휴일을 제외한 업무일 기준) 전까지 US $40의 추가 비용으로 등록 가능하다.

3) 등록 비용

2022년 현재 US $220(가격 변동이 있을 수 있음)

4) 시험 취소와 변경

ETS 토플 등록 사이트나 한국 프로메트릭(00-798-14-203-0248)으로 전화해서 시험을 취소하거나 응시 날짜를 변경할 수 있다. 등록 취소와 날짜 변경은 시험 날짜 4일(주말 및 공휴일을 제외한 업무일 기준) 전까지 해야 한다. 날짜를 변경하려면 등록 번호와 등록 시 사용했던 성명이 필요히며 비용은 US $60이다.

5) 시험 당일 소지품

❶ 사진이 포함된 신분증(주민등록증, 운전면허증, 여권 중 하나)

❷ 시험 등록 번호(Registration Number)

6) 시험 절차

❶ 사무실에서 신분증과 등록 번호를 통해 등록을 확인한다.

❷ 기밀 서약서(Confidentiality Statement)를 작성한 후 서명한다.

❸ 소지품 검사, 사진 촬영, 음성 녹음 및 최종 신분 확인을 하고 연필과 연습장(Scratch Paper)을 제공받는다.

❹ 감독관의 지시에 따라 시험실에 입실하여 지정된 개인 부스로 이동하여 시험을 시작한다.

❺ Reading과 Listening 영역이 끝난 후 10분간의 휴식이 주어진다.

❻ 시험 진행에 문제가 있을 경우 손을 들어 감독관의 지시에 따르도록 한다.

❼ Writing 영역 답안 작성까지 모두 마치면 화면 종료 메시지를 확인한 후에 신분증을 챙겨 퇴실한다.

7) 성적 확인

응시일로부터 약 4~8일 후부터 온라인으로 점수 확인이 가능하며 성적 공개 후 약 2~3일 이후에 우편 통지서도 발송된다.

6. 실제 시험 화면 구성

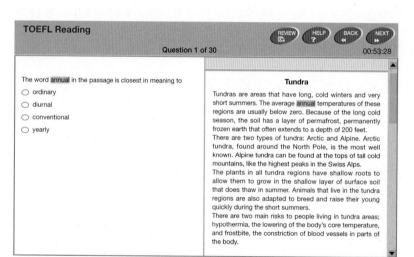

전체 Direction

시험 전체 구성에 대한 설명

Reading 영역 화면

지문은 오른쪽에, 문제는
왼쪽에 제시됨

Listening 영역 화면

수험자가 대화나 강의를 듣는
동안 사진이 제시됨

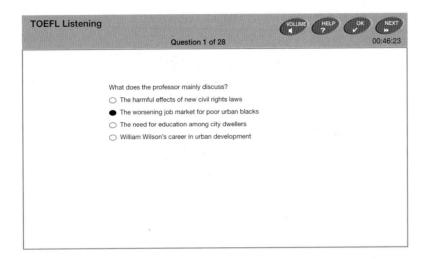

Listening 영역 화면

듣기가 끝난 후 문제 화면이 등장함

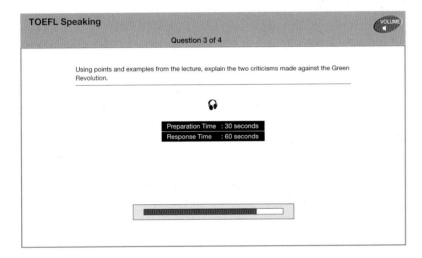

Speaking 영역 화면

문제가 주어진 후, 답변을 준비하는 시간과 말하는 시간을 알려 줌

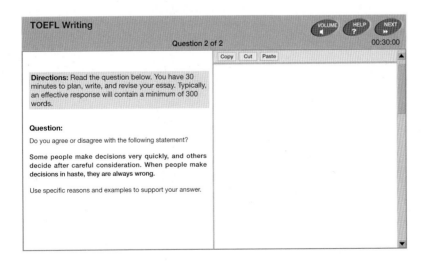

Writing 영역 화면

왼쪽에 문제가 주어지고 오른쪽에 답을 직접 타이핑할 수 있는 공간이 주어짐

복사(Copy), 자르기(Cut), 붙여넣기(Paste) 버튼이 위쪽에 위치함

iBT TOEFL® Reading 개요

1. Reading 영역의 특징

1. 지문의 특징

Reading 영역에서는 영어권 대학의 학습 환경에서 접할 수 있는 전공별 강좌의 입문 내지 개론 수준의 지문이 다뤄지며 다양한 분야의 주제가 등장한다.

❶ 자연 과학: 화학, 수학, 물리학, 생물학, 의학, 공학, 천문학, 지질학 등

❷ 인문: 역사, 문화, 정부 정책, 문학, 그림, 조각, 건축, 연극, 춤, 특정 인물의 일대기 또는 업적 등

❸ 사회 과학: 사회학, 심리학, 인류학, 경제학 등

Reading 영역에서 출제되는 글의 종류는 크게 설명(Exposition), 논증(Argumentation), 역사적인 인물 혹은 역사적인 사건의 서술(Historical/Biographical Event Narratives)로 나눌 수 있으며, 수필이나 문학 작품은 포함되지 않는다. 각 지문은 논지가 매우 분명하며 객관적인 논조로 전개되는 잘 짜인 글이다. 각 지문에는 제목이 주어지며 때로는 지문과 관련된 그림이나 사진, 도표, 그래프, 지도 등이 포함되기도 한다. 또한 용어 설명(Glossary) 기능이 있어 지문에서 밑줄 표시가 된 어휘에 마우스를 갖다 대면 그 영어 뜻이 화면 하단에 제공된다. 이러한 어휘는 일반적으로 난이도가 매우 높거나 특수한 용어다.

2. 문제의 특징

각 지문당 10개의 문제가 주어지며 크게 3가지 유형으로 나뉜다.

❶ 사지선다형

❷ 지문에 문장 삽입(Insert Text)하기

❸ 지문 전반에 걸쳐 언급된 주요 사항을 분류하여 요약표(Prose Summary)나 범주표(Fill in a Table)에 넣기

※ 하나의 지문에는 Prose Summary와 Fill in a Table 중 한 가지 유형의 문제만 출제되며, 이 두 문제 유형에는 부분 점수(총점 2~3점)가 있다.

2. Reading 영역의 구성

Reading 영역에서는 총 10개의 문제 유형을 통해 지문에 대한 이해도를 다각도로 평가한다. 지문 길이가 700단어 내외로 상당히 긴 편이기 때문에 자칫 어렵다고 생각할 수 있지만, 문제 풀이에 필요한 정보는 모두 지문에서 찾을 수 있다. 따라서 다양한 주제의 지문을 접하면서 실제 시험 문제 유형에 익숙해지고 나면 TOEFL의 그 어느 영역보다도 고득점에 유리한 영역이다.

TOEFL 시험의 첫 번째 영역인 Reading은 3개 또는 4개의 지문으로 구성된다. 지문이 3개 출제될 경우 약 54분, 지문이 4개 출제될 경우 72분이 주어진다.

Part 구성	지문 수	문제 수	시험 시간
Part 1	3~4개	30~40문제	54~72분

3. Reading 영역의 문제 유형

Reading 영역을 통해 평가하고자 하는 기본 능력은 다음과 같다.

- Basic Comprehension: 지문에 대한 기초적인 이해도
- Inferencing: 지문 전체의 흐름에 대한 이해에 기반한 저자 의도 파악 능력
- Reading to Learn: 문장/문단의 전후 관계 파악 및 전체 지문과의 연관성에 대한 이해도

\<Reading 영역의 10가지 문제 유형\>

문제 유형	문제 설명	문제 개수
Basic Comprehension		
유의어 찾기 (Vocabulary)	문맥 안에서 특정 어휘가 어떤 뜻으로 사용되었는지 선택지 가운데 가장 비슷한 유의어를 고르는 문제	1~2
지시어 찾기 (Reference)	문맥에서 대명사나 관계대명사 등이 지칭하는 명사를 고르는 문제	0~1
사실 정보 찾기 (Factual Information)	지문을 바탕으로 문제를 통해 특정 정보의 사실 여부를 파악하거나 육하원칙에 따라 묻는 정보를 찾는 문제	2~3
틀리거나 언급되지 않은 정보 찾기 (Negative Factual Information)	지문에서 언급되지 않았거나 지문의 정보에 비춰볼 때 잘못된 것을 가려내는 문제	0~2
문장 단순화 (Sentence Simplification)	지문에서 음영 표시된 문장을 가장 간결하게 잘 바꾸어 쓴 것을 선택지 중에서 고르는 문제	0~1

Inferencing		
추론 (Inference)	지문에서 명백하게 언급된 사실은 아니지만 지문의 내용을 통해 추론하는 문제	1~2
수사학적 의도 찾기 (Rhetorical Purpose)	글을 쓰는 방식에 대한 저자의 의도를 파악하는 문제	1~2
문장 삽입 (Insert Text)	주어진 한 문장을 지문의 정해진 부분에 표시된 네 곳 중 가장 알맞은 위치에 끼워 넣는 문제	1
Reading to Learn		
산문 요약 (Prose Summary)	제시된 지문에 대한 요약의 글을 완성시키는 문제로서 선택지의 6개 문장 가운데 요약에 포함되어야 할 문장 3개를 고르는 문제	0~1
표 채우기 (Fill in a Table)	지문에서 언급된 요점 혹은 그 외 중요한 정보를 분류표의 범주에 맞게 분류하는 문제	0~1
총 문항 수		10

4. 기존 시험과 개정 시험 간 Reading 영역 비교

	기존 iBT TOEFL (~2019년 7월까지)	New iBT TOEFL (2019년 8월 이후 ~)
지문 개수	3~4개	3~4개
지문당 문항 수	12~14문제	10문제
지문당 시간	20분	18분
전체 시험 시간	60~80분	54~72분

- 지문 길이, 지문과 문제 난이도에는 변화가 없다.
- 문장 삽입(Insert Text)과 산문 요약(Prose Summary)/표 채우기(Fill in a Table) 문제가 각각 9번, 10번으로 고정되었다.
- 유의어 찾기(Vocabulary) 문제 출제 빈도가 줄어들었다.

PAGODA TOEFL 70+ Reading

I
Basic Skills

긴 문장 쉽게 읽기

TOEFL Reading에 출제되는 지문은 특정 주제에 관한 객관적 정보를 전달해 주는 설명문이라 할 수 있다. 설명문이 짧게 쓰인 문장들로만 구성된다면 내용을 이해하기에 몹시 어렵지 않다. 하지만 시험에 출제되는 지문 속 문장들은 짧게 쓰인 단문이 아니라 길게 쓰인 장문이 대부분이며, 문제를 풀기 위해 정확히 읽어야 할 근거 문장이 보통 이러한 긴 문장들인 경우가 많다.

먼저, 아래의 짧은 문장들을 읽어보자.

[짧은 문장들로 구성된 내용]

1. Artisans in Europe had practiced handicraft business for hundreds of years.
2. Artisans had run small, independent businesses.
3. Artisans had enjoyed a secure and relatively thriving position.
4. But by the 1600s, the economic system progressed toward modern capitalism.
5. A variety of elements characterized modern capitalism.
6. The elements included market-based pricing, innovative industrial structures, and other aspects.
7. The economic system began to weaken artisans' position.

위에 쓰인 7개의 짧은 문장들을 하나의 긴 문장으로 만들어 볼 수 있다. 아래의 긴 문장을 읽어보자.

[하나의 긴 문장으로 연결된 내용]

Handicraft business in Europe had been practiced for hundreds of years by artisans, who had run their operations as small, independent shops, but by the 1600s, progressing toward modern capitalism, which was characterized by a variety of elements such as market-based pricing, innovative industrial structure, and other aspects, the economic system began to make their secure and relatively thriving position uncertain.

TOEFL Reading 문제를 풀기 위해서는 위와 같이 긴 문장이 나와도 당황하지 않고, 한 번에 정확하게 그 의미를 파악해야 한다. 이를 위해선 문장 속 단어의 의미와 문장 구조 파악을 위한 공부가 필수적이다.

Lesson
01 단어 뜻 파악하기

한 단어가 여러 의미를 가지는 경우가 있다. 문장의 의미를 정확하게 파악하기 위해서는 해당 문장 속 단어의 쓰임새를 정확하게 알고 있어야 한다. 아래 문장에 표시된 단어들을 보고 문장을 잘못 해석하게 되는 경우들을 알아보자.

Handicraft business in Europe [1]had been practiced for hundreds of years by artisans, who [2]had run their operations as small, independent shops, but by the 1600s, [3]progressing toward modern capitalism, which was characterized by a variety of elements such as market-based pricing, innovative industrial structure, and other aspects, the economic system began to make their secure and relatively thriving position uncertain.

◎ 1. 단어의 품사를 구분하지 않는 경우

> Ex Handicraft business in Europe had been practiced for hundreds of years by artisans, ...

practice는 명사로 쓰일 시 '연습'이라는 뜻을, 동사로 쓰일 시 '연습하다, 행하다'라는 뜻을 갖는다. 위 문장에서는 '연습하다'가 아닌 '행하다'라는 뜻의 동사로 쓰였다.

◎ 2. 단어의 일부 뜻만 알고 있는 경우

> Ex ... who had run their operations as small, independent shops, ...

run은 동사일 때 '달리다, 뛰다'의 뜻으로 일상생활에서 많이 쓰이지만, 위 문장에서는 '(사업체 등을) 운영하다, 경영하다'의 의미로 쓰였다.

◎ 3. 비슷한 스펠링의 다른 단어와 혼동하는 경우

> Ex ... progressing toward modern capitalism, ...

progress와 비슷한 스펠링의 단어인 process와 혼동하는 경우 process의 명사 뜻으로 '과정, 절차'를, 동사 뜻으로 '가공하다, 처리하다'를 떠올리기 쉽지만, 위 문장에서 progress는 동사 뜻으로 '나아가다'를 의미한다.

정확한 단어의 뜻 한 눈에 보기

긴 문장이 나와도 당황하지 않고 그 문장의 의미를 한 번에 파악하기 위해서는 먼저 단어의 뜻을 정확하게 파악하는 일이 선행되어야만 한다. 앞에서 배운 단어의 뜻을 파악하여 나열하면 아래와 같다.

Handicraft business in Europe had been practiced for hundreds of years by artisans, who
　　　　　　　　　　　　　　　　행해져왔다

had run their operations as small, independent shops, but by the 1600s, progressing toward
운영했던　　　　　　　　　　　　　　　　　　　　　　　　　　　나아가면서

modern capitalism, which was characterized by a variety of elements such as market-based

pricing, innovative industrial structure, and other aspects, the economic system began to

make their secure and relatively thriving position uncertain.

Practice

정답 및 해설 | P. 2

➤➤ 다음 문장에 등장한 아래 단어의 뜻을 적으시오.

Handicraft business in Europe had been practiced for hundreds of years by artisans, who had run their operations as small, independent shops, but by the 1600s, progressing toward modern capitalism, which was characterized by a variety of elements such as market-based pricing, innovative industrial structure, and other aspects, the economic system began to make their secure and relatively thriving position uncertain.

01 handicraft _____

02 business _____

03 practice _____

04 artisan _____

05 run _____

06 operation _____

07 small _____

08 independent _____

09 shop _____

10 progress _____

11 modern _____

12 capitalism _____

13 characterize _____

14 a variety of _____

15 element _____

16 such as _____

17 market _____

18 -based _____

19 pricing _____

20 innovative _____

21 industrial _____

22 structure _____

23 aspect _____

24 economic _____

25 system _____

26 begin _____

27 make _____

28 secure _____

29 relatively _____

30 thriving _____

31 position _____

32 uncertain _____

02 긴 문장에 자주 등장하는 구조 파악하기

각 단어의 뜻을 파악하는 것을 넘어서서 문법적 요소들과 그에 따른 구조 끊어 읽기를 통해 문장의 의미를 더 정확하게 파악할 수 있어야 한다. 아래의 필수 문장 구조 5가지 ① 관계대명사절 ② 분사 ③ 특정 동사에 따른 구조 ④ 접속사 ⑤ 전치사구를 통해 긴 문장을 정확하게 읽는 연습을 해 보자.

1. 관계대명사절

관계대명사절에서 관계대명사 who(m), which, that은 문장과 문장을 연결하는 접속사의 역할과 앞에 나온 명사(선행사)를 대신하는 대명사의 역할을 한다. 이때, 관계대명사는 앞에 나온 명사인 선행사를 수식하며 관계대명사절은 선행사에 대한 정보를 전달한다. 관계대명사절 안에서 관계대명사가 어떤 역할을 하는지에 따라 주격 관계대명사절과 목적격 관계대명사절로 나뉜다.

1. 주격 관계대명사절

접속사와 대명사의 기능을 동시에 하는 관계대명사가 주어의 역할을 하는 경우를 말하며, 이때 관계대명사 뒤에는 주어가 없는 불완전한 절이 온다.

> ▶ **문장 구조:** 명사(선행사) + who/which/that + 동사
>
> ▶ **해석 방법:** 명사(그는/그녀는/그들은/그것은) 동사한
>
> 　　　　　　　　　　　　주어　　　　　　　　　　　　　　　　　동사
> **Ex** **The river that flows** through the region is contaminated.
> 그 강은 / (그것이) 흐르는 / 지역을 통해 / 오염되어 있다

> 📖 **Reading**
>
> **직독직해란?**
>
> TOEFL Reading 지문을 읽을 때, 시선이 왼쪽에서 오른쪽으로 이동하는 동시에 바로 의미 파악을 하도록 앞에서부터 의미 단위와 문장 구조에 유의하여 끊어 읽는 것을 말한다.
>
> 주어 뒤에는 '은/는/이/가'를, 목적어 뒤에는 '을/를'과 같은 조사를 붙여 해석해야 확실하게 의미를 파악할 수 있다.

관계대명사를 생략하는 경우

주격 관계대명사절 「who/which/that + be동사 + 분사/형용사」 구조에서 'who/which/that + be동사'
는 생략이 가능하다. 따라서, 명사 뒤에 형용사 또는 분사가 온다면 이 구조로 사용했을 가능성을 염두에
두고 해석해야 한다.

> **주어**
> **Ex** The proportion of **different animal species (which were)** hunted by humans in the region
> **동사**
> fluctuated over time.
>
> 각각 다른 동물 종들의 비율은 / 사냥된 / 인간들에 의해 / 그 지역에서 / 계속 변화했다 / 시간이 지나면서
>
> proportion 🄝 비율 | hunt 🅥 사냥하다 | fluctuate 🅥 변동하다, 계속 변화하다 | over time 시간이 지나면서

Check-up 1

정답 및 해설 | P. 2

>> 다음 각 문장을 주격 관계대명사절에 주의하여 직독직해를 해 보시오.

01 It is essential for organisms that live in groups to learn proper social behavior.

essential 🄐🄳🄹 필수적인 | organism 🄝 생물 | in groups 떼 지어 | proper 🄐🄳🄹 적절한 | behavior 🄝 행동

_____

_____

02 The Byzantine Empire, which had dominated the eastern Mediterranean, began to falter in the 1300s.

empire 🄝 제국 | dominate 🅥 지배하다 | the Mediterranean 지중해 | falter 🅥 흔들리다

_____

_____

03 That ancient piece of pottery is a shallow bowl that was produced in a mold.

ancient 🄐🄳🄹 고대의 | pottery 🄝 도자기 | shallow 🄐🄳🄹 얕은 | mold 🄝 주조 틀

_____

_____

04 Agriculture evolved among populations that possessed a vast understanding of plants and animals.

agriculture 🄝 농업 | evolve 🅥 발달하다 | possess 🅥 가지고 있다, 소유하다 | vast 🄐🄳🄹 방대한, 광범위한 | understanding 🄝 이해

_____

_____

◉ 2. 목적격 관계대명사절

접속사와 대명사의 기능을 동시에 하는 관계대명사가 목적어의 역할을 하는 경우를 말하며, 이때 관계대명사 뒤에는 목적어가 없는 불완전한 절이 온다.

> ▶ **문장 구조:** 명사1(선행사) + who(m)/which/that + 명사2(주어) + 동사
>
> ▶ **해석 방법:** 명사1(선행사)는 명사2가 동사한
>
> **Ex** The organisms **which farmers introduced** helped control the number of pest species.
> 그 생물들은 / 농부들이 / 도입했던 / 도왔다 / 조절하는 것을 / 해충 종들의 수를

📖 **Reading**

목적격 관계대명사절의 who(m)/which/that은 생략 가능

Ex Since hunters have helped to decrease deer overpopulation and **the negative consequences (that) it entails**, suburban dwellers now understand how important it is to keep the deer population in check.

사냥꾼들이 / 돕기 때문에 / 줄이는 것을 / 사슴 과잉 개체 수와 부정적 결과들을 / 그것이 수반하는, / 교외의 거주자들은 / 이제 이해한다 / 얼마나 중요한지 / 억제하는 것이 / 사슴 개체 수를

consequence **n** 결과 | entail **v** 수반하다 | suburban **adj** 교외의 | dweller **n** 거주자 | keep ~ in check ~을 억제하다

관계대명사절 한 눈에 보기

Handicraft business in Europe had been practiced for hundreds of years by **artisans, who** (장인들) had run their operations as small, independent shops, but by the 1600s, progressing toward (운영했던)

modern capitalism, which was characterized by a variety of elements such as market-based (현대 자본주의) (특징지어진)

pricing, innovative industrial structure, and other aspects, the economic system began to

make their secure and relatively thriving position uncertain.

Check-up 2

정답 및 해설 | P. 2

>> 다음 각 문장을 목적격 관계대명사절에 주의하여 직독직해를 해 보시오.

01 The drought diminished the availability of the game that early humans hunted for food.

drought **n** 가뭄 | diminish **v** 줄이다 | availability **n** 이용 가능성 | game **n** 사냥감

_____

_____

02 In contrast to carnivores' teeth, the teeth that herbivores have grind plant matter before digestion.

in contrast to ~와는 대조적으로 | carnivore **n** 육식 동물 | herbivore **n** 초식 동물 | grind **v** 갈다, 빻다 | matter **n** 물질 | digestion **n** 소화

_____

_____

03 A lot of the work that archaeologists have to do in the early stages of excavation is sorting fragments.

archaeologist **n** 고고학자 | stage **n** 단계 | excavation **n** 발굴 | sort **v** 분류하다 | fragment **n** 파편, 조각

_____

_____

04 Petroleum extraction brings about environmental problems like air pollution, which the refining and combustion of petroleum can produce.

petroleum **n** 석유 | extraction **n** 추출 | bring about ~을 야기하다 | environmental **adj** 환경의 | pollution **n** 오염 | refining **n** 정제 | combustion **n** 연소 | produce **v** 생산하다

_____

_____

정답 및 해설 I P. 3

>> 다음 각 문장을 관계대명사절에 주의하여 직독직해를 해 보시오.

01 The population was kept in check until the 17th century by hunger and illness, which periodically returned when the population surpassed the land's capacity to support it.

periodically **adv** 주기적으로 I return **v** 돌아오다 I surpass **v** 초과하다 I capacity **n** 용량, 수용력

_____

_____

02 Since there are no native mammals on the majority of the islands, birds and reptiles have evolved to take on the predatory roles that mammals play in other areas.

mammal **n** 포유동물 I majority **n** 다수 I reptile **n** 파충류 I take on ~을 맡다 I predatory **adj** 포식동물의

_____

_____

03 Even though the actors should try to follow the play's script as precisely as possible, there are small variations that only a professional would be able to notice.

script **n** 대본 I precisely **adv** 정확하게 I variation **n** 차이, 변화 I notice **v** 알아차리다

_____

_____

04 Earth has changed slowly and gradually through constant processes that are clearly observable, but sometimes these processes have been sped up by natural disasters that have impacted the whole planet and all the life that exists on it.

gradually **adv** 점진적으로 I constant **adj** 끊임없는 I process **n** 과정 I clearly **adv** 분명하게 I observable **adj** 관찰 가능한 I speed up 가속화하다 I disaster **n** 재해, 재난 I impact **v** 영향을 미치다 I whole **adj** 전체의 I life **n** 생물체

_____

_____

05 From around 440 to 660 CE in the Classical Period, rainfall in the area the Maya resided in rose considerably compared to previous years, allowing them to expand their agricultural practices and produce enormous quantities of food.

Classical Period 고전 시대 I rainfall **n** 강우, 강우량 I reside **v** 거주하다, 살다 I considerably **adv** 상당히 I compared to ~와 비교하여 I previous **adj** 이전의 I expand **v** 확장시키다 I enormous **adj** 엄청난 I quantity **n** 양

_____

_____

2. 분사

분사는 동사에서 형태가 바뀐 것으로 형용사와 똑같이 명사를 꾸며주거나 주어 또는 목적어를 보충 설명해 주는 보어 역할을 한다. 분사는 현재 분사와 과거 분사로 나뉜다.

– 현재 분사(V-ing): 동사에 -ing가 붙은 형태로 진행/능동의 의미를 갖는다.

　　Ex growing, containing, following

– 과거 분사(p.p.): 규칙 변화 동사에 -ed가 붙은 형태로 완료/수동의 의미를 갖는다.

　　Ex moved, needed, employed

　　불규칙 변화 동사의 경우에는 과거 분사의 형태가 다양하다.

　　Ex broken, lost, told

◎ 1. 형용사 역할을 하는 분사

분사는 형용사와 같이 명사를 수식하는 역할을 한다. 보통 한 단어로 구성된 명사를 수식할 때는 분사가 명사 앞에 나오나, 명사구나 명사절처럼 수식하는 표현이 길어지면 명사구나 명사절 뒤에 분사가 나온다.

▶ **문장 구조:** ① 명사 앞: V-ing/p.p. + 명사

　　　　　　② 명사 뒤: 명사 + V-ing/p.p. + 목적어/보어/전치사(구)/부사(구)

▶ **해석 방법:** ① V-ing ~한/하고 있는

　　　　　　② p.p. ~된/받은

　　　　　주어　　　　　동사
Ex The Anasazi intensified farming methods to meet **the growing need** for food.
아나사지족은 / 강화했다 / 농업 방법을 / 충족시키기 위해 / 증가하는 수요를 / 식량에 대한

　　　　　　　　　　　　주어　　　　　　　　　　　　　동사
Ex **The types of wood utilized in building construction** have changed gradually.
나무의 종류들은 / 사용된 / 건물 건설에 / 변화해 왔다 / 서서히

Check-up 1

정답 및 해설 | P. 4

>> 다음 각 문장을 분사에 주의하여 직독직해를 해 보시오.

01 The majority of all previously existing evolutionary lineages on Earth are now extinct.

previously adv 이전에 | exist v 존재하다 | evolutionary adj 진화의 | lineage n 혈통 | extinct adj 멸종된

_____

_____

02 Newly discovered fossils make it difficult to figure out the origin of seed plants.

newly adv 최근에 | discover v 발견하다 | fossil n 화석 | figure out 알아내다 | origin n 기원 | seed plant 종자식물

_____

_____

03 Large numbers of peasants searching for work began to flock to the city.

peasant n 소작농 | search for ~을 찾다 | flock to ~로 모여들다

_____

_____

04 Archaeological research on wood charcoal discovered in hearths showed that there was a shift in the types of wood that were utilized.

archaeological adj 고고학의 | charcoal n 목탄, 숯 | hearth n 난로 | shift n 변화 | utilize v 이용하다

_____

_____

2. 부사 역할을 하는 분사구문

수식하는 문장과 콤마(,)로 연결되어, 수식하는 문장의 시간·동시 동작·이유·조건·결과 등의 부가적인 내용을 표현한다.

> ▶ **문장 구조:** ① V-ing/p.p. ~, 명사(주어) + 동사
>
> ② 명사(주어) + 동사 ~, V-ing/p.p.

> ▶ **해석 방법:** ① V-ing ~할 때/하면서/해서
>
> ② p.p. ~될 때/돼서

Ex **Figuring out** how to use water power to run his factory machines, he _{주어}

improved productivity. _{동사}

알아내서 / 어떻게 사용하는지 / 수력을 / 작동하기 위해 / 그의 공장 기계를. / 그는 / 향상했다 / 생산성을

Ex **Invented** by early Native Americans, the round tent was constructed of
animal hides, bark, or other fragments.

발명된 / 초기 아메리카 원주민들에 의해, / 둥근 천막은 / 만들어졌다 / 동물 가죽, 나무 껍질, 또는 다른 파편들로

📖 Reading Tip

현재 분사로 시작하는 문장 vs. 동명사로 시작하는 문장

① V-ing ~, 명사(주어) + 동사 ⋯ 현재 분사로 시작하는 문장

② V-ing + (명사) + 동사 ⋯ 동명사로 시작하는 문장

현재 분사로 시작하는 문장

Ex **Exploring** westward into the Atlantic Ocean, the Europeans could trade directly with East
Asia.

탐험하면서 / 서쪽으로 / 대서양을 향해, / 유럽인들은 / 교역할 수 있었다 / 직접 / 동아시아와

동명사로 시작하는 문장

Ex **Removing forests to create farmland for people** altered the habitats of some species,
leading to their extinction.

제거하는 것은 / 숲들을 / 만들기 위해 / 인간들을 위한 농경지를 / 바꾸었다 / 일부 종들의 서식지들을 / 이어지면서 /
그들의 멸종으로

Check-up 2

정답 및 해설 l P. 4

>> 다음 각 문장을 분사구문에 주의하여 직독직해를 해 보시오.

01 Bird feathers evolved to become more durable and lighter, playing a vital role in controlling temperature.

feather n 깃털 l durable adj 내구성 있는 l play v (역할을) 하다 l vital adj 필수적인 l temperature n 온도

---

02 Inspired by weapons manufacturing, Terry designed his own specialized tools that could be used to make standardized clock parts.

inspire v 영감을 주다 l weapon n 무기 l manufacturing n 제조(업) l design v 설계하다 l specialized adj 전문화된 l tool n 도구 l standardize v 표준화하다 l part n 부품

---

03 Knowing the amount of oil that has been found in a heavily drilled region, experts calculate possible quantities in other areas with comparable rock types and structures.

heavily adv 아주 많이 l drill v 시추하다 l expert n 전문가 l calculate v 계산하다 l comparable adj 비슷한

---

04 Producing large photographic records of paintings, sculptures, and handicrafts, the project helped make American folk art more popular by showing the country's history.

photographic adj 사진의 l record n 기록 l painting n 그림 l sculpture n 조각품 l folk art 민속 예술

분사 한 눈에 보기

Handicraft business in Europe had been practiced for hundreds of years by artisans, who

had run their operations as small, independent shops, but by the 1600s, progressing toward
(V-ing) 나아가면서

modern capitalism, which was characterized by a variety of elements such as market-based

pricing, innovative industrial structure, and other aspects, the economic system began to
(명사(주어)) 그 경제 체계는 (동사) 시작했다

make their secure and relatively thriving position uncertain.
(V-ing) 번영하는 (명사) 위치를

정답 및 해설 ㅣ P. 4

>> 다음 각 문장을 분사 및 분사구문에 주의하여 직독직해를 해 보시오.

01 Known for his enormous devotion to the people, Augustus implemented a wide range of improvements in the areas of administration, law, the economy, and morality.

devotion ⓝ 헌신 ㅣ implement ⓥ 시행하다 ㅣ a wide range of 광범위한 ㅣ improvement ⓝ 개선 ㅣ area ⓝ 영역 ㅣ administration ⓝ 행정 ㅣ morality ⓝ 도덕

02 Many countries enacted tariffs that were designed to protect domestic agriculture, requiring the market to trade exclusively in products produced within the nation.

enact ⓥ 제정하다 ㅣ tariff ⓝ 관세 ㅣ design ⓥ 고안하다 ㅣ domestic 죠ᵈⁱ 국내의 ㅣ trade ⓥ 거래하다 ㅣ exclusively ⓐᵈᵛ 독점적으로, (오직) ~만

03 Animals dwelling in temperate zones are threatened by fatal cold temperatures in the winter, while animals dwelling in arid zones face extended dry, hot spells in the summer.

temperate 죠ᵈⁱ 온대성의, 온화한 ㅣ threaten ⓥ 위협하다 ㅣ fatal 죠ᵈⁱ 치명적인 ㅣ arid 죠ᵈⁱ 건조한 ㅣ face ⓥ 직면하다 ㅣ extended 죠ᵈⁱ 확장된, 연장된 ㅣ spell ⓝ (특정한 날씨가 지속되는) 기간

04 Sometimes referred to as the Harappan Civilization, owing to the name of the first site where it was excavated, the Indus Civilization is widely believed to have been one of the most advanced cultures of its time.

refer to A as B A를 B라고 부르다, 언급하다 ㅣ civilization ⓝ 문명 ㅣ owing to ~ 때문에 ㅣ excavate ⓥ 발굴하다 ㅣ widely ⓐᵈᵛ 널리 ㅣ advanced 죠ᵈⁱ 진보한, 발달된

05 Built along the slope's contours, stone walls could function as mini dams, slowing the flow of water downwards and enabling more water to penetrate and particles of soil to accumulate behind the dam.

slope ⓝ 산비탈, 경사면 ㅣ contour ⓝ 윤곽 ㅣ function ⓥ 기능하다 ㅣ dam ⓝ 댐 ㅣ slow ⓥ 속도를 늦추다 ㅣ downwards ⓐᵈᵛ 아래로 ㅣ enable ⓥ 가능하게 하다 ㅣ penetrate ⓥ 침투하다 ㅣ particle ⓝ 입자 ㅣ soil ⓝ 토양 ㅣ accumulate ⓥ 축적되다

3. 특정 동사에 따른 구조

특정 동사들은 목적어 뒤에 목적어를 보충 설명해 주는 목적격 보어를 가진다. 이때 목적격 보어 자리에 올 수 있는 품사로는 명사, 형용사, to V, 동사원형이 있다.

주어 + 동사 + 목적어(명사) +

목적격 보어
명사
형용사
to V
동사원형

◉ 1. 명사/형용사

목적격 보어로 명사 혹은 형용사를 취하는 동사들이 있다.

⋯▸ make, find, consider, call 등

> ▶ **문장 구조:** 주어 + 동사 + 목적어(명사) + 명사/형용사
>
> ▶ **해석 방법:** ① 명사를 명사(으)로
> ② 명사를(가) 형용사하게/하다고
>
>   주어   동사   목적어(명사)
> **Ex** **Advanced technologies made the water supply stable.**
> 발달된 기술이 / 만들었다 / 물 공급을 / 안정적이게

Check-up 1

정답 및 해설 | P. 5

>> 다음 각 문장을 목적격 보어에 주의하여 직독직해를 해 보시오.

01 Archaeologists proposed a theory that considered a sudden increase in trade over long distances the main reason for the emergence of the Mayan civilization.

propose ⓥ 제안하다 | emergence ⓝ 출현 | Mayan adj 마야 (사람/말)의

_____

_____

02 Researchers found reward-based definitions of cooperation and competition insufficient.

reward ⓝ 보상 | definition ⓝ 정의 | cooperation ⓝ 협동 | competition ⓝ 경쟁 | insufficient adj 불충분한

_____

_____

03 Some primitive cultures no longer considered particular rituals vital to their survival and eventually abandoned them.

primitive adj 원시의 | no longer 더 이상 ~하지 않는 | particular adj 특정한 | ritual ⓝ 의식 | survival ⓝ 생존 | eventually adv 결국 | abandon ⓥ 버리다

_____

_____

2. to V

목적격 보어로 to V를 취하는 동사들이 있다.

··· allow, enable, encourage, cause, force, require, want, help 등

▶ **문장 구조:** 주어 + 동사 + 목적어(명사) + to V

▶ **해석 방법:** 명사가 to V하도록/하는 것을

주어 / 동사 / 목적어(명사)

Ex **A constant rise in grain supplies enabled China's population to explode.**

지속적인 증가는 / 곡물 공급에 있어서 / 가능하게 했다 / 중국의 인구가 / 폭발적으로 증가하는 것을

Check-up 2

정답 및 해설 | P. 6

>> 다음 각 문장을 목적격 보어에 주의하여 직독직해를 해 보시오.

01 Decreased food supplies forced people to reduce the quantity of available capital for other expenditures or investments.

supply n 공급 | available adj 이용 가능한 | capital n 자본 | expenditure n 지출 | investment n 투자

02 A series of harsh droughts caused the empire to fall into a period of war and hunger that lasted more than a century.

a series of 일련의 | harsh adj 혹독한 | drought n 가뭄 | fall into ~에 빠지다 | last v 지속되다

03 Most insects have bodies that are colored and patterned in ways that allow them to blend in with the dominant background colors of their environments.

color v 색칠하다 | pattern v 무늬를 만들다 | blend in with ~와 섞이다 | dominant adj 우세한

◎ 3. 동사원형

목적격 보어로 동사원형을 취하는 동사들이 있다.

⋯➔ have, make, let, help 등

> ▶ **문장 구조:** 주어 + 동사 + 목적어(명사) + 동사원형
>
> ▶ **해석 방법:** 명사가 동사원형하도록
>
> ```
>            주어          동사       목적어(명사)
> ```
> Ex **Climate changes made some fish leave** their aquatic habitats and **become**
> terrestrial creatures.
> 기후 변화는 / 만들었다 / 일부 물고기들이 / 떠나도록 / 그들의 수중 서식지를 / 그리고 되도록 / 육상 생물들이

TIP 동사 help 뒤에 올 수 있는 구조 정리

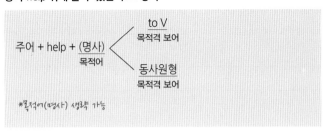

특정 동사에 따른 구조 한 눈에 보기

Handicraft business in Europe had been practiced for hundreds of years by artisans, who

had run their operations as small, independent shops, but by the 1600s, progressing toward

modern capitalism, which was characterized by a variety of elements such as market-

based pricing, innovative industrial structure, and other aspects, the economic system
그 경제 체계는

began to make their secure and relatively thriving position uncertain.
시작했다 만들다 그들의 안전하고 비교적 번영하는 위치를 불확실하게

동사 make 목적어(명사) 형용사

Check-up 3

정답 및 해설 | P. 6

>> 다음 각 문장을 목적격 보어에 주의하여 직독직해를 해 보시오.

01 The majority of animal species utilize some form of camouflage, which helps them hide from their predators.

form **n** 종류, 형태 | camouflage **n** 위장 | hide **v** 숨다 | predator **n** 포식자

_____

_____

02 The history of Mesopotamia was filled with upheavals that made the region's politics alter more often, further undermining political unity.

be filled with ~로 가득 차다 | upheaval **n** 격변 | politics **n** 정치 | alter **v** 바꾸다, 변하다 | undermine **v** 약화시키다 | unity **n** 통합

_____

_____

03 The metabolisms of a large number of termites help the nest's interior keep warm and provide moisture to the air inside the nest.

metabolism **n** 신진대사 | termite **n** 흰개미 | nest **n** 둥지 | interior **n** 내부 | moisture **n** 수분

_____

_____

40 I Basic Skills

Practice

정답 및 해설 | P. 6

>> 다음 각 문장을 목적격 보어에 주의하여 직독직해를 해 보시오.

01 A few aquatic insects have natural camouflage that makes them appear to be inedible objects, whereas others affix sand or plant matter to their bodies to hide.

appear **v** ~로 보이다, ~인 것 같다 | inedible **adj** 먹을 수 없는 | object **n** 물체 | whereas **con** 반면에 | affix **v** 붙이다 | sand **n** 모래

---

02 Recent developments in technology have made coal production more stable, allowing it to be increased compared to previous years.

development **n** 발달 | technology **n** 기술 | coal **n** 석탄 | production **n** 생산 | stable **adj** 안정적인

---

03 Linguists believed that classifying the modern languages and comparing their relative degrees of similarity would allow them to create a genealogical map of the Bantu languages and their expansion.

linguist **n** 언어학자 | classify **v** 분류하다 | language **n** 언어 | compare **v** 비교하다 | relative **adj** 상대적인 | degree **n** 정도 | similarity **n** 유사성 | genealogical **adj** 계보의, 족보의 | Bantu **adj** 반투족의

---

04 Over time, England decreased its exports, and the conflicts between France and Spain over control of the Low Countries caused many refugees from that region to immigrate to England.

export **n** 수출 | conflict **n** 충돌, 갈등 | Low Countries 저지대 | refugee **n** 난민 | immigrate **v** 이주해 오다

---

05 The researchers considered the development of bronze metallurgy a primary component in understanding the significant changes that took place in social organization.

bronze **n** 청동 | metallurgy **n** 야금학[술], 금속공학 | primary **adj** 주요한 | component **n** 요소 | significant **adj** 중요한 | take place 발생하다 | organization **n** 조직, 구조

---

4. 접속사

단어와 단어, 구와 구, 절과 절, 그리고 문장과 문장을 서로 연결해 주는 말을 접속사라고 한다. 특히, 접속사 중 등위 접속사와 부사절 접속사가 시험에 자주 등장한다.

◐ 1. 등위 접속사

단어와 단어, 구와 구, 절과 절 등 동등한 지위의 말들끼리 연결한다.

▶ **문장 구조:** 단어/구/절 + 접속사 + 단어/구/절

▶ **해석 방법:** 접속사의 의미를 넣어서 해석

등위 접속사 종류			
for 왜냐하면 ~때문에[이니까]	and 그리고	nor ~도 (또한) 아니다	but 그러나
or 또는, 혹은	yet 하지만, 그래도	so 그래서	

　　　　　　　주어　　　　동사　　　　　　동사
Ex When a business **owns and manages** its own supply chain, this is called vertical integration.

기업이 / 소유하고 관리할 때 / 그것의 자체 공급망을, / 이것은 불린다 / 수직 통합으로

　　　　　　주어　　　　　동사
Ex The guilds regulated every stage of wool processing to produce **finished wool cloth or completed garments**.

길드들은 / 규제했다 / 양모 가공의 모든 단계를 / 생산하기 위해 / 완성된 양모 천들이나 완성된 옷을

Check-up 1

정답 및 해설 | P. 7

>> 다음 각 문장을 등위 접속사에 주의하여 직독직해를 해 보시오.

01 The Italian city-states dominated the wool textile industry in the Middle Ages, but they lost their position to England by the 15th century.

city-state 도시 국가 | dominate **v** 지배하다 | wool **n** 양모 | textile **n** 직물 | Middle Ages 중세 시대 | position **n** 지위, 위치

_____

_____

02 The languages that cultures use provide more information than any other aspect, so their histories need to be studied.

language **n** 언어 | aspect **n** 측면, 양상

_____

_____

03 He personally financed a series of expeditions to the Pacific and Indian Oceans and the Caribbean, but his research neither proved nor disproved the theory.

personally **adv** 개인적으로, 직접 | finance **v** 자금을 대다 | a series of 일련의 | expedition **n** 탐험, 원정 | prove **v** 증명하다, 입증하다 | disprove **v** 반증하다, 틀렸음을 입증하다

_____

_____

● 2. 부사절 접속사

부사절 접속사가 이끄는 종속절은 주절과 함께 쓰이며 문장 속에서 부사 역할을 한다. 이때 종속절은 시간·이유·조건·양보·대조 등을 나타낸다.

– 주절: 문장의 중심이 되는 주어와 동사가 갖춘 절이다.

– 종속절: 주절에 종속되어 그 의미를 보충해 주는 절이다.

주절

Ex Most of the water used for human activities comes from the water table or the surface

대부분의 물은 / 사용된 / 인간 활동을 위해 / 온다 / 지하수면 또는 지표면에서

종속절
because the water in the vadose zone cannot be easily accessed.

물이 / 불포화대에 있는 / 쉽게 접근할 수 없기 때문에

▶ **문장 구조:** ① 주어 + 동사 (+ 명사, 형용사 등) + 접속사 + 주어 + 동사

② 접속사 + 주어 + 동사 (+ 명사, 형용사 등), 주어 + 동사

▶ **해석 방법:** 주어가 접속사 + 동사 → 접속사의 뜻과 동사의 뜻을 연결하여 해석

주어 　 동사 　 　 　 명사
Ex **Domestication is** the most important development in human history **although**
주어 　 동사
its origins are unknown.

재배[사육]은 / 가장 중요한 발전이다 / 인류 역사에 있어 / 그것의 기원은 / 알려져 있지 않지만

주어 　 　 동사 　 　 　 주어 　 　 동사
Ex **As technology advanced, the industry's endless hunger for fuel continued**
to increase.

기술이 발달함에 따라, / 산업의 끊임없는 갈망은 / 연료에 대한 / 계속했다 / 증가하는 것을

꼭 알아야 하는 필수 부사절 접속사 종류

시간		대조/양보
after ~한 후에	once ~하자마자, ~한 후에	while ~하는 반면에
before ~하기 전에	as soon as ~ 하자마자	whereas ~하는 반면에
until ~할 때까지	since ~한 이래로	(al)though/even though (비록) ~이지만
when ~할 때	as ~할 때, ~함에 따라	as ~이긴 하지만
while ~하는 동안에		

조건	양태
if 만약 ~라면	as ~대로, ~하듯이
unless 만약 ~하지 않는다면	as if 마치 ~인 것처럼
as long as ~하는 한	as though 마치 ~인 것처럼
providing/provided (that) 만약 ~라면	
supposing (that) 만약 ~라면	**원인/이유**
given (that) ~을 고려해 보면	because ~ 때문에
even if 비록 ~라 하더라도	since ~ 때문에
except that ~을 제외하고	as ~ 때문에
considering (that) ~을 고려해 보면	now that 이제 ~하기 때문에
in case (that) ~할 경우에 대비해서	in that ~라는 점에서

접속사 한 눈에 보기

주어   동사
Handicraft business in Europe had been practiced for hundreds of years by artisans, who
수공예 사업   행해져왔다

접속사
had run their operations as small, independent shops, but by the 1600s, progressing toward
그러나

modern capitalism, which was characterized by a variety of elements such as market-based

주어   동사
pricing, innovative industrial structure, and other aspects, the economic system began to
그 경제 체계는   시작했다

형용사 접속사   형용사
make their secure and relatively thriving position uncertain.
안전한 그리고   번영하는

Check-up 2

>> 다음 각 문장을 부사절 접속사에 주의하여 직독직해를 해 보시오.

01 Evolution is competition, and species have gone extinct at a fairly steady rate as new ones have evolved throughout history.

evolution **n** 진화 | go extinct 멸종되다 | fairly **adv** 꽤 | steady **adj** 꾸준한 | rate **n** 속도 | throughout **prep** ~ 동안 내내

―――――――――――――――――――――――――――――――
―――――――――――――――――――――――――――――――

02 When structures like storage containers and pits are discovered on a site, that is a sign that the people that lived there were sedentary.

storage **n** 저장 | pit **n** 구덩이 | sign **n** 징후, 흔적 | sedentary **adj** 한 곳에 머물러 사는

―――――――――――――――――――――――――――――――
―――――――――――――――――――――――――――――――

03 Although Darwin's theory was substantially correct, it did not account for other factors that the scientific community was unaware of at that time.

substantially **adv** 대체로 | account for ~을 설명하다 | factor **n** 요인 | unaware **adj** ~을 알지 못하는

―――――――――――――――――――――――――――――――
―――――――――――――――――――――――――――――――

04 While researchers disagree on the advantages and drawbacks of the greenhouse effect, the majority of them agree that rising greenhouse gas levels cause global warming.

disagree **v** 의견이 다르다 | drawback **n** 단점 | greenhouse effect 온실 효과 | global warming 지구 온난화

―――――――――――――――――――――――――――――――
―――――――――――――――――――――――――――――――

05 The colonists started to purchase more luxurious things now that the colonies had reached a stable state and the farms were successful enough to generate surplus harvests.

colonist **n** 식민지 주민 | purchase **v** 구매하다 | luxurious **adj** 사치스러운 | colony **n** 식민지 | reach **v** 도달하다 | stable **adj** 안정적인 | state **n** 상태 | generate **v** 만들어 내다 | surplus **adj** 잉여의 | harvest **n** 수확물

―――――――――――――――――――――――――――――――
―――――――――――――――――――――――――――――――

Practice

정답 및 해설 | P. 8

>> 다음 각 문장을 접속사에 주의하여 직독직해를 해 보시오.

01 As long as there is sufficient moisture, subterranean termites may thrive and develop functioning colonies in open regions where they do not have touch with the soil.

sufficient adj 충분한 | subterranean adj 지하의 | function v 기능하다 | colony n 군집 | region n 지역

_____

_____

02 If one of the populations is significantly smaller than the other, genetic drift has the potential to become the more important influence for that particular group.

significantly adv 상당히 | genetic drift 유전 변이 | potential n 가능성 | influence n 영향

_____

_____

03 After methods for utilizing coal as fuel were developed, the destruction of habitats and species seemed to slow down, but the pollution that burning coal produced soon renewed the cycle.

fuel n 연료 | destruction n 파괴 | renew v 다시 시작하다

_____

_____

04 Soil is created through the deposition of decomposing organic material and weathered rock material, but it is also constantly being washed away by erosion as water flows over and through it.

deposition n 퇴적 | decompose v 부패하다 | organic material 유기재 | weathered adj 풍화된 | constantly adv 끊임없이 | wash away 쓸어버리다 | erosion n 침식 | flow v 흐르다

_____

_____

05 Since the mass extinction occurring between the Cretaceous and Tertiary periods was initially discovered by geologists, there have been attempts to attribute it to deadly cosmic radiation, comets, or meteorites.

mass extinction 대량 멸종 | Cretaceous Period 백악기 | Tertiary Period 제3기 | initially adv 처음에 | geologist n 지질학자 | attempt n 시도 | attribute A to B A에 대한 탓을 B에게 돌리다 | deadly adj 치명적인 | cosmic adj 우주의 | radiation n 방사선 | comet n 혜성 | meteorite n 운석

_____

_____

5. 전치사구

'전치사 + 명사(상당어구) = 전치사구'이다. 명사(상당어구) 앞에 전치사가 붙어 함께 쓰일 때 전치사구라고 부르며, 문장 속에서 부사 또는 형용사 역할을 한다.

> ▶ **문장 구조:** 전치사 + 명사(상당어구)
>
> ▶ **해석 방법:** 명사 뜻 + 전치사 뜻
>
> 　　　　주어　　　　　　　명사　　　　　동사
> Ex　Vertebrates **like birds and bats** have airflow detection systems.
> 　　척추동물들은 / 새와 박쥐 같은 / 가진다 / 기류 감지 체계를
>
> 　　　　주어　　　　　　　　동사　　　　　명사구　　　　　　　명사구
> Ex　Different countries were affected **at different times** and **at different rates**, but
> 　　　　　주어　　　　　　명사　　명사　동사
> 　　the overall trend **from 1873 to 1894** was falling price levels.
> 　　각각 다른 나라들이 / 영향을 받았다 / 각각 다른 시기에 / 그리고 각각 다른 속도로, / 그러나 전체적인 경향은 /
> 　　1873년부터 1894년까지 / 하락하는 물가 수준이었다

꼭 알아야 하는 필수 전치사 종류

시간	before/prior to ~ 전에	from ~부터
	since ~ 이래로	after/following ~ 후에
	by ~까지, ~쯤에는, ~에 이르러	until/till ~ 까지
	at/in/on ~에	between ~ 사이에
	during/for ~ 동안	over ~ 동안에
	through/throughout ~ 내내	under ~ 중에 있는
	within ~ 이내에	toward ~ 무렵
	past ~을 지나	
위치/방향	above ~ 위에	up ~ 위에, ~ 위로
	over ~ 위에, ~을 넘어	in front of ~ 앞에
	before ~ 앞에서, ~보다 먼저	from ~에서부터
	away from ~에서부터 떠나, 멀리	out of ~로부터, ~ 밖으로
	across ~을 가로질러, ~ 전체에	along ~을 따라서, ~에 늘어선
	into ~으로	past ~을 지나서

위치/방향	through ~을 통해, ~ 전체에	after ~의 뒤에
	behind ~ 뒤에	against ~에 반대하여, ~에 붙여서
	among ~ 중에	between ~ 사이에
	around ~ 주위에, ~을 돌아	below/beneath/under ~ 아래에
	beside/by ~ 옆에	inside ~ 안에
	near ~ 가까이	next to ~ 바로 옆에
	to ~에게, ~쪽으로	toward ~을 향하여
장소	aboard ~에 타고, 탑승하여	outside ~ 밖에, 밖으로
	about ~ 근처에, ~ 곳곳에	within ~ 내에서
	at/in/on ~에서	
이유	because of/due to/for/owing to ~ 때문에	
목적	for ~을 위해	
양보	despite/in spite of ~에도 불구하고	
제외	apart from/barring/except/without ~을 제외하고, ~ 없이	
추가	besides/in addition to ~ 외에도	
기타	about/on/for ~에 대해	as to/concerning/in terms of/regarding/with regard to/with respect to ~에 관하여
	when it comes to ~에 관한 한	according to ~에 따르면
	considering ~을 고려하면	given ~을 고려해 볼 때
	in accordance with ~에 따라	with ~와
	along with ~와 함께	in conjunction with ~와 함께
	including ~을 포함하여	as ~로(서)
	by ~함으로써	by means of ~에 의하여, ~을 써서
	via ~을 통해, ~에 의해	in place of ~ 대신에
	instead of ~ 대신에	unlike ~와 다르게
	like ~처럼, ~와 같은	such as (예를 들어) ~와 같은
	of ~의	regardless of ~와 상관 없이

정답 및 해설 ı P. 9

>> 다음 각 문장을 전치사구에 주의하여 직독직해를 해 보시오.

01 During the High Middle Ages, Venice grew into the most prosperous city in Europe through the trade it enjoyed as a port city.

High Middle Ages 고 중세 시대 ı prosperous adj 번영한 ı port n 항구 ı trade n 무역

_____

_____

02 Despite the biodiversity of the rainforest, the soil of the forest floor that supports the trees is actually quite poor.

biodiversity n 생물 다양성 ı rainforest n 우림 ı actually adv 사실상, 실제로 ı quite adv 꽤 ı poor adj 좋지 못한

_____

_____

03 Apart from the antennae that all insects have, external sensory organs are often hairs that they use to detect a variety of things, including sound, odors, and wind.

antenna n 더듬이 ı external adj 외부의 ı sensory n 감각 ı organ n 기관 ı detect v 감지하다 ı odor n 냄새

_____

_____

04 The florin, a gold coin that was first minted in 1252, was recognized and trusted throughout Europe, which allowed it to become the dominant currency for international trade.

mint v 주조하다 ı recognize v 인정하다 ı trust v 신뢰하다 ı currency n 통화

_____

_____

05 Instead of finding direct evidence of plant or animal domestication, scientists can find artifacts associated with storing and processing food.

evidence n 증거 ı artifact n (인공) 유물 ı associate v 연관 짓다 ı store v 저장하다 ı process v 가공하다, 처리하다

_____

_____

전치사구 한 눈에 보기

전치사 명사   전치사   명사구   전치사   명사

Handicraft business in Europe had been practiced for hundreds of years by artisans, who
유럽에서   수백 년 동안   장인들에 의해

전치사   명사구   전치사 명사   전치사

had run their operations as small, independent shops, but by the 1600s, progressing toward
작고 독립적인 가게들로서   1600년대쯤에

명사구   전치사   명사구   전치사

modern capitalism, which was characterized by a variety of elements such as market-based
현대 자본주의를 향해서   다양한 요소들에 의해

명사구

pricing, innovative industrial structure, and other aspects, the economic system began to
시장 기반의 가격 책정, 혁신적인 산업의 구조, 그리고 다른 측면들과 같은

make their secure and relatively thriving position uncertain.

>> 다음 각 문장을 전치사구에 주의하여 직독직해를 해 보시오.

01 The relationships between languages are informative reflections of past migration patterns, and they also tell us much about how the people lived.

relationship ⓝ 관계 ㅣ informative 【adj】 유익한 ㅣ reflection ⓝ 반영 ㅣ migration ⓝ 이주, 이동

_____

_____

_____

02 By the 15th century, England had become a primary producer of finished wool, and it competed with the Italian guilds for the raw wool that was coming out of Spain.

compete 【v】 경쟁하다 ㅣ guild ⓝ 길드 ㅣ raw 【adj】 가공되지 않은, 날것의

_____

_____

_____

03 During the Middle Ages, the Italian regions of Tuscany, Lombardy, and Venetia were some of the most important producers of high-quality wool-based textiles in Europe, along with the Low Countries and England.

Middle Ages 중세 시대 ㅣ producer ⓝ 생산자 ㅣ textile ⓝ 직물 ㅣ Low Countries 저지대

_____

_____

_____

04 Dormancy, a period when many organisms stop growing, developing, and being physically active for a short time to save energy, is typically brought about by environmental factors such as extreme temperature change and a lack of available food.

dormancy ⓝ 비활성 상태 ㅣ physically 【adv】 신체적으로 ㅣ active 【adj】 활동적인 ㅣ typically 【adv】 보통 ㅣ extreme 【adj】 극도의 ㅣ lack ⓝ 결핍

_____

_____

_____

05 Prior to the 20th century, the tropics remained relatively untouched by human hands, but timber cutting and clearing land for agriculture have ravaged the rainforests since the 1950s.

tropic **n** 열대 지방 ㅣ timber **n** 목재 ㅣ clear **v** 개간하다 ㅣ ravage **v** 황폐하게 만들다

II
Question Types

Introduction

Vocabulary(유의어 찾기) 유형은 지문 속 음영 표시된 특정 단어나 구의 정확한 사전적 의미를 아는 것을 요구한다. Vocabulary(유의어 찾기 문제를 풀 때 음영 표시된 단어나 구와 의미상 가장 가까운 뜻을 가진 표현을 확실히 파악해야 한다. 각 지문당 1~2문항이 출제된다.

Sample Questions

- The word " " in the passage/paragraph X is closest in meaning to
  지문/X단락의 단어 ' '와 의미상 가장 가까운 것은

- The phrase " " in the passage/paragraph X is closest in meaning to
  지문/X단락의 구 ' '와 의미상 가장 가까운 것은

- In stating/saying that , the author means that ~
  라고 진술하면서, 글쓴이가 의미하는 것은

- In describing ~ as , the author means that ~
  ~를 로 묘사하면서, 글쓴이가 의미하는 것은

- By indicating that , the author means that ~
  라고 나타냄으로써, 글쓴이가 의미하는 것은

  ∗ 출제 빈도는 낮지만, 다른 유형과 혼동되기 쉬우니 주의

Vocabulary(유의어 찾기) 유형이 수험자들에게 요구하는 바는 문제와 보기를 연결하여 해석하고 의미를 확실히 파악하는 것이다.

Ex The word "maintain" in the passage is closest in meaning to
  지문의 단어 'maintain(주장하다)'과 의미상 가장 가까운 것은

  (A) employ '이용하다'이다.

  (B) claim '주장하다'이다.

  (C) suspect '의심하다'이다.

  (D) predict '예측하다'이다.

문제의 빈칸 부분에 각 보기를 넣어 연결하여 문장을 읽으면 문제로 출제된 단어 maintain(주장하다)과 사전적 의미가 가장 가까운 보기는 (B) claim(주장하다)인 것을 쉽게 알 수 있다. TOEFL Reading 시험에서는 대학 수준의

학문적인 교과서(Academic Textbook)를 얼마나 정확하게 읽을 수 있는지를 평가하고자 하며, 따라서 유의어 문제들 또한 학문적인 어휘(Academic Vocabulary)들로 구성된다. 해당 유형에서 반복 출제되는 대표적인 단어나 구는 확실하게 의미를 암기해두도록 하자.

Learning Strategies

◎ 1. 정답 선택 풀이 과정

Step 1   출제 단어의 사전적 의미를 파악한다.

Step 2   각 보기 단어의 사전적 의미를 파악한다.

Step 3   출제 단어와 사전적 의미가 일치하는 정답 보기를 선택한다.

📖 **Reading Tip**

다의어가 문제로 출제된다면?

보기 4개 중 2개 이상이 출제 단어와 각각 다른 사전적 유의어로 연결되어 출제되는 경우가 드물지만 없는 것은 아니므로, 반드시 보기 4개의 사전적 의미를 모두 확인하도록 한다. 다의어가 출제되는 경우, ① 사전적 의미가 연결되는 보기들을 찾은 후 ② 그중 문맥상 어울리는 단어를 정답으로 고르도록 한다.

유의어 찾기 한 문제당 5초 컷 하기

TOEFL Reading에서는 총 3~4개의 지문이 출제되며 3개의 지문이 출제될 경우에는 54분, 4개의 지문이 출제될 경우에는 1시간 12분의 제한 시간이 주어진다. 결국, 지문 하나를 기준으로 평균 18분 내로 문제를 풀어야 한다. Vocabulary(유의어 찾기) 유형에서 최대한 시간을 절약해서 다른 유형 풀이에 남은 시간을 활용할 수 있도록 시간 관리를 잘해야 한다.

◎ 2. 오답 선택 풀이 과정

Step 1   문제를 읽는다.

Step 2   각각의 보기 단어를 지문 속 음영 표시된 단어에 대입하여 해석한다.

Step 3   의미상 가장 어울릴 것 같은 단어를 정답으로 선택한다.

매력적인 오답

① 사전적 의미와 무관하게 지문 속 해당 부분에 대입해 봤을 때 해석상 말이 되는 단어
② 정확한 의미가 아닌 애매한 느낌으로 연결되는 단어

| Example

When a substantial number of animals leave one biome (a geographical region with distinct flora and fauna) for another, migration occurs. Every year, tuna migrate from north to south and vice versa as sea temperatures fluctuate.

Q. The word "fluctuate" in the passage is closest in meaning to

(A) increase

(B) affect

(C) vary

(D) follow

1 출제 단어의 사전적 의미를 파악한다.

fluctuate 변동하다

2 각 보기 단어의 사전적 의미를 파악한다.

(A) 증가하다

(B) 영향을 미치다

(C) 달라지다

(D) 따라가다

3 출제 단어와 사전적 의미가 일치하는 정답 보기를 선택한다.

정답: (C) vary 달라지다

해석 상당한 수의 동물들이 한 생물군계(별개의 동·식물군이 있는 지리적 영역)를 떠나 다른 생물군계로 이동할 때, 이주가 발생한다. 매년, 참치는 바다의 온도가 변동함에 따라 북쪽에서 남쪽으로 또는 그 반대로 이동한다.

Q. 지문의 단어 'fluctuate(변동하다)'와 의미상 가장 가까운 것은

(A) 증가하다

(B) 영향을 미치다

(C) 달라지다

(D) 따라가다

어휘 substantial adj 상당한 I biome n 생물군계 I geographical adj 지리(학)적인 I region n 지역, 영역 I distinct adj 별개의, 분명한, 뚜렷한 I flora n 식물군(상) I fauna n 동물군(상) I migration n 이동, 이주 I occur v 발생하다, 일어나다 I tuna n 참치 I migrate v 이동하다 I vice versa 그 반대도 마찬가지인 I temperature n 온도 I fluctuate v 변동하다 I affect v 영향을 미치다 I vary v (각기) 다르다, 달라지다

Practice

01

It might be thought that in the Upper Paleolithic period, the earliest human artists painted simple geometrical shapes or patterns of dots or lines, but some cave paintings demonstrate that they were created with a marked degree of painting skill.

The word "marked" in the passage is closest in meaning to

(A) surprising

(B) useful

(C) pronounced

(D) limited

02

If a storm devastates coral reefs and results in insufficient food, then the adult starfish converge on and voraciously consume the remaining parts of the corals.

The word "converge" in the passage is closest in meaning to

(A) come together

(B) build

(C) depend

(D) control over

03

The soil is home to various organisms that are larger than bacteria, and the thickness of the soil varies greatly from a thin layer of dust on bedrock to many meters, and even that is subject to environmental change.

The phrase "is subject to" in the passage is closest in meaning to

(A) is similar to

(B) is superior to

(C) is susceptible to

(D) is conducive to

Lesson 01
Question Types

04 Later, English wool workers developed fulling mills that harnessed waterpower to run machines that beat the wet cloth with wooden hammers.

The word "harnessed" in the passage is closest in meaning to

(A) knew

(B) utilized

(C) depended on

(D) needed

05 Mammals are warm-blooded and are able to keep their body temperature constant; they also give birth to offspring who are dependent on the milk of their mothers for survival.

The word "constant" in the passage is closest in meaning to

(A) considerable

(B) unpredictable

(C) unusual

(D) continual

06 Biologists frequently use the techniques and findings of other sciences; they significantly depend on physics and chemistry to comprehend the natural processes that occur in live plants and animals.

The word "occur" in the passage is closest in meaning to

(A) arrive

(B) succeed

(C) result

(D) take place

07 It is difficult to assess other physical attributes of Cro-Magnons since there are so few remains available from which to draw conclusions; nonetheless, it is considered that Cro-Magnons were fairly tall in comparison to other human beings.

The word "remains" in the passage is closest in meaning to

(A) locations

(B) remnants

(C) results

(D) reminders

08 Hibernation happens when an animal's metabolism slows down enough that it can utilize stored energy instead of creating heat to sustain its body temperature above the ambient temperature.

The word "ambient" in the passage is closest in meaning to

(A) ordinary

(B) suitable

(C) surrounding

(D) favorable

09 Cheese has been demonstrated to give significant health advantages; it not only has high calcium content that contributes to strong bones, but it also contains essential amino acids and proteins.

The phrase "contributes to" in the passage is closest in meaning to

(A) adds to

(B) depends upon

(C) takes advantage of

(D) speeds up

10   To account for the extinction of the dinosaurs roughly 65 million years ago, many researchers proposed that a giant asteroid or comet impacted Earth, releasing a cloud of dust that blocked the Sun for years and produced an extended period of cold and darkness.

The word "proposed" in the passage is closest in meaning to

Ⓐ forced

Ⓑ questioned

Ⓒ put forward

Ⓓ proven

Test

Passage 1

TOEFL Reading

Causes of Famine

There are often two primary causes of famine: natural causes and human causes. Among the natural causes are things like prolonged droughts, insect invasions, and floods. These variables may generate a scarcity of food and high costs in large countries, such as the United States, but they have never been responsible for a famine since food may be imported or transported from one section of the country to another. Natural calamities, on the other hand, can induce tremendous hardships in smaller, less diversified communities. In Ireland, for instance, potato crop failures in the 1840s resulted in the deaths of at least one million people and the migration of thousands more. Since the year 1700, there have been several famines in China and India as a direct result of overpopulation, which may be considered a natural cause. Between 1876 and 1879, starvation killed around 11 million people in China. Agricultural advancements in the 20th century, often known as the Green Revolution, have mitigated the severity of this issue.

1. The word "induce" in the passage is closest in meaning to
   - (A) increase
   - (B) bring about
   - (C) control
   - (D) explain

2. The word "mitigated" in the passage is closest in meaning to
   - (A) reduced
   - (B) stimulated
   - (C) limited
   - (D) produced

Lesson 01
Question Types

Passage 2

Understanding of the Cosmos

1. The word "equivalent" in the passage is closest in meaning to
   - (A) necessary
   - (B) effective
   - (C) concrete
   - (D) comparable

2. The word "unearth" in the passage is closest in meaning to
   - (A) connect
   - (B) predict
   - (C) utilize
   - (D) discover

In a span of time equivalent to a human lifetime, humanity's understanding of how the cosmos was created and how its various phenomena emerge has evolved rapidly. Despite these enormous breakthroughs, there are still a lot of fundamental questions that haven't been solved. When did the first galaxies appear in the universe, and how did they form? Our ability to comprehend where everything in the cosmos came from is hindered by the absence of firsthand observations. Basically, astronomers are attempting to assemble a 10,000-piece jigsaw puzzle from a few pieces discovered beneath the table. Like archaeologists, they must remove layers of time in order to unearth evidence about how galaxies were formed. Through the development of larger telescopes, we have been able to look further into space at new galaxies and also look back into time. Astronomers have made enormous strides in recent years, investigating things that existed when the cosmos was still very young.

Lesson

02 Reference

Introduction

Reference(지시어 찾기) 유형은 지문 속 음영 표시된 대명사나 구가 지칭하는 명사 혹은 내용이 무엇인지를 찾는 문제로 정확한 독해 능력뿐만 아니라 선행사나 수 일치와 같은 문법적인 능력 또한 요구한다. 각 지문당 0~1문항이 출제되며 나온 지문 내용을 정확하게 파악해야 한다.

Sample Questions

- The word "   " in the passage/in paragraph X refers to
  지문/X단락의 단어 '   '가 가리키는 것은

- The phrase "   " in paragraph X refers to
  X단락의 구 '   '가 가리키는 것은

Reference(지시어 찾기) 유형의 단독 출제 빈도는 낮다. 그러나 다른 문제 유형을 통하여 지시어가 지칭하는 대상을 정확히 찾는 능력이 요구되는 경우는 많다. 예를 들어, Factual Information(사실 정보 찾기) 유형에서 답의 근거가 되는 문장 속에 등장하는 지시어의 의미를 확실하게 파악하지 못하면 문제를 틀리도록 오답 보기가 구성되기도 한다. 따라서, 정확하게 지문 내용 파악을 위해서는 지시어가 지칭하는 대상을 올바르게 찾는 것이 필수적이다. 평소에 지문을 읽을 때 지시어가 지칭하는 대상을 찾아가며 읽는 습관을 지닌다면 Reference(지시어 찾기) 유형이 출제되거나 혹은 지시어를 활용한 함정 문제가 출제될 때 어려움 없이 정답을 선택할 수 있다.

Learning Strategies

◎ 1. 정답 선택 풀이 과정

Step 1 지시어가 들어 있는 문장의 앞쪽 혹은 바로 앞 문장을 확인한다.

Step 2 지시어와 수가 일치하는 명사를 찾는다.

Step 3 지시어 자리에 직접 대입하여 문법적으로 혹은 의미상으로 어울리는 정답 보기를 선택한다.

짝을 이루어 사용하는 대명사: some–others, one–another, the former–the latter

Ex **Some** countries imposed tariffs that protected their own farmers by banning the import of foreign crops. **Others** used quotas that did not prohibit imports but strictly limited how much of a product could be brought in during a specific period.

일부 나라들은 외국 작물들의 수입을 금지함으로써 자국 농민들을 보호하는 관세를 부과했다. **다른 것들**(= 다른 나라들)은 수입을 금지하지는 않았지만 특정 기간 동안 얼마나 많은 제품을 들여올 수 있는지를 엄격하게 제한하는 할당제를 사용했다.

내용을 지칭하는 경우: this concept, this theory, those ideas

Ex Although most of the languages spoken in Europe are categorized into one of three distinct language families—Latinate, Germanic, and Slavic—they are all believed to have evolved from an ancient proto-language from Eurasia called Indo-European. **This idea** is supported by the fact that they all possess cognates for very basic terms like the word for "brother."

유럽에서 쓰이는 대부분의 언어들이 라틴어, 게르마니아어, 슬라브어의 뚜렷한 세 개 어족 중 하나로 분류되지만, 그들 모두 인도-유럽어라고 불리는, 유라시아에서 온 최초의 한 고대 언어에서 진화한 것으로 여겨진다. 이 언어들이 모두 '남자 형제(brother)' 같은 간단한 단어의 동일 어원들을 가지고 있다는 점이 **이 견해**(= 세 언어들이 모두 최초의 한 고대 언어에서 진화한 것이라는 생각)를 뒷받침한다.

◎ **2. 오답 선택 풀이 과정**

Step 1 문제를 읽는다.

Step 2 각각의 보기 단어를 지문 속 음영 표시된 단어에 대입하여 해석한다.

Step 3 의미상 가장 어울릴 것 같은 단어를 정답으로 선택한다.

매력적인 오답

지시어와 수가 일치하지 않는 단어

| **Example**

The Italian Wool Industry in the Middle Ages

The Italian city-states dominated the wool textile industry in the Middle Ages. The Italian wool industry was dominated by the guilds, which controlled every aspect of wool production including the techniques used to process it, the quality of the wool that was produced, and the prices at which that wool was sold. Through the influence they wielded, the Italian city-states also became some of the most powerful banking centers of Europe.

Q. The word "they" in the passage refers to

- (A) prices
- (B) guilds
- (C) techniques
- (D) the Italian city states

❶ 지시어가 들어 있는 문장의 앞쪽 혹은 바로 앞 문장을 확인한다.

> [The Italian wool industry was dominated by the guilds, which controlled every aspect of wool production including the techniques used to process it, the quality of the wool that was produced, and the prices at which that wool was sold. Through the influence] they wielded, ~.

❷ 지시어와 수가 일치하는 명사를 찾는다.

> [The Italian wool industry was dominated by the guilds, which controlled every aspect of wool production including the techniques used to process it, the quality of the wool that was produced, and the prices at which that wool was sold. Through the influence] they wielded, ~.

❸ 지시어 자리에 직접 대입하여 문법적으로 혹은 의미상으로 어울리는 정답 보기를 선택한다.

> Through the influence they wielded, ~.
> 그들이 행사했던 영향을 통해
>
> 정답: (B) guilds 길드들

해석

중세 시대 이탈리아 양모 산업

중세 시대에 이탈리아의 도시 국가들이 양모 직물 산업을 지배했다. 이탈리아의 양모업은 양모 가공 기법들, 생산된 양모의 질, 양모의 판매 가격들 등 양모 생산의 모든 요소를 통제했던 길드들에 의해 지배되었다. 그들이 행사한 영향력을 통해, 이탈리아의 도시 국가들은 또한 유럽에서 가장 강력한 금융 중심지들의 일부가 되었다.

Q. 지문의 단어 'they(그들)'가 가리키는 것은
- (A) 가격들
- (B) 길드들
- (C) 기법들
- (D) 이탈리아 도시 국가들

어휘 dominate ⓥ 지배하다 | textile ⓝ 직물, 옷감, 섬유 산업 | guild ⓝ 길드, 조합 | aspect ⓝ 측면, 양상 | production ⓝ 생산, 생산량 | influence ⓝ 영향(력) | wield ⓥ 행사하다

01 Pest control strategies differ in their methodology and overall effectiveness. For example, pests that aren't native to an area can be controlled using biological methods. Chemical insecticides have several unintended consequences since they affect not just the target species but a wide variety of nontarget species, usually wiping them out and causing problems in food chains.

The word "them" in the passage refers to

Ⓐ insecticides

Ⓑ consequences

Ⓒ nontarget species

Ⓓ food chains

02 Because Mars does not have an oxygen-rich atmosphere, it does not have ozone shields that would protect surface-dwelling life from the harmful effects of ultraviolet radiation. Since the surface of Mars is subjected to lethal levels of radiation, any life that might be there would have to be deep underground.

The word "it" in the passage refers to

Ⓐ Mars

Ⓑ oxygen

Ⓒ atmosphere

Ⓓ life

03 The deciphering of several written symbols has resulted in one of the most significant achievements in Mesoamerican archaeology in recent years. It was usually considered that the inscriptions were either about the calendar or religious things, most notably the actions of the gods. However, many of them can today be understood as referring to actual historical events, mostly the things that Maya kings did.

The word "them" in the passage refers to

Ⓐ achievements

Ⓑ religious things

Ⓒ actions

Ⓓ inscriptions

04 Most of the buried layers of coal used as fuel were formed about 300 million years ago. At that time, the earth was covered in marshes, and as plants and trees withered, they fell to the seabed, where they decomposed and formed layers of rotting vegetation. Sand, silt, and other debris were deposited over the plant matter, forming rock strata that hid the decomposing plants and squeezed out the water. After a long time, the weight of the rock pressed down on the plant matter and heated it up. As a result, the pressure and heat generated in this way converted the plant matter into coal.

The word "it" in the passage refers to

Ⓐ weight

Ⓑ rock

Ⓒ plant matter

Ⓓ water

05 Many types of insects have toxic chemicals as a means to ensure their species' survival. Since poisonous insects cannot kill the animals that attack them until they have been completely swallowed, this defense strategy seems rather paradoxical. The main goal of an organism is to pass its genes on to future generations. Being poisonous is hardly advantageous for an individual organism if it can only deliver the poison once it is dead. This mystery was solved when researchers discovered that eating a few poisonous insects will not kill most predators; rather, it makes them ill, which teaches the animals that these insects are not good to eat and to avoid them in the future.

The word "they" in the passage refers to

Ⓐ animals

Ⓑ organisms

Ⓒ poisonous insects

Ⓓ predators

Test

Passage 1

Pollination

Seed plants reproduce through pollination, a process in which the male of a plant species transfers pollen to the female. Almost all types of grain, vegetables, flowers, and trees need to be pollinated and fertilized in order to bear the next generation of seeds or fruit. Pollinators include insects and birds, which inadvertently transport pollen from one plant to another. Some of these pollinators are drawn to nectar, which is rich in energy, while others are drawn to pollen from the plant, which is rich in protein and contains many vitamins. Because the nectar and pollen are both found within the plant, the pollinator needs to search for its food within the plant. While foraging inside, the pollinator accidentally acquires pollen by rubbing its body on the stigma. This relationship between plants and pollinators is, in fact, mutually beneficial because pollinators acquire nourishment, and plants reproduce effectively for the next generation.

1. The word "another" in the passage refers to
   - (A) plant
   - (B) pollen
   - (C) pollinator
   - (D) nectar

2. The word "its" in the passage refers to
   - (A) pollen
   - (B) nectar
   - (C) pollinator
   - (D) stigma

PAGODA TOEFL 70+ Reading

03 Factual Information

Introduction

Factual Information(사실 정보 찾기) 유형은 특정 단락에서 문제가 요구하는 정보에 대한 이해를 요구한다. 기본적으로 영어 문장의 정확한 의미 파악이 가능한지와 그에 따른 지문이 설명하고 있는 정보에 대한 이해 여부를 파악하고자 한다. 각 지문당 최소 2문항 이상 출제되는 것이 일반적이며 문제가 요구하는 정보를 지문에서 찾아 의미를 정확하게 파악한 후 적절하게 재진술(paraphrase)된 보기와 연결할 수 있어야 한다.

Sample Questions

- **According to paragraph X, which of the following is true of/about ~?**
  X단락에 따르면, 다음 중 ~에 대해 사실인 것은 무엇인가?

- **Which of the following is mentioned in paragraph X?**
  다음 중 X단락에서 언급되어 있는 것은 무엇인가?

- **Paragraph X supports which of the following statements about ~?**
  X단락이 ~에 대해 다음 진술들 중 뒷받침하는 것은 무엇인가?

- **According to paragraph X; why/what/when/how ~?**
  X단락에 따르면, 왜/무엇이/언제/어떻게 ~인가?

- **What does the author mention about ~?**
  글쓴이가 ~에 대해 언급하는 것은 무엇인가?

- **The author's description of ~ mentions which of the following?**
  ~에 대한 글쓴이의 서술은 다음 중 무엇을 언급하는가?

- **Select the TWO answer choices that, according to the passage, ~**
  지문에 따르면, ~하는 두 개의 정답을 고르시오.

  * 가끔 정답을 두 개 고르라는 문제도 출제된다.

Factual Information(사실 정보 찾기) 유형은 굉장히 익숙한 유형이라 문제 풀이가 어렵지 않을 것으로 생각할 수 있지만 놀랍게도 정답률이 항상 높은 것은 아니다. 그 대표적인 원인 중 하나는 잘못된 문제 풀이 접근 방법에 있다.

예를 들어,

> A: "점심 먹었어?"
> B: "나 지금 너무 졸려."

'나 지금 너무 졸려.'는 현재 B의 상태를 나타내는 옳은 정보일 수 있지만 '점심 먹었어?'라는 질문에 대한 알맞은 답이 될 수 없다. 이처럼 문제에서 묻는 정보와 무관하게 단순히 보기 속 정보가 지문에 언급되어 있는지만 확인하는 문제 풀이 접근 방법은 오답을 선택할 가능성을 높인다.

Learning Strategies

◎ 1. 정답 선택 풀이 과정

Step 1 문제에서 근거 문장의 위치를 알려 주는 정보와 문제가 요구하는 정보를 각각 파악한다.

Step 2 근거 문장의 의미 파악 후 문제가 요구하는 정보에 해당하는 부분을 정확하게 해석한다.

출제자는 Factual Information(사실 정보 찾기) 유형의 다양한 난이도 문제를 활용하여 수험자의 영어 실력을 정확히 평가하고자 한다.

지문의 근거 문장을 객관적으로 정확하게 해석하기 위해서는 ① 단어의 정확한 뜻을 알고 있어야 하며, ② 구조를 끊어 읽는 직독직해가 가능해야 한다. 특히 Intermediate이나 Advanced 난이도 문제의 정답률을 높이기 위해서는 기본 영어 실력을 많이 향상해야 한다.

Step 3 문제가 요구하는 해당 부분을 기준으로 각 보기를 소거하며 적절하게 재진술된 정답 보기를 선택한다.

문제가 요구하는 바를 제대로 파악하여 해당 정보가 드러나는 지문 속 근거 문장까지 정확하게 이해했어도 오답을 선택하는 경우가 있다면 근거 문장에 대해서 적절하게 재진술(paraphrase)한 정답 보기와 연결하지 못하는 것이다. 출제자는 근거 문장을 아무런 변화 없이 그대로 보기에 넣지 않는다. 근거 문장의 의미를 다른 단어, 표현 그리고 구조를 통해 재진술한 정답을 선택하기 위해서는 해석한 내용에 대한 '이해'가 필요하다.

📖 Reading Tip

헷갈리는 보기 중 선택 기준

헷갈리는 보기가 있다면 ① 각 보기를 문제와 연결하여 읽어 보거나, ② 근거 문장을 기준으로 그 의미가 더 가까운 보기를 선택하도록 한다.

포괄적 정보를 묻는 문제인 경우

단락 전반에서 설명하고 있는 주요 개념에 대한 정보를 찾을 때는 해당 단락을 다 읽은 후 오답 소거를 먼저 진행하도록 한다.

2. 오답 선택 풀이 과정

Step 1 문제를 대충 읽는다.

Step 2 보기를 기준으로 지문을 찾아가며 왔다 갔다 읽는다.

Step 3 마음에 드는 보기가 있으면 나머지 보기 확인 없이 바로 선택한다.

매력적인 오답

① 지문에 언급되지 않은 정보
② 문제와 관련 없는 정보

Example

The Migration of Bison

In the spring and late fall, large herds of bison travel north and south, respectively. The migrations travel a distance of up to 640 kilometers (400 miles), more or less in a circular pattern. During their journey through the Great Plains, the beasts cross fast-flowing rivers and climb up and down steep riverbanks and cliffs. Typically, the southern journey is conducted in a single line. Bison trails are worn down to a depth of 1 meter (3 feet) in some areas. After the calves are big enough to travel, the northward journey begins in the spring. The size of the herd in this movement is smaller. Around the cows and calves, the bulls form an outer circle. When the herd is endangered, the bulls gather and face outwards toward the danger. The warmth of the spring sun can sometimes make the ice so thin that it cracks beneath the weight of a migratory herd, causing many animals to drown in the water.

Q. According to the passage, it is extremely hazardous for the herds of bison when

(A) bulls are all around the bison herds

(B) the size of the herd is larger

(C) warm weather affects a frozen river

(D) they congregate together

❶ 문제에서 근거 문장의 위치를 알려 주는 정보와 문제가 요구하는 정보를 각각 파악한다.

According to the passage, it is extremely hazardous for the herds of bison **when**

⋯ 근거 문장의 위치를 알려 주는 정보: it is extremely hazardous for the herds of bison

⋯ 문제가 요구하는 정보: when

❷ 근거 문장의 의미 파악 후 문제가 요구하는 정보에 해당하는 부분을 정확하게 해석한다.

> The warmth of the spring sun can sometimes make the ice so thin that it cracks beneath the weight of a migratory herd.
>
> 봄 햇빛의 따뜻함은 / 때때로 만들 수 있다 / 얼음을 / 너무 얇게 / 그래서 그것(= 얼음)은 / 깨진다 / 아래 / 이동하는 무리 떼의 무게.

❸ 문제가 요구하는 해당 부분을 기준으로 각 보기를 소거하며 재진술된 정답 보기를 선택한다.

> (A) 문제와 관련 없는 정보
> (B) 지문에 언급되지 않은 정보
> (C) 정답
> (D) 문제와 관련 없는 정보

해석

들소의 이동

봄과 늦가을에는, 큰 들소 떼들이 각각 북쪽과 남쪽으로 이동한다. 그 이동은 원형 패턴으로, 최대 640킬로미터(400마일)의 거리를 이동한다. 대평원을 통한 그들의 여정 동안, 들소들은 빠르게 흐르는 강들을 건너고, 가파른 강둑들과 절벽들을 오르고 내려간다. 보통, 남쪽으로 향하는 여정은 일렬로 행해진다. 들소의 경로들은 일부 지역에서 1미터(3피트) 깊이로 파이기도 한다. 송아지들이 이동할 정도로 충분히 강해진 후, 봄에 북쪽으로의 여정이 시작된다. 이 이동에서는 무리의 규모는 더 작다. 암소들과 송아지들 주위에, 황소들이 바깥 원을 형성한다. 무리가 위험에 처하면, 황소들이 모여 위험을 향해 바깥쪽으로 향한다. ^C 봄 햇볕의 따뜻함으로 인해 때때로 얼음이 너무 얇아져서 이동하는 무리의 무게 아래서 깨져서, 많은 동물들이 물에 빠져 죽을 수도 있다.

Q. 지문에 따르면, 들소 떼에게 극도로 위험한 때가

(A) 황소들이 들소 떼를 둘러싸고 있을 때
(B) 들소 떼의 규모가 더 클 때
(C) 따뜻한 날씨가 얼어붙은 강에 영향을 줄 때
(D) 그들이 함께 모일 때

어휘 herd **n** 떼, 무리 l bison **n** 들소 l north **adv** 북쪽으로 l south **adv** 남쪽으로 l respectively **adv** 각각 l distance **n** 거리 l up to ~까지 l more or less 거의 l circular **adj** 원형의, 순회하는 l journey **n** 이동 l the Great Plains 대평원 l beast **n** 짐승 l cross **v** 건너다 l climb **v** 오르다 l steep **adj** 가파른, 급격한 l riverbank **n** 강둑, 강기슭 l cliff **n** 절벽 l typically **adv** 보통, 일반적으로 l conduct **v** ~을 하다 l trail **n** 자국, 흔적, 자취 l wear down 닳게 하다, 마모시키다 l depth **n** 깊이 l calves **n** (calf의 복수형) 송아지 l northward **adj** 북쪽으로 l bull **n** 황소 l endanger **v** 위험에 빠뜨리다 l face **v** 향하다, 직면하다 l warmth **n** 따뜻함 l crack **v** 갈라지다, 깨지다 l drown **v** 익사하다, 익사시키다 l hazardous **adj** 위험한 l congregate **v** 모이다

01

Archaeology of Domestication

The domestication of plants and animals is the most significant development in the past 13,000 years of human history. Domestication is the process by which people modify plants and animals to be more useful to them, resulting in morphological differences between them and their wild kin, despite the fact that they are still the same species. This process occurred independently in various locations at different times, with the earliest two being in Eurasia and East Asia around 8,500 BCE. Since the development of agriculture predates the development of written language in most societies, there are no contemporary accounts of exactly when and how domestication was achieved. Therefore, the bulk of what is known has come from archaeological evidence.

According to the passage, which of the following is true about domestication?

Ⓐ It first occurred 13,000 years ago.

Ⓑ There are many written accounts of it.

Ⓒ It inevitably produces new species.

Ⓓ It began independently in many separate locations.

02

The Characteristics of Silverbacks

The unique patch of silver hair that may be found on the backs of adult male gorillas, known as silverbacks, often appears on gorillas that are more than 12 years old. Silverbacks develop big canine teeth as they mature, adding to their intimidating look. The troop leaders are these older males, who are the strongest and most dominating members of the gorilla troop. They make all the decisions, resolve problems among troop members, decide where the troop goes, lead the troop to places where it can get food, and assume responsibility for the security and overall well-being of individuals who are under their control. Occasionally, the right of the dominant male to lead will be challenged by younger males. The dominating silverback then charges at the challenger, screaming, beating his own chest, showing his teeth, and breaking branches.

According to the passage, how does the dominating silverback protect its position when threatened?

Ⓐ It repeatedly strikes the challenger in the chest until he collapses.

Ⓑ It rushes forward and assaults the challenger.

Ⓒ It targets the younger males nearest to the herd.

Ⓓ It uses its big canine teeth to bite the challenger.

03

Poison as Protection

Insects have toxic chemicals that they can use for self-defense. Venomous insects have toxins that make them poisonous to animals that eat them. Some insects produce their own poisons, but most store toxins that they obtain from the plants that they consume. For example, when they are young, monarch butterflies feed upon milkweed plants that generate chemicals called cardenolides. These chemicals interfere with normal heart function, and they can be lethal to many organisms. Like many other poisonous organisms, monarch butterflies have bright contrasting colors on their bodies that serve as warning coloration, informing other animals that eating them would be unwise. Predators like birds often ignore such warnings once, but they rarely repeat the mistake. The amount of poison they normally receive is not lethal, and it only causes them to vomit, which acts as a memorable deterrent.

Lesson 03
Question Types

According to the passage, how do monarch butterflies get their poison?

(A) By producing their own poison

(B) By consuming certain plants

(C) By protecting themselves from the animals that try to prey on them

(D) By developing new mechanisms for obtaining it

04

The Effects of Agriculture on the Extinction of Species

The indisputable influence of humans upon animal extinction began with the adoption of agriculture about 10,000 years ago. Prior to this period, all human societies consisted of hunter-gatherers whose food supplies varied with the seasons. Agriculture requires people to stay in one location to take care of their crops, and it uses large expanses of fertile, well-irrigated land. This meant that humans had to become sedentary and that they began to heavily alter the land around them. Removing forests, draining swamps, and redirecting rivers to provide the farmland that they needed disrupted the habitats of many species, and they started to go extinct. Most of the evidence of extinction due to agriculture is found in the Mediterranean region, where dense forests were cleared to make way for agriculture. However, the degree to which the landscape was altered by humans throughout Europe, Asia, and parts of Africa is clearly observable, and many organisms must have gone extinct.

According to the passage, what aspect of agriculture has left the most visible signs in the Mediterranean?

(A) Clearing of forests

(B) Planting of crops

(C) Irrigation of fields

(D) Drainage of swamps

Passage 1

Formation of New Species

Speciation is the formation of new species from an original parent population of one species. All species evolve through two processes called natural selection and genetic drift. In natural selection, organisms develop traits through mutations that make them better suited to survive the changing conditions of their habitat. Genetic drift, on the other hand, results from a sudden reduction in the parent population's size due to a random selection of genes, severely limiting the genetic diversity of the newer population. In the latter, the traits that continue in the new population may be advantageous, or they may have negative effects on the reproductive success of future generations. Natural selection is the classic idea of the survival of the fittest, whereas genetic drift is pure chance. It remains unclear which of these two processes plays a more important role in speciation, but myriad examples of both can be found in nature.

1. Select the TWO answer choices that, according to the passage, explain about genetic drift. *To receive credit, you must select TWO answers.*

   Ⓐ It plays a more important role than natural selection.

   Ⓑ It is related to the genetic diversity of a population.

   Ⓒ It allows only advantageous traits to survive in the population.

   Ⓓ It occurs when the parent population is abruptly reduced.

2. The phrase "the latter" in the passage refers to

   Ⓐ natural selection

   Ⓑ a particular set of organisms

   Ⓒ genetic drift

   Ⓓ the genetic diversity of the newer population

Passage 2

1. The passage supports which of the following statements about the vadose zone?

   ⒜ It lies beneath the water table in most areas.

   ⒝ It is usually at its thickest near large bodies of water.

   ⒞ It varies in depth due to local conditions.

   ⒟ It rises near the surface in deserts and other arid regions.

2. The word "accordingly" in the passage is closest in meaning to

   ⒜ frequently

   ⒝ interestingly

   ⒞ correspondingly

   ⒟ gradually

The Vadose Zone

When it rains over land, much of the water runs off along the surface and eventually collects in rivers and lakes, but a large proportion also penetrates into the ground. This water continues downward until it reaches the water table, where it will fill all of the available empty space until the soil is completely saturated. However, not all of the water reaches the water table; some remains in what is called the vadose or unsaturated zone, the area extending from the ground surface to the water table. In some areas, there is no vadose zone and the water table actually reaches the surface, as is common in marshlands and lakes. In others, the vadose zone can be hundreds of meters thick because the water table is very deep below the surface, as one finds in arid regions like deserts. When the water table is separated from the surface by the vadose zone, it still follows the contours of the surface, so the water table is not flat. Instead, it follows the surface topography up and down, meaning that gravity affects the movement of water within the water table and the thickness of the vadose zone accordingly.

04 Negative Factual Information

Introduction

Negative Factual Information(틀리거나 언급되지 않은 정보 찾기) 유형은 지문 속 사실 정보와 일치하지 않거나 지문에 등장하지 않는 정보를 찾도록 요구한다. 보통 한 단락 기준으로 출제되는 경우가 일반적이나, 두 단락이나 전체 지문을 기준으로 출제되는 경우도 있으니 출제 범위 확인이 필요하다. 각 지문당 0~2문항이 출제되며 문제가 요구하는 정보에 대하여 지문의 내용과 불일치하거나, 지문에 언급되지 않은 내용을 담고 있는 보기를 골라낼 수 있어야 한다.

Sample Questions

- According to paragraph X, which of the following is NOT true of ~?
  X단락에 따르면, 다음 중 ~에 대해 사실이 아닌 것은 무엇인가?

- Which of the following is NOT mentioned in paragraph X about/as ~?
  다음 중 X단락에서 ~에 대해/~로서 언급되지 않은 것은 무엇인가?

- Which of the following questions is NOT answered by paragraph X?
  다음 질문들 중 X단락에 의해 답해지지 않은 것은 무엇인가?

- According to paragraph X, all of the following statements about ~ are true EXCEPT
  X단락에 따르면, ~에 대한 진술들 중 사실이 아닌 것은

- According to paragraph X, all of the following are mentioned as ~ EXCEPT
  X단락에 따르면, 다음 중 ~로서 언급되지 않은 것은

- Paragraph X supports all of the following statements about ~ EXCEPT
  X단락이 ~에 대한 다음 진술들 중 뒷받침하지 않는 것은

시험장에서 총 30문항 혹은 40문항의 문제를 연속해서 풀다 보면 간혹 지문에 언급된 옳은 정보를 고르는 Factual Information(사실 정보 찾기) 유형과 Negative Factual Information(틀리거나 언급되지 않은 정보 찾기) 유형을 혼동하는 경우가 있다. 그래서 실수를 할 수 있으니 꼭 문제 속 NOT 혹은 EXCEPT와 같은 유형 시그널을 확인한 후에 문제를 풀도록 한다.

Learning Strategies

1. 정답 선택 풀이 과정

Step 1 문제가 출제되는 범위(한 단락 혹은 그 이상)를 읽는다.

지문과 보기를 왔다 갔다 하며 읽게 되면, 읽었던 내용에 대하여 정확히 기억하지 못할 가능성이 높다. 또한 전체 지문 중 한 단락의 내용이 제대로 파악되지 않으면 그다음 내용을 이해하는 데 어려움이 생길 수 있다. 지문 속 언급된 내용부터 정확히 이해하는 것이 우선이다.

Step 2 문제가 요구하는 정보에 대해 지문에 언급되고 재진술된 보기 3개를 찾아 소거한다.

수험자가 얼마나 지문 속 사실 정보를 정확히 이해하고 있는가를 확인하기 위해서 그 내용은 재진술(paraphrase)되어 보기에 제시된다. 재진술은 지문에 등장하는 내용과 같은 의미지만 다른 방식의 구조나 표현을 사용하여 정보를 전달하는 것을 의미한다. Negative Factual Information(틀리거나 언급되지 않은 정보 찾기) 유형의 정답률을 높이기 위해서는 여러 문제를 통해 재진술에 익숙해질 수 있도록 연습해야 한다.

Step 3 지문에 언급되지 않거나 문제와 관련 없는 정보가 담긴 정답 보기를 선택한다.

> 📖 **Reading Tip**
>
> 보기 4개가 모두 지문에 언급되어 있는 경우
>
> 예를 들어 "다음 중 산업 혁명을 일으킨 원인이 아닌 것은?"과 같은 문제에서 보기 4개가 전부 다 지문에 언급된 정보인 경우도 있다. 단 그중 3개 보기만 산업 혁명을 일으킨 원인으로 등장하고 나머지 1개는 다른 정보로 지문에 언급된 내용일 수 있다. 그때 정답은 그 나머지 1개 보기가 되는 것이다. 항상 문제가 요구하는 정보가 무엇인지부터 명확하게 알고 있어야 한다.

2. 오답 선택 풀이 과정

Step 1 문제를 대충 읽는다.

Step 2 보기 속 특정 단어를 기준으로 지문에 해당 단어가 언급되어 있는지 찾는다.

Step 3 마음에 드는 보기가 있으면 나머지 보기 확인 없이 바로 선택한다.

매력적인 오답

지문에 나온 내용과 재진술된 보기가 정확히 연결되지 않으면 문제를 틀릴 가능성이 높다. 지문과 보기를 읽을 때 그 내용을 최대한 객관적으로 읽도록 한다.

Ex mass-produced consumer goods ≠ a greater variety of consumer goods
대량 생산된 소비재들 ≠ 매우 다양한 소비재들

Example

Coral Reefs

Coral polyps are tiny animals that are related to jellyfish. They obtain nutrients from microorganisms that live inside them and the plankton they consume. In order to protect their soft bodies from predators, polyps use calcium carbonate that they filter from the water to create a hard, defensive shell. Since they live in dense colonies of thousands of individuals, their hard exoskeletons are packed tightly together and soon form into solid masses of stone. Over the course of many generations, the polyps build layer upon layer of new shells on the skeletons of their dead predecessors, forming coral reefs. Coral polyps need very specific conditions to survive: the water should be about 20 degrees Celsius; the water should be neither too salty nor too fresh; and they need to have abundant sunlight. These conditions explain why most coral reefs are found up to 55 meters deep in tropical waters, and mainly in the Indian and Pacific Oceans, although some do exist in the Atlantic Ocean, particularly in the Gulf of Mexico.

Q. The passage supports all of the following statements about coral polyps EXCEPT:

(A) They form symbiotic relationships with microorganisms.

(B) The organisms living around coral reefs compete for limited resources.

(C) Coral reefs are gradually created from their exoskeletons.

(D) These tiny organisms are very sensitive to water conditions.

1 문제가 출제되는 범위(한 단락 혹은 그 이상)를 읽는다.

2 문제가 요구하는 정보에 대해 지문에 언급되고 재진술된 보기 3개를 찾아 소거한다.

Coral polyps are tiny animals that are related to jellyfish. **A**They obtain nutrients from microorganisms that live inside them and the plankton they consume. In order to protect their soft bodies from predators, polyps use calcium carbonate that they filter from the water to create a hard, defensive shell. Since they live in dense colonies of thousands of individuals, their hard exoskeletons are packed tightly together and soon form into solid masses of stone. **C**Over the course of many generations, the polyps build layer upon layer of new shells on the skeletons of their dead predecessors, forming coral reefs. **D**Coral polyps need very specific conditions to survive: the water should be about 20 degrees Celsius; the water should be neither too salty nor too fresh; and they need abundant sunlight. These conditions explain why most coral reefs are found up to 55 meters deep in tropical waters, and mainly in the Indian and Pacific Oceans, although some do exist in the Atlantic Ocean, particularly in the Gulf of Mexico.

❸ 지문에 언급되지 않거나 문제와 관련 없는 정보가 담긴 정답 보기를 선택한다.

정답: Ⓑ 지문에 언급되지 않은 정보

[해석]
산호초들

산호충들은 해파리의 친척인 아주 작은 동물들이다. ^A이들은 자기 내부에 사는 미생물과 그들이 섭취하는 플랑크톤에서 영양분들을 얻는다. 포식자들로부터 연약한 몸들을 보호하기 위해, 산호충들은 물에서 걸러낸 탄산칼슘을 이용하여 단단한 방어 뼈대를 만든다. 그들은 수천 마리의 개체들로 이루어진 빽빽한 군집에서 살고 있기 때문에, 이들의 딱딱한 외골격들은 단단히 한데 묶여 곧 튼튼한 돌덩어리를 형성한다. ^C여러 세대를 거치며, 산호충들은 죽은 이전 것의 골격 위에 새로운 뼈대를 층층이 쌓아 산호초들을 형성한다. ^D산호충들은 생존하기 위해 매우 구체적인 조건이 필요하다: 물은 대략 섭씨 20도 정도여야 하고; 물은 너무 소금기가 많지도, 너무 민물이지도 않아야 하며; 풍부한 햇빛이 필요하다. 이러한 조건들은 왜 대부분의 산호초들이 주로 인도양과 태평양에 있는, 열대 해역에서 55미터까지 깊은 곳에서 발견되는지를 설명해주지만, 일부 산호초들은 대서양, 특히 멕시코 만에 존재하기도 한다.

Q. 지문이 산호충들에 대한 다음 진술들 중 뒷받침하지 않는 것은:

Ⓐ 그들은 미생물과 공생관계를 형성한다.

Ⓑ 산호초들 주변에 사는 생물들은 제한된 자원을 놓고 경쟁한다.

Ⓒ 산호초들은 외골격으로부터 서서히 생성된다.

Ⓓ 이 작은 생물들은 물의 조건에 매우 민감하다.

[어휘] coral polyp 산호충 | tiny adj 아주 작은 | jellyfish n 해파리 | nutrient n 영양분 | microorganism n 미생물 | calcium carbonate 탄산칼슘 | filter v 여과하다, 거르다 | hard adj 딱딱한, 단단한 | defensive adj 방어적인, 방어의 | shell n (외부 틀을 이루는) 뼈대, 껍데기 | colony n 군집 | exoskeleton n 외골격 | pack v 빽빽히 채우다 | tightly adv 단단히, 빽빽히 | solid adj 단단한, 고체의 | mass n 덩어리 | over the course of ~동안 | layer upon layer 층층이 | predecessor n 이전 것, 전임자 | specific adj 특정한, 구체적인 | fresh adj 담수의, 민물의 | abundant adj 풍부한 | particularly adv 특히 | gulf n 만 | symbiotic adj 공생의, 공생하는 | compete for ~을 두고 경쟁하다 | gradually adv 점진적으로, 서서히

01

Collage

Collage is a type of formal art method that assembles a variety of shapes and mixes them, resulting in the creation of a new work that comprises the combined elements. Many collage materials are readily available; for example, a collage could be composed of colorful paper or picture fragments, newspaper clippings, or works by other artists. The artist can show himself or herself in whichever way he or she chooses by adhering distinct, sometimes mismatched shapes to a sheet of paper or a canvas. Despite the fact that this kind of visual art has been present for hundreds of years, it underwent a great upsurge in popularity in the early 20th century.

According to the passage, which of the following is NOT mentioned about collage?

Ⓐ Paper or canvas can be used as the medium for an artist's creative expression by gluing various things together.

Ⓑ It's an art method that combines various forms to create a new piece of art.

Ⓒ Most of it is composed of peculiar fragments taken from other traditional works of art.

Ⓓ It has been around for a very long time, but during the early 20th century it had an surge in popularity.

02

The Bessemer Process and Its Impact

Henry Bessemer developed the first inexpensive industrial process to mass-produce steel. The Bessemer process uses air to oxidize and remove the impurities in steel as it raises the temperature of the molten metal in the furnace. This makes steel much cheaper to produce, so the introduction of the process had an immediate effect on the railroad industry. Older rails for train tracks had been made from wrought iron, which was far less durable than steel. Steel rails lasted ten times as long, so they didn't need to be replaced as often. The increased output also allowed steel to be used in shipbuilding and building construction on a large scale. Other innovations included chemical fertilizers, synthetic dyes, petroleum refinement, and the development of electromagnetic generators. The electric generator allowed the use of electricity for many industrial applications, with lighting, automation in factories, and communication being of particular importance.

According to the passage, all of the following are true of steel EXCEPT:

Ⓐ Steel can be produced at a much lower cost.

Ⓑ Steel was often used in construction before the Bessemer process.

Ⓒ Wrought iron rails do not last as long as steel rails.

Ⓓ The railroad industry benefitted from mass-produced steel.

03   The Growth of Cottage Industries

Up to the 15th century, the guilds dominated the Italian wool industry, regulating every part of wool production. However, a combination of factors caused them to lose control of the wool business, and they never regained it. One of the main trends that affected the guilds was the gradual growth of cottage industry. The guilds had absolute control of wool processing in the cities, but in the countryside, they still relied upon merchants who purchased the wool for them. These raw wool merchants had contracts with the artisans in the cities, but they learned that the peasants who raised the sheep were also capable of processing wool into low-grade textiles. The farmers and their family members regularly spun and wove wool for their own use in their free time, so the merchants began to make contracts with the farmers to produce low-quality finished cloth that the merchants could then take wherever they wanted and easily sell. The demand for this cheaper wool quickly grew among the middle classes, and the guilds lost both raw materials and part of their consumer base.

According to the passage, all of the following are mentioned as results of the growth of cottage industry EXCEPT

Ⓐ the guilds attempted to eliminate their rural competitors

Ⓑ the industry consumed resources that the guilds needed to survive

Ⓒ the raw wool merchants started working with sheep-raising peasants

Ⓓ the popularity of cheap wool grew quickly among the middle class

How Birds Can Protect Themselves

1 ➡ Birds must protect themselves and their offspring against predators. Many of them have colors or markings that enable them to blend in with their surroundings more easily. These birds may defend themselves by remaining motionless and evading the predator's attention. The term "protective coloration" refers to this naturally occurring mechanism of hiding. In other circumstances, a bird may be forced to run, hide, or do both of those things. If none of these tactics are successful, the bird may be forced to fight for survival.

2 ➡ Birds use their beaks, legs, wings, or any combination of all three to fight, depending on the species. When protecting its nest, a bird often flies towards the head of the intruder while also making a lot of loud sounds. Birds, however, seldom win fights with predators larger than themselves. A vulnerable ground-nesting bird may drag a wing as if it were damaged in order to distract a potential predator from its nest. Because the predator knows that a "crippled" bird is easy to catch, it may follow the bird far away from the nest before it flies away.

Lesson 04
Question Types

According to paragraph 1 and paragraph 2, which of the following is NOT a way that birds protect themselves?

Ⓐ Fighting off predators with different parts of their bodies

Ⓑ Staying still to avoid detection by predators

Ⓒ Keeping predators from coming near their nest

Ⓓ Acting as though they are dead

Passage 1

Language as a Historical Source

The relationships between languages are informative reflections of past migration patterns, and they also tell us much about how the people lived. Changes in pronunciation that occurred during the course of migration tell us little about people's lives, but the differences between lexicons can tell us a great deal about how people thought and what they valued. For example, one tribe in South America may have 12 different words that describe the color of the sea, whereas another may have 20 words that describe variances in llama fur. It would be reasonable to assume from that information that the first tribe was a culture that lived near the ocean and the second lived in the mountains, where they kept llamas as livestock. If both of those cultures shared more basic terms such as numbers, or the word for "brother," then it could be reasoned that they once spoke the same language, but one group's migration into a particular area caused some words to be replaced or additional terms to be created that were more important to their lives in their new home.

1. According to the passage, which of the following is NOT true of the relationships between languages?

   A They might help in determining the migration patterns of ancient people.

   B They contributed to the cultural development of many different nations.

   C They can provide valuable information regarding people in the past.

   D They show the distinct differences between regions.

2. According to the passage, which of the following is true about differences between lexicons?

   A Living environments play the most significant role in creating differences between languages.

   B The more terms two cultures share, the more slowly their languages change.

   C People quickly replace their old vocabulary with new terms once they relocate.

   D Changes in word pronunciation tend to occur when there is an important historical event.

Passage 2

TOEFL Reading

Lesson 04
Question Types

1. According to paragraph 1, where would the higher concentration of salinity be found?
   - (A) coastal regions
   - (B) tropical regions
   - (C) rainy regions
   - (D) stormy regions

2. According to the passage, all of the following are processes that reduce salinity EXCEPT
   - (A) evaporation
   - (B) precipitation
   - (C) river water
   - (D) ice melting

Three Basic Processes That Affect Oceanic Salinity

1 ➡ It has been found that the saltiness of the ocean water, which is also called its salinity, changes from place to place and that fluctuations in ocean salinity are caused by three fundamental processes. The first is the removal of water from the seas by evaporation, the transformation of liquid water into water vapor. As a result, salinity rises because salts are left in the water. The salinity of the water in the ocean is often higher in the tropics where there is a greater amount of sunlight compared to other parts of the world where there is a lower amount of evaporation.

2 ➡ Precipitation is the opposite of evaporation. Here, the seawater is being diluted, which will eventually result in lower salinity. This takes place in locations that receive a lot of rainfall or in coastal areas where rivers empty into the sea. The salinity of the water in the ocean is slightly less concentrated in coastal areas due to the fact that rivers help to dilute the salty ocean water. The creation and melting of sea ice is a third process in which salinity may be altered. Substances that have dissolved in seawater are left behind when it is frozen. Thus, the salinity of the water that is situated just beneath newly created sea ice is higher than it was before the formation of the sea ice. Obviously, as this ice melts, the salinity of the surrounding water decreases.

05 Inference

Introduction

Inference(추론) 유형은 지문에 명시되지는 않았지만, 지문의 내용을 바탕으로 강력하게 암시된 정보를 찾는 문제이다. 이 유형은 보통 문제에 infer, suggest, imply와 같은 단어를 포함한다. 각 지문당 1~2문항이 출제되며 수월하게 추론하기 위해서는 지문 내용을 잘 이해할 수 있어야 한다.

Sample Questions

- **What can be inferred from paragraph X about ~?**
  X단락에서 ~에 대해 추론 가능한 것은 무엇인가?

- **Which of the following can be inferred from paragraph X about ~?**
  다음 중 X단락에서 ~에 대해 추론 가능한 것은 무엇인가?

- **It can be inferred from paragraph X that ~**
  X단락에서 추론할 수 있는 것은 ~

- **Paragraph X suggests/implies which of the following about ~?**
  X단락이 ~에 대해 암시하는 것은 다음 중 무엇인가?

- **In paragraph X, the author implies which of the following about ~?**
  X단락에서 글쓴이가 ~에 대해 암시하는 것은 다음 중 무엇인가?

추론이란 사실적 근거를 토대로 알 수 있는 정보를 논리적으로 도출해내는 것을 의미한다. 지문에 명시적으로 언급된 사실 정보 안에 암시된 정보를 끌어내는 것으로 생각하면 쉽다.

간단한 예를 들면,

Andrea is taller than Joseph.　Andrea는 Joseph보다 키가 크다.

Joseph is taller than Emily.　Joseph는 Emily보다 키가 크다.

이렇게 직접적으로 명시된 사실인 두 문장을 통해 암시된 사실 정보를 도출할 수 있다.

⋯⋯▶ Andrea is taller than Emily.　Andrea는 Emily보다 키가 크다.

이렇듯 추론은 주어진 사실 근거들을 이용하여 암시된 정보를 찾는 것이기에 정답 보기가 지문에 직접적으로 드러나지 않을 수 있다. Inference(추론) 유형임을 파악하지 않은 상태로 문제를 풀면 정답 보기를 지문에 언급되지 않은 정보로 판단하여 소거해 버릴 가능성이 높다. 따라서, 보기를 기준으로 역추적하여 지문 속 근거를 찾는 문제 풀이 접근 방법은 적합하지 않으므로 주의해야 한다.

Learning Strategies

◎ 1. 정답 선택 풀이 과정

Step 1 문제 속 시그널로 문제 유형 확인 후 문제가 요구하는 정보가 무엇인지 파악한다.

문제에 infer, suggest, imply와 같은 단어가 보이면 Inference(추론) 유형임을 확인할 수 있다.

Step 2 지문의 사실 정보를 객관적으로 이해하며, 근거 문장을 정확히 해석한다.

Step 3 지문의 해당 내용을 기준으로 각 보기를 소거하며 재진술된 정답 보기를 선택한다.

재진술(paraphrase)의 중요성을 잊지 말아야 한다. 지문에 나온 단어와 문장이 보기에 그대로 나오지 않는다. 표현은 다르지만, 내용이 비슷한 보기를 찾아야 한다.

> 📖 **Reading Tip**
>
> 오답 보기부터 하나씩 소거하기
>
> Inference(추론) 유형은 드러나지 않은 정보를 파악하는 것이므로 근거 문장과 정답 보기가 한 번에 연결되지 않을 수 있다. 먼저 지문 속 사실과 일치하지 않는 정보를 담고 있거나 지문에 언급되지 않는 정보가 담겨 있는 보기부터 소거한다. 그 후 지문에 등장하는 정보를 기준으로 헷갈리는 보기와 각각 비교하여 근거 없는 추측이 아닌 지문 속 정보와 연결될 수 있는 정보를 포함하는 보기를 선택하도록 한다.

◎ 2. 오답 선택 풀이 과정

Step 1 문제를 대충 읽는다.

Step 2 보기를 기준으로 지문을 찾아가며 왔다 갔다 읽는다.

Step 3 마음에 드는 보기가 있으면 나머지 보기 확인 없이 바로 선택한다.

매력적인 오답

지문에 언급되지 않은 정보(근거 없는 상상/추측/예측 정보)

Example

Water in the Desert

In the desert, water is the most valuable resource. Plants that grow in environments that are not deserts obtain water from the soil via their extensive root systems, and they release water through their leaves. This process is known as transpiration. There are no leaves on the cacti that grow in deserts, or if there are some, they are very small and fall off as the plants get older. Photosynthesis, the process through which plants produce carbohydrates as fuel, takes place on the stem of a cactus to supply the plant's energy needs. The thick, fleshy stem can hold a considerable amount of water. Its tough skin allows for the safe storage of water. Cactus roots stretch out to the soil's surface, allowing the plant to take water from a large region during the desert's intermittent light rainfall.

Q. Which of the following can be inferred from the passage about the leaves of the cactus?

- Ⓐ They allow cacti to absorb water from a wide area during dry periods.
- Ⓑ They have adapted well to arid environments.
- Ⓒ The lack of leaves makes the cactus avoid a loss of water.
- Ⓓ They are not designed to survive climates with sporadic, light rains.

❶ 문제 속 시그널로 문제 유형 확인 후 문제가 요구하는 정보가 무엇인지 파악한다.

> Which of the following can be **inferred** from the passage about <u>the leaves of the cactus</u>?
>
> ⋯▸ 문제 속 유형 시그널: inferred
>
> ⋯▸ 문제가 요구하는 정보: the leaves of the cactus

❷ 지문의 사실 정보를 객관적으로 이해하며, 근거 문장을 정확히 해석한다.

> Plants that grow in environments that are not deserts obtain water from the soil via their extensive root systems, and they release water through their leaves.
>
> 식물들은 / (그것들이) 환경에서 자라는 / (그곳들이) 사막이 아닌 / 얻는다 / 물을 / 토양으로부터 / 그들의 광범위한 뿌리 시스템들을 통해. / 그리고 그들은 / 방출한다 / 물을 / 그들의 잎들을 통해

> There are no leaves on the cacti that grow in deserts, or if there are some, they are very small and fall off as the plants get older.
>
> 잎들이 없다 / 선인장에 / (그것들이) 자라는 / 사막에서 / 혹은 일부 있다고 해도, / 그들은 / 아주 작다 / 그리고 떨어진다 / 식물들이 / 자라남에 따라

❸ 지문의 해당 내용을 기준으로 각 보기를 소거하며 재진술된 정답 보기를 선택한다.

(A) 지문에 언급되지 않은 정보

(B) 지문에 언급되지 않은 정보

(C) 정답 (사막 식물이 아닌 일반 식물들은 잎을 통해 수분이 빠져나가는 반면 사막 식물인 선인장은 그러한 잎을 아예 가지고 있지 않거나 자라나면서 결국 떨어지는 아주 작은 잎들만 가지고 있다는 사실로부터 선인장은 잎이 없기에 수분 손실을 피할 수 있는 암시된 정보를 파악할 수 있다.)

(D) 지문에 언급되지 않은 정보

해석

사막의 물

사막에서 물은 가장 귀중한 자원이다. **C**사막이 아닌 환경에서 자라는 식물들은 그들의 광범위한 뿌리 시스템들을 통해 토양으로부터 물을 얻고, 그들의 잎들을 통해 물을 방출한다. 이 과정이 증산이라고 알려져 있다. **C**사막에서 자라는 선인장들은 잎들이 없거나, 일부 있다고 해도, 식물들이 자라남에 따라 떨어지는 아주 작은 잎들이다. 식물들이 탄수화물을 연료로써 생산하는 과정인 광합성은, 선인장 줄기에서 일어나 식물에 필요한 에너지를 공급한다. 두껍고, 다육질의 줄기는 상당한 양의 물을 담을 수 있다. 그것의 질긴 껍질은 물이 안전하게 저장될 수 있게 한다. 선인장의 뿌리들은 토양 표면까지 뻗어 있어, 사막의 간헐적인 가벼운 강수 동안 식물이 넓은 지역에서 물을 흡수할 수 있게 한다.

Q. 다음 중 지문에서 선인장의 잎들에 대해 추론 가능한 것은 무엇인가?

(A) 그것들은 선인장들이 건기 동안 더 넓은 지역에서 물을 흡수할 수 있도록 한다.

(B) 그것들은 건조한 환경에 잘 적응했다.

(C) 잎들의 결핍은 선인장이 수분의 손실을 피하게 한다.

(D) 그것들은 산발적이고 가벼운 강수의 기후에서 살아남도록 설계되지 않았다.

어휘   valuable adj 귀중한 ∣ via prep ~을 거쳐서, 통해서 ∣ extensive adj 광범위한 ∣ root n 뿌리 ∣ leaves n (leaf의 복수형) (나뭇)잎 ∣ transpiration n 증산 ∣ cactus n 선인장 ∣ photosynthesis n 광합성 ∣ carbohydrate n 탄수화물 ∣ stem n 줄기 ∣ supply v 공급하다, 제공하다 ∣ need n 필요 ∣ fleshy adj 다육질의, 살집이 있는 ∣ stretch v 펴다, 뻗어 있다 ∣ intermittent adj 간헐적인 ∣ light adj 가벼운, (양이) 많지 않은 ∣ design v 설계하다 ∣ sporadic adj 산발적인

01

Early Communication Methods

Prior to the development of the earliest forms of writing in the Sumerian and Egyptian civilizations, people communicated with each other through a variety of means. Prehistoric humans, like modern humans, could convey their ideas and emotions through speech and body language. In addition, they were able to communicate with one another by employing smoke, fire, whistles, and drums. There were two major drawbacks to these early communication methods. First, they were confined to the exact moment when the communication occurred. As soon as the words were said, the actions were performed, or the puffs of smoke were expelled, they disappeared. Therefore, if the message was not comprehended the first time, it was necessary to repeat it. The second constraint was that these methods could only be employed amongst people who were relatively close to one another due to the restrictions of space.

What can be inferred from the passage about the Sumerians and Egyptians?

(A) They didn't have to memorize everything they learned.

(B) They used particular symbols as mechanisms through which they demonstrated their power.

(C) Their communication systems were confined to sound and signaling flames.

(D) Their communication methods were not limited only to the point when the communication took place.

02   Characteristics of Mangrove Trees

In places that are either tropical or subtropical, trees and shrubs known as mangroves can be seen growing in dense clusters along seashores, riverbanks, and tidal marshes. They play an essential role in preventing coastline erosion and assisting with soaking up pollutants. Mangroves are classified into twenty different scientific families and are found in over sixty distinct species. Diverse species of mangroves have different strategies for coping with ocean saltwater absorption. Some mangroves remove salt from themselves by filtering it via their roots; others have specific glands on their leaves that rapidly remove salt from the mangrove; and still others allow salt to accumulate in bark or old leaves that are about to fall off. In the ecosystems where they are found, mangroves serve as an essential component of the food chain. Small organisms consume fallen leaves and flowers from the trees. Bits of decaying plants containing these small organisms are carried out to sea by the tide, where they are consumed by fish and other animals.

The passage suggests which of the following about the effect of salt water on mangroves?

Ⓐ A high concentration of salt is stored in mangroves.

Ⓑ Salt water would not prevent mangroves from growing well.

Ⓒ They have special glands in their leaves that help regulate the amount of salt water.

Ⓓ Since most mangroves live in seawater, they are important in maintaining marine ecosystems.

03

Effects of the Industrial Revolution

At the beginning of the Industrial Revolution, an abundant energy source was required to create iron, which was essential to the development of industries. To meet the demand, scientists started putting more effort into making coal a viable resource and developing new inventions to enhance its use. These technological advances not only made it possible to use coal to heat stoves and furnaces but led to the development of bigger and more efficient furnaces, thus paving the way for the widespread use of coal as a heating source for households and industry. In addition, the Industrial Revolution helped make the newly developed technology more available to the public. Technologically-advanced sewage removal, gas distribution, and water supply had been concentrated in only a few cities that were located along the main telegraph and railroad networks. The ease of production at that time, however, allowed those services to expand significantly.

What can be inferred from the passage about public services such as sewage removal and water supplies?

Ⓐ Inventors had been unsuccessful in their attempts to build public services prior to the Industrial Revolution.

Ⓑ As public services expanded, improving the efficiency of furnaces was critical.

Ⓒ Before the Industrial Revolution, the majority of cities lacked access to public services.

Ⓓ People were able to spend more money on public services as a result of increased productivity.

04

The Vadose Zone

The vadose zone is the unsaturated portion of the ground that often exists between the water table and the surface. Although the vadose zone contains water, it cannot be readily tapped for human consumption, so the water that is used by humans for drinking, irrigation, and industry typically comes from bodies of water on the surface or is pumped up from the water table. But the water in the vadose zone is still vitally important for providing water and nutrients to plants, both natural and cultivated. The layer also supports many of the buildings that people construct, and it is used for the disposal of waste products. Since water percolates through the vadose zone to reach the water table, it is often seen as a filter that removes undesirable and potentially harmful substances. To a certain extent, this is true, particularly when the vadose zone contains sedimentary rocks like limestone. However, a better way to describe what it does would be to say that through flow rates and chemical reactions, it controls where and how quickly these substances can get into the water table.

Which of the following can be inferred from the passage about limestone?

Ⓐ It is used as building material.

Ⓑ It is constantly being removed and replaced.

Ⓒ It is not water permeable.

Ⓓ It can function as an effective natural filter.

Test

Passage 1

Dendrochonology

1. Which of the following is NOT mentioned as a factor that influences the growth of tree rings in the passage?
   - (A) Maturity
   - (B) Location
   - (C) Moisture
   - (D) Weather

2. It can be inferred from the passage that tropical trees are poorly suited to dendrochronology because
   - (A) the tropics tend to have poor soil quality
   - (B) the region receives too much rainfall
   - (C) the temperature is fairly constant all year
   - (D) they can be more difficult to identify than temperate trees

Dendrochronology is the scientific study of growth rings in trees to create a detailed record of how climatic conditions in a region have changed. That data can then be used for various purposes, including determining the ages of buildings and other artifacts made from wood, and can also be quite useful for other scientific disciplines, archaeology in particular. Every year, a tree grows not only taller, but also larger in diameter by creating concentric rings of new cells in the tree's cambium layer underneath the bark. The regional environmental conditions during that year affect how that layer is formed through changes in temperature, rainfall, soil chemistry, and air quality. Depending on the combination of these factors, the wood density and structure, chemical traces, and, most obviously, the width of a ring will vary. Essentially, years with harsh weather and little precipitation create thinner rings than wetter years with milder temperatures do. Not all trees are suitable for this process because they form rings irregularly or not at all, particularly in tropical regions. In contrast, trees in more temperate zones where distinct seasonal variations in temperature occur have been used to create detailed histories covering thousands of years.

Passage 2

1. It can be inferred from the passage that many artisans had difficulty remaining in business because
   - (A) the newly developed machines required fewer people to operate them
   - (B) they could not afford the machines that they needed to stay competitive
   - (C) their guilds did not allow them to learn how to use new equipment
   - (D) they did not have places to house or operate new machinery

2. The word "Besides" in the passage is closest in meaning to
   - (A) Depending upon
   - (B) With respect to
   - (C) Together with
   - (D) In addition to

European Artisans' Decline in the 16th Century

The artisans in the guilds of Europe experienced a decline because of a number of developments in the 16th century. Technological innovations were made in many industries that refined and sped up the manufacturing process, but they often involved new machinery that cost more to install and operate than individual artisans or entire guilds could afford. For example, the iron industry saw the introduction of specialized equipment like blast furnaces, wire-drawing machines, and various kinds of shaping machines. As this equipment became more common, production rapidly increased. Artisans could not compete without them, but they also required huge investments of money for both the machines and the buildings that housed them. Besides that fixed capital, increased output required facilities to provide water for power, storage of goods, and transportation to customers. In Antwerp in the late 16th century, a skilled iron worker could earn up to 250 florins (gold coins from Florence, a standard currency of the time) a year, but a single blast furnace cost about 3,000 florins, and the other equipment was similarly expensive.

06 Sentence Simplification

Introduction

Sentence Simplification(문장 단순화) 유형은 지문에 음영 표시된 특정 문장을 가장 정확하고 간결하게 요약한 보기를 찾는 문제이다. 문장의 핵심 내용에 집중해야 하며, 문장의 주요 정보를 파악한 후 그 문장을 가장 잘 재진술 (paraphrase)한 보기를 골라야 한다. 각 지문당 0~1문항이 출제된다.

Sample Questions

- Which of the sentences below best expresses the essential information in the highlighted sentence in the passage? Incorrect choices change the meaning in important ways or leave out essential information.

  다음 중 지문에 음영 표시된 문장의 핵심 정보를 가장 잘 표현한 문장은 무엇인가? 오답은 의미를 크게 왜곡하거나 핵심 정보를 누락하고 있다.

재진술은 문장의 의미를 다른 단어, 표현 혹은 구조를 통해 바꿔 표현하는 것을 말한다. 지문에 음영으로 표시된 문장의 핵심 정보를 정확하게 파악하지 못하면 오답을 선택하게끔 보기가 구성되기 때문에 문장의 주요 단어 의미 파악과 문장 구조 파악과 같은 기본 영어 실력을 향상하는 것이 필수적이다.

Learning Strategies

○ 1. 정답 선택 풀이 과정

Step 0 지문에 음영 표시된 문장의 앞 내용을 읽는다.

Step 1 음영 표시된 문장의 구조(주어, 동사, 접속사 등)를 파악한다.

Step 2 음영 표시된 문장의 핵심 정보에 해당하는 내용을 노트테이킹(요약 및 정리)한다.

핵심 정보의 파악을 위해서는 중심 내용과 세부 내용을 구분하는 것이 필요하다.

Step 3 노트테이킹한 내용을 기준으로 오답을 소거하며, 핵심 정보가 모두 재진술된 정답 보기를 선택한다.

📖 **Reading**

음영 표시된 문장의 앞 내용 읽기

Sentence Simplification(문장 단순화) 유형은 주어진 음영 표시된 문장을 바르게 재진술한 보기를 찾는 것이므로 당연히 그 문장만 읽으면 된다고 생각할 수 있다. 그러나 앞 내용을 모르는 상태에서 음영 표시된 특정 문장만 읽으면 그 문장이 말하고자 하는 바가 이해 되지 않는 경우가 있다. 혹은 음영 표시된 문장에 지시어가 등장하는 경우도 종종 있으니 앞 내용을 읽어야 하는 경우엔 꼭 해당 내용을 확인하도록 한다.

노트테이킹을 활용하여 사라지지 않는 객관적 기준 세우기

보기들은 대부분 음영 표시된 문장에 등장하는 단어들로 구성되기 때문에 기억력에 의존해서 문제를 푸는 경우엔 지문의 내용과 보기의 내용이 섞여서 왜곡된 정보로 기억하거나, 핵심 정보 자체를 기억하지 못하는 경우가 생긴다. 고민의 시간을 줄이고 바로 정답을 선택하려면 변하지 않는 객관적인 기준을 세워야 한다. 즉, 핵심 정보를 노트테이킹하고 그 기준으로 오답 보기를 하나씩 소거하도록 한다.

· 문장의 핵심 정보 ⋯▸ 밑줄로 표시

· 나머지 부연 설명 ⋯▸ 괄호로 표시

· 접속사는 그대로 작성 ⋯▸ 동그라미로 표시

· 인과 관계, 조건-결과, 비교/대조 구분하여 표시

◉ **2. 오답 선택 풀이 과정**

Step 1 **지문에 음영 표시된 문장을 빠르게 읽는다.**

정확한 문장 구조 파악 없이 읽다 보면 어떤 정보가 핵심 내용인지 파악하기 어렵다. 인상적인 단어만 머릿 속에 남기는 일은 피해야 한다.

Step 2 **바로 각각의 보기와 음영 표시된 문장을 왔다 갔다 비교하며 읽는다.**

Step 3 **마음에 드는 보기가 있으면 다른 보기들의 오답 여부는 확인하지 않고 바로 선택한다.**

매력적인 오답

① 음영 표시된 문장에 언급되지 않은 정보
② 음영 표시된 문장의 핵심 정보 누락

Example

The Gravitational Force of the Moon

At Earth's surface, the gravitational pull of the Moon is approximately 2.2 times greater than the gravitational pull of the Sun. The fluctuations in the gravitational force that the Moon exerts over the surface of Earth are what cause and regulate the tidal action on Earth. This variation causes water levels to accumulate in regions of Earth's surface that are oriented directly facing the Moon or directly opposite the Moon, although lower water levels are seen in all other places. Earth's rotation causes accumulation regions to shift over the surface, as the Moon's relative position to Earth changes. Another factor to take into account is the motion of the Moon as it orbits Earth.

Q. Which of the sentences below best expresses the essential information in the highlighted sentence in the passage? Incorrect choices change the meaning in important ways or leave out essential information.

Ⓐ The Moon makes water amass on the side of Earth's surface facing it; likewise, water is depleted on the side away from it.

Ⓑ In regions where Earth's surface is directed toward and opposite the Moon, water is collected.

Ⓒ The water causes the Moon to build up materials in some areas of Earth's surface while simultaneously depleting them in other regions.

Ⓓ The gravitational difference generated by the Moon causes the accumulation of water in places on Earth's surface that are facing and opposite the Moon, and the amounts of water decrease everywhere else.

❶ 지문에 음영 표시된 문장의 앞 내용을 읽는다.

❶ 음영 표시된 문장의 구조(주어, 동사, 접속사 등)를 파악한다.

⋯ S + V + O + to V, although + S + V.

❷ 음영 표시된 문장의 핵심 정보에 해당하는 내용을 노트테이킹(요약/정리)한다.

노트

This 변동 = Moon 중력에 있어서 변동
cause 물 to accum in 지역: 직접 마주 or 반대 the Moon
although lower water in 나머지

❸ 노트테이킹한 내용을 기준으로 오답을 소거하며, 핵심 정보가 모두 재진술된 정답 보기를 선택한다.

Ⓐ 언급되지 않은 정보

Ⓑ 핵심 정보 누락

Ⓒ 언급되지 않은 정보

Ⓓ 정답

해석

달의 중력

지구 표면에서, 달의 중력은 태양의 중력보다 약 2.2배 더 크다. 달이 지구 표면에 가하는 중력의 변동들은 지구의 조석 작용을 유발하고 조절한다. 이 변화로 인해 다른 모든 장소에서 더 낮은 수위가 보이지만, 지구 표면이 달을 똑바로 향해 있거나 달과 정반대인 지역들에서는 물이 늘어난다. 지구의 자전으로 인해, 지구에 대한 달의 상대적 위치가 변경됨에 따라 축적 영역들이 표면 위에서 이동한다. 고려해야 할 또 다른 요소는 지구를 공전하는 달의 움직임이다.

Q. 다음 중 지문에 음영 표시된 문장의 핵심 정보를 가장 잘 표현한 문장은 무엇인가? 오답은 의미를 크게 왜곡하거나 핵심 정보를 누락하고 있다.

Ⓐ 달은 지구 표면을 마주하는 면에 물을 축적하고 반대쪽에 있는 물을 고갈시킨다.

Ⓑ 물은 지구의 표면이 달을 똑바로 향해 있거나 달의 반대쪽으로 향하는 지역들에서 축적된다.

Ⓒ 물은 달이 지구 표면의 일부 지역에서 물질들을 축적하게 하는 동시에 다른 지역에서 물질을 고갈시키도록 한다.

Ⓓ 달에 의해 발생하는 중력 차이로 인해 지구 표면에서 달과 마주 보는 곳과 반대쪽에 물이 축적되고 그 외의 곳에서는 물의 양이 감소한다.

어휘   gravitational pull 중력 ㅣ approximately **adv** 대략, ~가까이 ㅣ gravitational force 중력 ㅣ exert **v** (영향 등을) 행사하다 ㅣ accumulate **v** 모으다 ㅣ orient **v** ~을 지향하게 하다, ~에 맞추다 ㅣ directly **adv** 똑바로 ㅣ rotation **n** 회전, 자전 ㅣ shift **v** 이동하다 [되다], 바꾸다[뀌다] ㅣ relative **adj** 상대적인 ㅣ factor **n** 요인 ㅣ take into account ~을 고려하다 ㅣ motion **n** 움직임 ㅣ orbit **v** 궤도를 돌다 ㅣ amass **v** 모으다, 축적하다 ㅣ deplete **v** 대폭 감소시키다 ㅣ simultaneously **adv** 동시에 ㅣ everywhere else 다른 모든 곳에서

01

Color Changes in Animals

Many animals have the innate capacity to alter their color in a number of ways. Some color changes, such as those seen in aquatic turtles, are simply a stage in their development into adults. The young ones are bright green, but as they get older, they turn dark green or brown. Others are part of a seasonal cycle associated with reproduction or changing climatic circumstances. Numerous mammals that are native to colder locations, for instance, turn white when snowfall begins. Changes in color happen when hair, skin, or feathers of one color are replaced by those of a different color. This process is called "molting." In mammals and birds, quick color changes are rarely seen because of their fur or feathers; however, some kinds of animals with more uncovered facial skin can blush.

Which of the sentences below best expresses the essential information in the highlighted sentence in the passage? Incorrect choices change the meaning in important ways or leave out essential information.

Ⓐ Rapid changes in color are difficult to discern in mammals and birds, with the exception of those lacking a coat of fur or feathers.

Ⓑ Some mammals and birds have bare skin on their faces, which necessitates quick color changes.

Ⓒ Rapid color changes are unnecessary for mammals and birds with fur or feathers covering their bodies.

Ⓓ Because of the fact that they are unable to blush, only birds and mammals are able to retain their coloration.

02

Glaciers

Glaciers are large rivers of ice that may be found in the high alpine and polar areas that receive a lot of snowfall and have cool summers. Glaciers, much like rivers, are continually flowing and changing. Climate change can cause them to advance and retreat over time. Glaciers grow after a series of harsh winters with heavy snowfalls, whereas glaciers shrink after a series of mild winters followed by lengthy hot summers. Because the microscopic air spaces between ice crystals are compressed to create denser ice, glacial ice often appears blue. This hard ice primarily reflects blue light. When a glacier appears white, it indicates that there are still numerous air bubbles within the ice. Glaciers have a significant influence on their surroundings because they wear away the rock below them, resulting in unique high-walled valleys.

Which of the sentences below best expresses the essential information in the highlighted sentence in the passage? Incorrect choices change the meaning in important ways or leave out essential information.

Ⓐ Most glaciers are in high valleys because they erode the land around them.

Ⓑ Glaciers transform the terrain around them by leveling valleys that once had steep walls.

Ⓒ Glaciers affect the surrounding topography by sculpting high-walled valleys.

Ⓓ Glaciers erode the rock below them, which often leads to the formation of unique landscapes.

03

Tracing the Evolution of a Language

Plotting out the history of how a language has spread is fairly straightforward if it has a long written history, but doing so for languages with a recent writing system, or none at all, can be a uniquely challenging task. A case in point is the Bantu language family. The languages spoken in central and southern Africa show a remarkable degree of similarity, but attempts at tracing their exact routes of expansion have been frustratingly unsuccessful. The Bantu language family originated around 3,000 years ago in a region spanning present day Cameroon and Nigeria, and it spread across much of sub-equatorial Africa over the millennia that followed, reaching South Africa around 300 CE. Archaeologists assumed physical artifacts would allow them to plot out the expansion of the Bantu-speakers since it was most likely driven by technological development, but their results were inconclusive. Linguists, on the other hand, believed that classifying the modern languages and comparing their relative degrees of similarity would allow them to create a genealogical map of the Bantu family's expansion.

Which of the sentences below best expresses the essential information in the highlighted sentence in the passage? Incorrect choices change the meaning in important ways or leave out essential information.

Ⓐ Archaeologists have figured out the origin of the Bantu languages and what caused their expansion despite having only a few physical artifacts.

Ⓑ It was thought that tangible artifacts would help archaeologists trace the spread of Bantu-speaking people because technical progress was most likely the driving force behind it, but that has not been clearly proven.

Ⓒ Technological development brought the expansion of Bantu speakers across the continent and allowed them to spread their language.

Ⓓ Current evidence such as physical artifacts is sufficient to support the claim that Bantu speakers developed their language through technology.

04

Species Extinction Caused by Humans

Beginning in the early 15th century, European explorers sailed from their homelands to find new trade routes and claim territory for their rulers, but they also caused many extinctions. During their voyages, they discovered new lands and peoples that they conquered. As many of the people had never met Europeans, they were defenseless against both their weapons and their diseases. Many of the smaller islands the explorers found had no human populations whatsoever, so the animals on them were equally vulnerable, and species like the dodo were killed off in just a few decades through a combination of overhunting and harm done by the animals that the explorers introduced. Some animals, like pigs, were deliberately left behind to provide food for future visitors, but others like rats were unintentional. These animals quickly became invasive and wreaked havoc, wiping out many species.

Which of the sentences below best expresses the essential information in the highlighted sentence in the passage? Incorrect choices change the meaning in important ways or leave out essential information.

(A) Many species on small islands had never met humans before, and they were taken away by people who introduced them to new habitats.

(B) Dodos lived on a small island with no human population, so they were vulnerable to the explorers and the animals that came with them.

(C) Animals on small islands had never been in contact with humans, and as a result, many defenseless species were wiped out by explorers and the animals they brought with them.

(D) Many of the species that lived on small islands could not withstand the combined hunting of native human populations and explorers and went extinct.

Passage 1

Speciation

Speciation is the formation of two new species from a single-parent population of organisms. This is unlikely to occur in a large population in a stable habitat, but when a population is separated into two distinct groups that are kept apart for many generations, speciation becomes a distinct possibility as the two populations become more genetically distinct. The factor that determines whether the two populations have become new species is whether or not the current generations can produce fertile, vigorous offspring together. When the populations are reunited, they may be entirely unable to reproduce, or they may produce young that are sterile or not healthy enough to compete for mates. In either case, two new, distinct species have developed due to their previous isolation.

1. Which of the sentences best expresses the essential information in the highlighted sentence in the passage? Incorrect choices change the meaning in important ways or leave out essential information.

   Ⓐ Speciation occurs when a population is diverged into smaller groups that are kept separate for many generations which makes the organisms develop differently, becoming distinct species.

   Ⓑ Speciation usually does not affect large, stable populations of organisms because they do not become separated and each new generation remains similar.

   Ⓒ Speciation rarely affects large, stable populations, but when a population is divided and remains separate for a long time, the organisms gradually become different.

   Ⓓ Speciation occurs when large, stable populations are divided into smaller groups that cannot mate with each other, creating genetically diverse groups.

2. According to the passage, which of the following is NOT mentioned as a result of divergent species mating with each other?

   Ⓐ They may not be able to reproduce at all.

   Ⓑ The organisms may have normal offspring.

   Ⓒ Their young may be sterile.

   Ⓓ The offspring they produce may be unhealthy.

Passage 2

TOEFL Reading

The Long Depression

1 ➡ During the latter half of the 19th century, Europe and the Americas experienced a severe economic downturn that has been labeled the Long Depression. The causes of the Long Depression are many, and their interconnectedness is why the economic downturn lasted so long and constituted the first truly international crisis. One of the chief causes was actually the Industrial Revolution, which among other things made transportation cheaper. This facilitated the process of importing crops like grain from the United States and Ukraine, which caused farm prices to collapse. In addition, the boom in railroad construction that facilitated such transportation became a bubble, which popped when many of the railroads failed to return the money invested in them. Much of that money came from foreign investors, so when the railroad companies collapsed, they brought the American banks and European stock markets down with them.

2 ➡ The advances in technology that occurred around this time are referred to as the Second Industrial Revolution or the Technological Revolution. The first Industrial Revolution was driven by "macro-inventions" of new and unique technology, whereas the Second Industrial Revolution was typified by advancements in manufacturing and production techniques, making the new technology easier to produce quickly and more accessible to the public.

1. According to paragraph 1, why is the Long Depression considered the first truly international crisis?
   - (A) The world economy was devastated by it.
   - (B) Foreign banks were brought down when the railroad companies went bankrupt.
   - (C) The falling farm prices were accelerated by imported crops from the Americas.
   - (D) Cheaper transportation made the interconnectedness between economies much stronger.

2. Which of the sentences best expresses the essential information in the highlighted sentence in the passage? Incorrect choices change the meaning in important ways or leave out essential information.
   - (A) New and unique technology of the First Industrial Revolution consequently brought about the Second Industrial Revolution, which featured "micro-inventions."
   - (B) Through the new and unique technology, large-scale inventions were made, which caused the first Industrial Revolution.
   - (C) Inventions made during the First and the Second Industrial Revolutions allowed people to enter into international trade.
   - (D) Although large-scale inventions made the First Industrial Revolution possible, the advancements that characterized the Second Industrial Revolution were much more practical.

Test **109**

Lesson
07 Rhetorical Purpose

Introduction

앞서 배운 Factual Information(사실 정보 찾기) 유형에서는 지문에 제시된 정보에 대한 정확한 의미 파악이 중요했다면, 이번 Rhetorical Purpose(수사학적 의도 찾기) 유형에서는 지문에 음영 표시된 단어·구·절 등의 역할과 크게는 문단의 기능까지 파악하는 것이 중요하다. 각 지문당 1~2문항이 출제되며, 음영 표시된 내용을 통해 말하고자 하는 것이 무엇인지 글쓴이의 의도를 정확하게 파악할 수 있어야 한다.

Sample Questions

- **Why does the author mention/state/indicate/discuss ___?**
  글쓴이가 ___를 언급/진술/시사/논의하는 이유는 무엇인가?

- **The author mentions/includes/compares ___ in order to**
  글쓴이가 ___를 언급/포함/비교하는 이유는

- **What is the author's purpose in mentioning/discussing/using ___?**
  ___를 언급/논의/사용하는 것에 있어서 글쓴이의 목적은 무엇인가?

- **What is the relationship between paragraph X and paragraph Y in the passage?**
  지문에서 X단락과 Y단락의 관계는 무엇인가?

- **Which of the following best describes how paragraph X is organized?**
  다음 중 어느 것이 X단락이 어떻게 구성되었는지를 가장 잘 묘사하는가?

- **What is the main purpose of paragraph X?**
  X단락의 주요 목적은 무엇인가?

- **The author explains ~ by ~**
  글쓴이는 ~ 방법으로 ~를 설명한다

Rhetorical은 '수사적인'이라는 의미로, 수사적 표현에는 글쓴이가 말하고자 하는 바를 강조하기 위한 직유, 은유와 반복 등의 다양한 방법이 있다.

TOEFL Reading에 등장하는 지문의 단락은 보통 포괄적인 정보(General Information)에서 세부적이고 구체적인 정보(Specific Information)의 전달로 글이 전개된다. 글쓴이의 의도는 일반적으로 포괄적인 정보에 담겨 있고 글쓴이의 의도를 더욱 효과적으로 나타내기 위하여 다양한 방식으로 구체적 정보를 연결한다.

Learning Strategies

◎ 1. 정답 선택 풀이 과정

Step 1 문제 속 시그널로 문제 유형 확인 후 문제가 요구하는 정보가 무엇인지 파악한다.

Why ~ author ~?/The author ~ in order to ~/~ author's purpose ~?와 같은 질문이 보이면 Rhetorical Purpose(수사학적 의도 찾기) 유형임을 확인할 수 있다.

Step 2 글의 흐름을 파악한다.

문제에 음영 표시된 단어·구·절을 지문에서 찾아 해당 정보가 등장하기까지의 글의 흐름을 파악해야 한다.

Step 3 오답을 소거하며 지문 속 근거 문장을 재진술한 정답 보기를 선택한다.

📖 Reading

보기의 구성 = 수사학적 기능 + 글쓴이의 의도

보기의 수사학적 기능만 보고 오답을 소거하거나 정답을 바로 선택하기는 어렵다. 물론, 지문에 for example, in addition, however 등과 같은 수사적 연결 표현을 넣어준다면 구분이 쉽겠지만 보통 이러한 연결 표현이 지문에 등장하지 않은 채로 출제되는 것이 일반적이다. 또한, 지문을 객관적으로 읽는 연습이 충분히 쌓이지 않은 상태에서는 수사학적 기능을 내 멋대로 추측할 수 있으니 주의해야 한다. 문제를 풀때는 보기 속 '수사학적 기능' 부분이 아닌 '글쓴이의 의도' 부분에 초점을 맞추어 답을 찾도록 한다.

주요 수사적 연결 표현		
설명/예증	제시/증명	강조/주장
explain, illustrate, describe, account for, make the point, provide information, provide an example of, give an example of, understand 등	indicate, identify, show, express, suggest, imply, provide evidence, demonstrate, prove, provide reasons for 등	emphasize, stress, note, point out, argue, insist 등
지지	반박	비교/대조
support, give support for, argue for 등	argue against, refute, oppose, question, challenge, cast doubt on, call into question, present evidence against 등	compare, contrast, provide a comparison, make a comparison 등

◎ 2. 오답 선택 풀이 과정

Step 1 문제 유형을 파악하지 않은 채, 지문을 처음부터 끝까지 빠르게 읽는다.

Step 2 보기를 기준으로 지문을 찾아가며 왔다 갔다 하며 읽는다.

Step 3 마음에 드는 보기가 있으면 나머지 보기 확인 없이 바로 선택한다.

매력적인 오답

① 지문에 언급되지 않은 정보
② 문제와 관련 없는 정보

| Example

The Origins of Science and Technology

Science and technology may seem like relatively contemporary ideas, yet ever since the first humans walked the Earth, they have been trying to comprehend the universe and develop tools to make life easier. Around the same time that people began to settle down and farm, some 10,000 years ago, the first permanent villages and cities were established in the Middle East, and life became significantly more complicated. In order to suit their diverse demands, science and technology began to evolve. The Babylonians invented mathematics and numerals as a way to keep track of products and taxes. A calendar was devised by the Egyptians based on their knowledge of astronomy. Also, the work of ancient Greek philosophers and Roman engineers laid the groundwork for contemporary science and technology.

Q. The author mentions Babylonians in order to

(A) demonstrate that they were the greatest inventors in human history

(B) present evidence that they were the first to establish towns and cities

(C) illustrate that science and technology were developed in response to a variety of requirements

(D) claim that science was unneeded since life was so basic

1 문제 속 시그널로 문제 유형 확인 후 문제가 요구하는 정보가 무엇인지 파악한다.

> The **author** mentions Babylonians **in order to**
>
> ⋯▸ 문제 속 유형 시그널: author – in order to
>
> ⋯▸ 문제가 요구하는 정보: Babylonians의 기능 파악

글의 흐름을 파악한다.

> ···· [지문의 첫 번째 문장] 과학/기술 appear to 모던 아이디어
>
>   but 사람들 trying to 이해: 세계 & 발달: 도구들 to make 삶 easier
>
>   since first walked 지구
>
> ···· [지문의 두 번째 문장] 사람들 시작했을 때 to 정착/농사 → 마을/도시 were established & life 더욱
> 복잡
>
> ···· [지문의 세 번째 문장] To suit 다양한 요구: 과학/기술 발달 시작
>
> ···· [지문의 네 번째 문장] Babylonians 발명: 숫자/수학 to keep track of 물건/세금

3 오답을 소거하며 지문 속 근거 문장을 재진술한 정답 보기를 선택한다.

> Ⓐ 지문에 언급되지 않은 정보
>
> Ⓑ 지문에 언급되지 않은 정보
>
> Ⓒ 정답
>
> Ⓓ 지문에 언급되지 않은 정보

[해석]
과학과 기술의 기원들

과학과 기술은 비교적 현대적인 아이디어들처럼 보일 수 있지만, 인류가 지구에 처음 발을 디딘 이래로, 그들은 우주를 이해하기 위해 그리고 삶을 더 쉽게 만드는 도구들을 개발하기 위해 노력해 왔다. 약 1만년 전, 사람들이 정착하고 농사를 짓기 시작한 즈음에, 중동에 최초의 영구적인 마을과 도시가 설립되었고 삶은 훨씬 더 복잡해졌다. **C**그들의 다양한 요구에 부응하기 위해, 과학과 기술이 발전하기 시작했다. **바빌론 사람들**은 제품과 세금을 기록하는 방법으로 수학과 숫자를 발명했다. 이집트인들은 천문학 지식을 바탕으로 달력을 고안했다. 또한, 고대 그리스 철학자들과 로마 공학자들의 작업은 현대 과학 기술의 토대를 마련했다.

Q. 글쓴이가 '바빌론 사람들'을 언급하는 이유는

Ⓐ 그들이 인류 역사상 가장 위대한 발명가들였음을 입증하기 위해

Ⓑ 그들이 처음으로 마을과 도시를 건설했다는 증거를 제시하기 위해

Ⓒ 과학과 기술이 다양한 요구 사항에 부응하여 개발되었음을 설명하기 위해

Ⓓ 삶이 너무나 기초적이어서 과학이 필요하지 않다고 주장하기 위해

어휘   yet `conj` 그런데도, 하지만 I settle down 정착하다 I farm `v` 농사를 짓다 I permanent `adj` 영구적인 I complicated `adj` 복잡한 I invent `v` 발명하다 I mathematics `n` 수학, 계산 I numeral `n` 숫자 I keep track of ~을 기록하다 I product `n` 제품 I tax `n` 세금 I devise `v` 고안하다 I astronomy `n` 천문학 I Greek `n` 그리스인 I philosopher `n` 철학자 I groundwork `n` 기초 작업

01

Honeybees

Honeybees are social insects that can only thrive when they are a part of a colony with other bees. All of the honeybees who live in that community perform a variety of specialized tasks that are essential to their survival. The queen, for instance, is the only female that is capable of reproducing sexually; all of the workers, drones, and potential future queens are born to her. Despite the fact that worker bees are incapable of mating and reproduction, they can make wax, construct the honeycomb, gather food, convert nectar into honey, protect the hive when needed, and control the hive's temperature. When the hive gets too hot, worker bees use their wings to cool the air. Unlike worker bees, drones have only one purpose: mating with the queen. A drone dies instantly after mating, which always occurs in flight; he has fulfilled his single purpose and is no longer needed by the group.

Why does the author state control the hive's temperature?

Ⓐ To challenge the idea that worker bees are just as important as queen bees

Ⓑ To emphasize the unique role that the worker bee plays in the colony

Ⓒ To give an example of how honeybees manage to maintain a steady temperature inside the hive

Ⓓ To indicate how worker bees help honeybees survive

02

Asteroids

Asteroids, like planets, circle around the Sun. The vast majority of them travel in orbits that may be found between those of Mars and Jupiter. However, a handful of them orbit closer to the Sun. Apollo asteroids are asteroids whose orbits intersect with those of Earth. It is feasible for these asteroids to collide with Earth since their orbits take them across the vicinity of our planet. In 1937, the Hermes asteroid came within 465,000 miles of Earth. Some experts think there have been a few asteroids that have come closer. One theory proposes that an asteroid or comet colliding with Earth 65 million years ago created a cloud of dust that obscured the Sun for years, triggering a prolonged period of darkness and cold during which all the dinosaurs died. When the probe Galileo approached the asteroid Gaspra in 1991, it was the first time that a spacecraft had come into contact with and photographed an asteroid. Until then, scientists could only observe asteroids through telescopes on Earth.

The author discusses the extinction of dinosaurs in order to

Ⓐ indicate that the dinosaurs suddenly became extinct at the end of the Cretaceous Period

Ⓑ give support for the possibility of a collision between Earth and asteroids

Ⓒ emphasize the strong gravitational pull between Mars and Jupiter

Ⓓ demonstrate that the Hermes asteroid has approached Earth the closest

03

Extinction of North American Megafauna

The first extinctions that may be connected to human activity are the megafaunal extinctions that took place between 13,000 and 9,000 years ago. Megafauna grew to immense sizes during the most recent ice age and were the ancestors of many modern land animals. These organisms were well suited to their habitats, but as the ice age began to decline, their numbers started to drop. The primary factor in the megafaunal extinctions appears to be climate change, but the spread of humans out of Africa into Europe, Asia, and, ultimately Oceania and the Americas appears to correspond to the final decline of megafauna in each area. The fossil record provides ample evidence that humans hunted many of these species in unsustainable ways. One common method of hunting very large animals like wooly mammoths was to panic herds of the animals into running off a cliff. Although humans did not cause these animals to go extinct, they certainly contributed to their disappearance and may have sped up the process.

Why does the author mention wooly mammoths?

Ⓐ To explain an unsustainable hunting technique that was used

Ⓑ To provide an example of a widespread megafauna species

Ⓒ To illustrate how large megafauna species could become

Ⓓ To show how animals spread out from Africa into other regions

04

Evidence of Domestication

Domestication is the most important development in recent human history, but its origins are difficult to determine. Instead of finding direct evidence of plant or animal domestication, scientists can also look for artifacts that are associated with storing and processing food. Agricultural produce is seasonal, so structures like storage containers and pits or granaries were used to stockpile food for later use. Similarly, pottery is usually made by people who need to store items for long periods of time. Although pottery can reveal much about the society that it was produced by, it should still be interpreted with caution. There is evidence that people in Southwest Asia domesticated barley only shortly before they began to craft pottery, and there are known civilizations that began to produce pottery before they domesticated plants or animals. For example, the Jomon people of Japan were one of the first cultures to ever make pottery, around 14,000 BCE. However, as opposed to most other cultures that reached similar levels of sophistication, they never developed their own domesticated crops. They essentially remained hunter-gatherers until rice farming was introduced to Japan around 900 BCE by farmers from the Korean peninsula.

Why does the author mention the Jomon people?

Ⓐ To provide an exception to a general rule

Ⓑ To name one of the earliest cultures to farm

Ⓒ To explain how sophisticated their culture was

Ⓓ To illustrate how agriculture reached island nations

Test

Passage 1

Production of Mechanical Clocks

Inspired by weapons manufacturing, Eli Terry designed his own specialized saws, drills, and lathes that could be used to make standardized clock parts. Standardization meant that less skill was required to make the parts, and since the parts were interchangeable, Terry's clocks were also much easier to repair than those made by his competitors. In 1803, he figured out how to harness water power to run his factory machines, and his productivity quickly increased. In order to prove the effectiveness of his system, Terry formed a partnership with Seth Thomas and Silas Hoadley to manufacture 4,000 clock mechanisms for businessmen Edward and Levi Porter. This was more clocks than most clockmakers could hope to produce in a lifetime, but Terry promised to make them in just three years. By accomplishing that feat, Terry utterly transformed the clockmaking industry, making clocks home furnishings that any middle-class person could afford.

1. Why does the author mention weapons manufacturing?

   (A) To illustrate how efficient Terry's production line was

   (B) To describe where Terry got the inspiration for utilizing water power

   (C) To explain where Terry got the idea to produce standardized clock parts

   (D) To show how strict Terry was with his employees

2. According to the passage, which of the following is true of Eli Terry?

   (A) He entered a partnership with Edward and Levi Porter to produce clocks for businessmen Seth Thomas and Silas Hoadley.

   (B) He was unable to produce 4,000 clocks within three years as promised.

   (C) He created machines that used high-pressure water to cut wood into precise shapes.

   (D) He proved that clocks could be mass-produced, making them affordable to many more people.

Passage 2

TOEFL Reading

REVIEW   HELP ?   BACK   NEXT

Tropical Rainforests

Tropical rainforests are found in areas where there is no dry season and a minimum average of 60 millimeters of rain falls every month of the year. Most of them lie within ten degrees north and south of the Equator in the Americas, Africa, Asia, and Oceania. These forests have extremely high levels of biodiversity, and the vast majority of land species live within them. The forests are divided into four vertical layers: the forest floor, understory, canopy, and emergent. The most active layer is the canopy, which is made up of the largest trees, which stand 30 to 45 meters tall. The height of the canopy makes it quite difficult to study the flora and fauna found there, so researchers have resorted to some interesting methods to reach it. These have included cutting down whole trees, shooting branches off trees with shotguns, and using hot air balloons. One scientist in Borneo actually trained monkeys to climb the trees and bring back samples of flowers and fruit. In the 1970s, rock climbing techniques were adopted, and platforms connected by walkways were built among the trees. This method has been the most effective, but many of the organisms that live in the canopy and their interrelationships remain mysteries.

1. Why does the author mention rock climbing techniques?

   (A) To illustrate how tall the trees are in the tropical rainforest

   (B) To explain how researchers were able to reach the emergent layer

   (C) To indicate the most successful way to study the canopy

   (D) To show how dangerous the canopy environment is

2. Which of the following is NOT a characteristic of rainforests mentioned in the passage?

   (A) They have a dry season that is much longer than their rainy season.

   (B) They are mostly located within ten degrees north or south of the Equator.

   (C) They are the most biologically diverse ecosystems, but they have been difficult to study.

   (D) They receive at least 60 millimeters of rain per month.

Lesson 07
Question Types

Introduction

Insert Text(문장 삽입) 유형은 제시되는 삽입 문장이 지문 내에 들어가기에 가장 적절한 위치를 고르는 문제로 질문 9번, 19번, 29번 (혹은 39번)에 고정적으로 출제된다. 보통 1번부터 8번까지의 문제를 풀기 위해 이미 읽었던 지문에서 해당 유형의 문제가 출제되며, 각 지문당 1문항이 출제된다.

Sample Questions

• Look at the four squares [■] that indicate where the following sentence could be added to the passage.

지문에 다음 문장이 들어갈 수 있는 위치를 나타내는 네 개의 사각형[■]을 확인하시오.

〈삽입 문장〉

Where would the sentence best fit?

이 문장이 들어가기에 가장 적합한 곳은?

앞서 Rhetorical Purpose(수사학적 의도 찾기) 유형에서 특정한 정보를 언급한 글쓴이의 의도를 찾기 위해선 정확한 글의 흐름 파악이 중요하다고 배웠다. 이와 마찬가지로 Insert Text(문장 삽입) 유형은 제시되는 삽입 문장이 들어갈 수 있는 위치를 찾는 문제로 글의 논리적인 흐름과 문장 간의 연결 관계를 정확히 이해하고 있는지를 묻는다. 글쓴이는 연결어, 지시어 등을 사용하여 문장 간의 밀접한 관계를 나타내며 이러한 글의 응집성(Cohesion)이 논리적으로 적절하게 배열되어 일관성(Coherence) 있는 글을 만든다. Insert Text(문장 삽입) 유형은 바로 이러한 응집성과 일관성의 원리로 출제되는 문제이기 때문에 응집성을 나타내는 지시어와 연결어 등과 같은 힌트를 적절히 사용하여야 한다.

Learning Strategies

◎ 1. 정답 선택 풀이 과정

Step 1 제시된 삽입 문장을 정확하게 해석한다.

Step 2 삽입 문장에서 객관적 힌트(① 지시어 ② 연결어 ③ 포괄적 정보-G 및 구체적 정보-S)를 파악한다.

지시어가 지칭하는 대상은 삽입 문장의 앞에 언급되어야 한다.

지시대명사	they, their, them, it, its, this, these, that, those, the former, the latter, both, many, most, some, others, none 등
지시형용사	this factor, this migration, such adaptation, these constraints 등
지시부사	there, then 등

연결어는 그 문장의 성격을 나타내며, 문장 간의 관계를 드러내 주는 가장 기본적인 장치이다. 연결어를 통해 삽입 문장 기준으로 앞 혹은 뒤의 내용이 어떻게 흘러가야 하는지를 논리적으로 파악할 수 있다.

앞 문장	삽입 문장		
	연결어	+	내용
원인	Therefore, Thus, So, Consequently, As a result, Accordingly	+	결과
A라는 내용	However, But, Nevertheless, Meanwhile, On the contrary, On the other hand, Instead	+	A와 반대 내용
	In fact, Indeed, If, For example, For instance	+	A에 대한 부연 설명, 예시
	And, Also, In addition, Likewise, Besides, Furthermore, Moreover, Similarly	+	A와 유사 주제에 대한 추가 내용

앞서 Rhetorical Purpose(수사학적 의도 찾기) 유형에서 배웠듯이 한 단락에서 글의 전개는 보통 포괄적인 정보(General Information)에서 세부적이고 구체적인 정보(Specific Information)로 흘러간다. 삽입 문장으로 포괄적 정보가 등장하면 지문에서 그와 같은 주제에 대한 구체적 정보를 찾아 그 앞에 넣어주고, 반대로 구체적 정보가 제시되면 지문에서 그와 같은 주제를 포괄하는 정보를 찾아 그 뒤에 넣어주면 된다. 즉, '포괄적(G) 정보 = 앞', '구체적(S) 정보 = 뒤'라는 개념을 삽입 문장과 지문에 적용하여 비교하면 정확한 위치를 찾아낼 수 있다.

Step 3 지문 속 각 사각형[■]을 기준으로 앞 혹은 뒤를 확인하여 정답 보기를 선택한다.

📖 **Reading Tip**

지문 다시 읽지 않기

1번부터 8번 문항까지 문제를 푸는 동안 Insert Text(문장 삽입)로 출제된 해당 단락을 정확히 읽어 두었다면 이 문제를 풀기 위해 다시 또 지문을 처음부터 읽을 필요 없이 바로 삽입 문장부터 읽으면 된다.

문장 간의 밀접한 연결 관계를 나타낼 때 사용하는 지시어와 연결어 등의 기본 시그널들을 사용하여 접근하면 객관적이고 빠르게 정답 위치를 파악할 수 있다.

◎ 2. 오답 선택 풀이 과정

Step 1 문제 유형을 파악하지 않은 채, 지문을 처음부터 끝까지 빠르게 읽는다.

Step 2 지문을 기준으로 삽입 문장이 들어갈 위치를 찾는다.

Step 3 해석해 봤을 때 어울릴 것 같은 부분에 넣는다.

매력적인 오답

① 지시어가 지칭하는 대상이 연결되지 않는 위치
② 주관적인 '나의 해석'을 바탕으로 느낌상 가장 어울리는 위치

| Example

Understanding of Numbers

[■A] People probably learned to count with numbers for the first time a few thousand years ago. [■B] Surprisingly, there is evidence that some smaller animals have a rudimentary understanding of numbers. [■C] It was not until roughly 10,000 years ago when hunter-gatherers started to settle down and build permanent farms that they began to consider large numbers. [■D] It was the first time that individuals were required to keep track of their possessions. For example, they needed to determine how many sheep they would sell at the market, how many sacks of wheat they would need to purchase, and so on. The Sumerians and other ancient civilizations established the first settlements and farms in the Middle East, as well as the earliest numerical systems.

Q. Look at the four squares [■] that indicate where the following sentence could be added to the passage.

Birds, for example, are usually aware of the number of offspring they have.

Where would the sentence best fit?

1 제시된 삽입 문장을 정확하게 해석한다.

Birds, for example, are usually aware of the number of offspring they have.
새들은 / 예를 들어, / 보통 알고 있다 / 새끼의 수를 / 그들이 / 가진

② 삽입 문장에서 객관적 힌트(① 지시어 ② 연결어 ③ 포괄적 정보-G 및 구체적 정보-S)를 파악한다.

① 〔지시어〕 they

they가 지칭하는 명사는 제시된 삽입 문장 속 birds이기 때문에 힌트의 기능을 하지 않는다.

② 〔연결어〕 for example

③ 〔포괄적 정보-G 및 구체적 정보-S〕 삽입 문장과 같은 주제가 담긴 지문 속 해당 부분을 찾아 G(포괄적 정보 = 앞) 및 S(구체적 정보 = 뒤)를 파악한다.

삽입 문장은 앞 내용에 대한 부연 설명을 나타내므로 삽입 문장의 주제와 관련된 포괄적 정보(= G)가 앞에 나와야 한다.

③ 지문 속 각 사각형[■]을 기준으로 앞 혹은 뒤를 확인하여 정답 보기를 선택한다.

정답: [■C]

ⓒ 앞: '일부 더 작은 동물들은 수에 대한 기본적인 이해를 가지고 있다(some smaller animals have a rudimentary understanding of numbers)'는 포괄적 정보(= G)에 해당하므로 뒤이어서 삽입 문장과 연결 가능하다.

〔해석〕

숫자의 이해

[■A] 사람들은 아마도 수천 년 전에 처음으로 숫자 세기를 배웠을 것이다. [■B] 놀랍게도, 일부 더 작은 동물들이 숫자에 대한 기본적인 이해를 가진다는 증거가 있다. [■C] 예를 들어, 새들은 보통 그들이 가진 새끼의 수를 알고 있다. 수렵[채집]인들이 정착하여 영구적인 농장을 짓기 시작한 대략 1만년 전에야 그들이 많은 숫자를 고려하기 시작했다. [■D] 개인이 자신의 소유물을 계속 파악해야 하는 것은 처음 있는 일이었다. 예를 들어, 그들은 시장에서 얼마나 많은 양을 팔고 몇 자루의 밀을 사야 하는지 등을 결정해야 했다. 수메르인과 다른 고대 문명은 중동에 최초의 정착지와 농장을 설립했으며, 최초의 숫자 체계도 만들었다.

Q. 지문에 다음 문장이 들어갈 수 있는 위치를 나타내는 네 개의 사각형[■]을 확인하시오.

예를 들어, 새들은 보통 그들이 가진 새끼의 수를 알고 있다.

이 문장이 들어가기에 가장 적합한 곳은? [■C]

〔어휘〕 count ⓥ 세다, 계산하다 ㅣ surprisingly 〔adv〕 놀랍게도, 놀랍도록 ㅣ rudimentary 〔adj〕 기본적인, 기초적인 ㅣ possession ⓝ 소유, 소유물 ㅣ determine ⓥ 결정하다 ㅣ sack ⓝ 자루 ㅣ wheat ⓝ 밀 ㅣ and so on (기타) 등등 ㅣ civilization ⓝ 문명 ㅣ establishment ⓝ 설립 ㅣ settlement ⓝ 정착지, 정착 (과정) ㅣ numerical 〔adj〕 숫자로 나타낸, 수의 ㅣ aware 〔adj〕 ~을 알고 있는

01

Animal Hibernation

Hibernation refers to the decreased activity of some animals during the winter months. During cold weather, animals need to consume a great deal of food to get the energy necessary for their bodies to operate normally. In the winter, though, food is typically sparse, so they hibernate to stay alive. During hibernation, animals significantly decrease normal physiological functioning. When an animal's metabolism slows down, it utilizes stored energy and stops making the heat it needs to keep its body temperature higher than the temperature of its surroundings. [■A] Animals look for the safest and most protected place to hibernate, which can include caverns or hollow tree trunks. [■B] Mammals, like bears or squirrels, may occasionally wake up to search for food during the winter. [■C] As soon as spring approaches, these animals wake up and seek food to restore their body functions. [■D]

Look at the four squares [■] that indicate where the following sentence could be added to the passage.

Due to their cold-blooded physiology, however, reptiles and amphibians usually sleep all winter.

Where would the sentence best fit?

02

England's Wool Industry in the 15th Century

[■A] In the 15th century, England eventually replaced the Italian city-states as Europe's chief producer of high-quality finished woolen textiles, and London became the center of the wool industry. [■B] Located on the safer eastern part of the island, it spanned the Thames River and was accessible by ship. [■C] Over 80 percent of the wool products intended for export were in the hands of London merchants. Coupled with the fact that it was already the administrative center of the kingdom, the development of the wool industry also turned it into the consumption capital of the island. [■D] As England's political influence and trade expanded throughout the 18th century, London became the largest and most prosperous city in Western Europe.

Look at the four squares [■] that indicate where the following sentence could be added to the passage.

London was ideally situated to become the industrial hub of England.

Where would the sentence best fit?

03

Agriculture During the Long Depression

During the second part of the 19th century, the international economy was severely impacted by the Long Depression. [■A] There was a wide variation in the severity of the effects in different nations, but between 1873 and 1894, there was a general downward tendency in prices and economic growth, both of which were lower than in the years before and after. [■B] Many industries were affected, and agriculture was one of the hardest hit. In the first five years of the depression, the price of cotton plummeted by almost 50 percent, and by 1894, the price of grain was only one third of what it had been nearly three decades earlier. [■C] This dramatic collapse of farm prices triggered a protectionist response from many countries. [■D] Others utilized quotas that did not prohibit imports but strictly controlled the quantity of a commodity that could be brought in during a specific period.

Look at the four squares [■] that indicate where the following sentence could be added to the passage.

Some imposed tariffs that protected their own farmers by banning the import of foreign crops, requiring the market to trade exclusively in domestic goods.

Where would the sentence best fit?

04

Allopatric Speciation

Allopatric speciation occurs when a parent population is separated into two groups by a geographic barrier. [■A] Allopatric speciation is a broad category that encompasses all forms of isolation from a parent population. [■B] In many cases, this involves a physical barrier that separates one population into two new groups. This kind of separation can happen suddenly or over the course of millions of years. [■C] The presence of a new body of water, for example, as a result of flooding, could result in the division of land organisms into whole new species. [■D] If both populations are approximately equal in size, speciation usually occurs through natural selection as the organisms adapt to their new environments. A classic example of this is the finches that live in the Galapagos Islands, which Darwin originally thought were entirely different kinds of birds. Other experts informed him that they were all different species of finches, but today they are recognized as sharing common ancestors.

Look at the four squares [■] that indicate where the following sentence could be added to the passage.

Similarly, populations of aquatic organisms may be divided when a new land mass forms or when the water level drops, putting the organisms in different bodies of water.

Where would the sentence best fit?

Test

Passage 1

The Historical Value of Language

1. All of the following are mentioned as factors that make language a better feature for defining people and cultures EXCEPT

   Ⓐ a person's citizenship is not necessarily permanent

   Ⓑ the physical appearance of a person constantly changes

   Ⓒ genetic features are not related to cultural identity

   Ⓓ people from diverse nations can still share cultural similarities

2. Look at the four squares [■] that indicate where the following sentence could be added to the passage.

   That is why it is critical to have a clear understanding of the historical expansion of languages and how they evolved into their present-day forms.

   Where would the sentence best fit?

   | Click on a square [■] to add the sentence to the passage. |

Language is one of the most important defining characteristics of people and the cultures to which they belong. Nationality, for example, merely clarifies which country an individual was born in, and sometimes not even that, since citizenship can be changed. [■A] In the same way, physical traits such as facial features or skin tone only allow a guess at a person's genetic background, which may have little or nothing to do with their cultural identity. [■B] People who are from the same country and of similar appearance may still be completely different culturally, and people in different countries and seemingly of different "races" may in fact share a great deal of cultural affinity. [■C] In contrast, an individual's native language can provide a wealth of information about the way that person thinks. Thus, the language that is used in a society may reveal a significant amount of information regarding the history of that ethnic group. [■D]

Passage 2

Lesson 08
Question Types

TOEFL Reading

1. According to paragraph 1, it is difficult to determine when plants were domesticated because

   (A) their seeds are not particularly long-lasting and they easily break down

   (B) the seeds of domesticated plants are difficult to distinguish from those of wild ones

   (C) they are the same plants that people used to gather before they started farming

   (D) reliable data on species distribution is not available

2. Look at the four squares [■] that indicate where the following sentence could be added to the passage.

   The matter in question can be examined to see if it is linked to food production.

   Where would the sentence best fit?

   Click on a square [■] to add the sentence to the passage.

Indications of Domesticated Plants and Animals

1 ➡ The cultivation of grains requires extensive modification of the land, and seeds are very durable, so there is ample physical evidence. However, determining when a culture first started to domesticate those crops provides a greater challenge. The plants that they domesticated are ones that they had already gathered, so scientists must collect samples that show how plants changed throughout the process. One method, known as flotation, has been very helpful in gaining insight into the process of plant domestication. [■A] This technique involves placing soil samples obtained from an excavation into water, where the dirt and sand sink and the organic matter floats on the surface. [■B]

2 ➡ Locating the remains of animals that have been utilized by humans is fairly easy, but determining whether or not the animals were domesticated is much more difficult. [■C] When animals are domesticated, they often develop traits that distinguish them from their ancestors. [■D] However, most of these features are only observable in living animals, and the ones that do apply to bones are mostly related to the head.

09 Prose Summary

Introduction

Prose Summary(산문 요약) 유형은 보통 6개의 보기 중 지문의 주요 내용을 표현하고 있는 3개의 보기를 정답으로 고르는 문제로 맨 마지막 문제로 출제된다. 각 지문당 0∼1문항이 출제되며, 아예 출제되지 않을 경우 Fill in a Table(표 채우기) 유형의 문제가 대신 나와 교대로 출제되지만 둘 중 Prose Summary(산문 요약) 유형의 출제 비중이 압도적으로 높다. 요약 문제를 잘 풀려면 지문을 관통하는 중심 내용을 파악할 수 있어야 한다.

Sample Questions

Directions: An introductory sentence for a brief summary of the passage is provided below. Complete the summary by selecting the THREE answer choices that express the most important ideas in the passage. Some sentences do not belong in the summary because they express ideas that are not presented in the passage or are minor ideas in the passage. *This question is worth 2 points.*

지시문: 지문을 간략하게 요약한 글의 첫 문장이 아래 제시되어 있다. 지문의 가장 중요한 내용을 표현하는 세 개의 선택지를 골라 요약문을 완성하시오. 일부 문장들은 지문에 제시되지 안았거나 지문의 지엽적인 내용을 나타내기 때문에 요약문에 포함되지 않는다. *이 문제의 배점은 2점이다.*

〈도입 문장〉

-
-
-

Answer Choices

Ⓐ --------------------   Ⓑ --------------------

Ⓒ --------------------   Ⓓ --------------------

Ⓔ --------------------   Ⓕ --------------------

Drag your answer choices to the spaces where they belong.
To remove an answer choice, click on it. To review the passage, click on **View Text**.
선택한 답안을 맞는 곳에 끌어다 넣으시오.
선택한 답안을 삭제하려면, 답안에 대고 클릭하시오. 지문을 다시 보려면 지문 보기를 클릭하시오.

참고 보기는 6개가 주어진다. 보기의 순서는 상관없다.
선택한 3개 보기가 모두 정답인 경우 2점, 2개 보기가 정답이면 1점, 1개 보기가 정답이면 0점으로 부분 점수 처리가 된다.

1번 문제부터 9번 문제까지 수험자의 해석 능력과 글의 흐름 파악 능력, 지문의 주요 내용을 이해하는 능력을 평가한 후 마지막 Prose Summary(산문 요약) 유형을 통해 수험자가 지금껏 읽은 지문에서 가장 중요한 핵심 내용이 담긴 문장들을 정확하게 찾아낼 수 있는지를 평가한다.

Learning Strategies

◎ 1. 정답 선택 풀이 과정

Step 1   제시된 도입 문장(Introductory Sentence)을 읽는다.

Step 2   각 보기가 ① 지문에 언급되지 않은 정보인지, ② 지엽적인 정보인지를 파악한다.

Step 3   해당 보기들을 소거 후, 나머지 정답 보기를 선택한다.

📖 Reading Tip

오답 소거 활용하기

요약문을 완성하려고 하다 보면 1-2-3-4 이렇게 순서대로 연결하는 경우가 많다. 그러나 이 유형은 답을 선택하는 순서가 점수에 반영되지 않는다. 여섯 문장 중 지문에서 가장 중요한 내용을 담고 있는 문장 3개만 선택하면 되는 것이다. 그런데 가장 중요한 아이디어를 찾으려고 보기를 읽으면 막상 어느 보기를 선택해야 하는지 고민되고 어렵게 느껴진다. 제한 시간이라는 부담과 지문의 이해도가 높지 않은 경우에 특히 그러할 것이다. 그렇기에 이 유형의 정답률을 높이기 위해선 오답 소거 전략을 사용하는 것이 더욱 효과적이다. 확실한 오답 보기를 소거한 후 남은 보기 중 세 문장을 선택하면 되기 때문에 더욱 많은 정답 문장을 선택할 가능성이 커진다. 요약 문제는 부분 점수가 적용되므로 2점을 다 얻지 못할 경우 적어도 1점은 확실히 받을 수 있도록 소거 방법을 적극적으로 활용해야 한다.

단락별 보기 매칭 주의하기

Reading 지문에서는 하나의 대주제(Main Topic)를 설명하기 위해 여러 소주제(Subtopic)가 등장하며 그 소주제들이 담긴 3개의 문장을 찾는 것이 요약 문제이다. 만약 '한 단락 = 하나의 소주제 = 정답 보기 한 문장'이라고 한다면 시험에 등장하는 Reading 지문은 항상 3개 혹은 4개 단락으로만 구성되어야 할 것이다. 그러나 실제로는 전혀 그렇지 않다. Reading 지문은 최소 3개 단락부터 많게는 10개 이상의 단락으로 구성되기도 한다. 무조건 단락별로 한 문장씩 선택하려고 하지 않도록 주의해야 한다.

Step 1 도입 문장(Introductory Sentence)에 따라 순서대로 줄거리를 완성하려고 한다.

Step 2 처음–중간–끝 혹은 서론–본론–결론에 해당하는 보기 3개를 선택한다.

Step 3 기억에 남는 단어들로 구성된 보기를 선택한다.

매력적인 오답

① 지문에 언급되지 않은 정보
② 지문에 언급되어 있지만 지엽적인 정보

Example

Sensing of Air Flow

1 ➡ The ability to sense the way that the air flows over one's body is essential for any species of flying animal. By sensing the speed and direction of the prevailing wind, a flier can keep itself on its intended flight path, even when there are sudden gusts of wind that would otherwise push it off course. Being able to sense such effects would theoretically allow the flier to compensate for any changes in the direction or intensity of the wind. At the same time, if the flier could detect more minor shifts in the flow of air over its wings, then it would be able to improve its wing movement to make more efficient strokes. Scientists have identified a variety of wind flow sensors that operate on a large scale in both invertebrate and vertebrate flying animals, but sensors that operate on a finer scale have proven more difficult to isolate.

2 ➡ Researchers are much more knowledgeable about the air flow sensors of insects than they are about those used by birds and bats. This is primarily due to the fact that insects have rigid exoskeletons and their nervous systems are far simpler than those of vertebrate animals. Since their exoskeletons are so hard, their sensory receptors have to have some external structure in order to be able to detect anything outside their rigid shells. Apart from the antennae that all insects have, these external sensory organs are often hairs that they use to detect a variety of things, including sound, odors, and wind. Biologists have had significant success ascertaining what information particular hairs relay to an insect's brain, and how it uses that information.

3 ➡ Most flying insects use hairs on their heads and their antennae as their large-scale airflow detectors. For example, desert grasshoppers have wind-sensitive hairs on their heads that directly trigger steering reflexes, so scientists reason that other insects with similar hairs use them in the same way. This is true for a wide variety of insects including other grasshoppers, aphids, bees, and flies. Between the hairs and antennae, many insects

have redundant systems for sensing large wind changes. If an antenna is bitten off, then the hairs can compensate for the loss. But this is unusual in nature since redundancy is inefficient, so they must not be detecting the exact same things. Most likely, the antennae are used to detect larger and more horizontal gusts, while the hairs are used to detect weaker and more vertical air movement.

4 ➡ Vertebrates like birds and bats surely have airflow detection systems, but they are much more difficult to locate and study. Their tactile sensors are far more numerous and densely packed than those of insects, and their nervous systems are much more complex. Since they lack an exoskeleton, their sensory organs usually are not contained in external structures, so they are not easy to identify. The complexity of their nervous systems also makes it much harder to observe a direct connection between a specific change in air flow and a particular steering course correction. Humans cannot fly, but they can easily tell the direction and strength of a gust of wind by how it feels on their skin. Since birds and bats can fly, their ability to sense air flow changes must be superior to that of humans. The fur of bats and the feathers of birds are also often attached to very sensitive nerve endings, so they should theoretically be able to detect much finer changes in air flow than humans can.

5 ➡ The air flow sensing of vertebrates remains theoretical because scientists have not engaged in serious research with these animals. However, from observing the flight habits of various species, it is clear that they must be able to sense changes in air flow. The fact that birds like the kestrel can hover above a slope by capturing even slight breezes with their outstretched wings clearly illustrates that they are able to detect very minute changes in air flow. Likewise, bats perform rapid turns and reversals of direction when they are chasing insects through the air. It is much more difficult to analyze birds and bats in a laboratory setting than insects, so it is equally difficult to determine which feathers or hairs are used as air flow sensors.

Directions: An introductory sentence for a brief summary of the passage is provided below. Complete the summary by selecting the THREE answer choices that express the most important ideas in the passage. Some sentences do not belong in the summary because they express ideas that are not presented in the passage or are minor ideas in the passage. ***This question is worth 2 points.***

Drag your answer choices to the spaces where they belong.
To remove an answer choice, click on it. To review the passage, click on **View Text**.

Organisms must have organs that can sense air flow in order to fly effectively.

-
-
-

Answer Choices

Ⓐ Kestrels are adept fliers that hover while they are stalking their prey.

Ⓑ Insects use their antennae and special hairs to sense various aspects of air flow.

Ⓒ Vertebrates have exoskeletons that make them easier to study in a laboratory.

Ⓓ Scientists have been able to determine the exact location and function of insects' sensory organs.

Ⓔ Although they are more difficult to ascertain, flying vertebrates obviously have organs that can sense air flow as well.

Ⓕ Birds and bats have external sensory organs, which are most likely located on their heads.

❶ 제시된 도입 문장(Introductory Sentence)을 읽는다.

> Organisms must have organs that can sense air flow in order to fly effectively.
> 생물들은 / 가져야만 한다 / 기관들을 / (그것들이) 감지할 수 있는 / 공기 흐름을 / 효과적으로 날기 위해

❷ 각 보기가 ① 지문에 언급되지 않은 정보인지, ② 지엽적인 정보인지를 파악한다.

> Ⓐ 지문에 언급되지 않은 정보 & 지엽적인 정보
> Ⓑ 해당 사항 없음
> Ⓒ 지문에 언급되지 않은 정보
> Ⓓ 해당 사항 없음
> Ⓔ 해당 사항 없음
> Ⓕ 지문에 언급되지 않은 정보

❸ 해당 보기들을 소거 후, 나머지 정답 보기를 선택한다.

> 정답: Ⓑ, Ⓓ, Ⓔ

해석

기류를 감지하는 것

1 ➡ 몸을 둘러싼 공기의 흐름을 감지하는 능력은 어떤 종류의 하늘을 나는 동물에게든 필수적이다. 우세풍의 속도와 방향을 감지함으로써, 비행 동물은 그것을 경로에서 이탈하게 할 수도 있는 갑작스러운 돌풍이 불어도 의도된 비행경로를 계속 유지할 수 있다. 이런 영향을 감지할 수 있는 능력은 이론적으로 비행 동물이 바람의 방향이나 세기의 어떤 변화도 보상할 수 있도록 해줄 것이다. 동시에, 만약 비행 동물이 날개 근처의 공기 흐름에서 더 사소한 변화를 감지할 수 있다면, 날개 움직임을 개선하여 더 효율적인 날갯짓을 할 수 있을 것이다. 과학자들은 대규모로 작용하는 다양한 바람 세기 감지기를 비행하는 무척추동물들과 척추동물들 둘 다에서 밝혀냈지만, 더 미세한 규모로 작동하는 감지기는 따로 구분하여 밝히기 더 어렵다는 것이 증명되었다.

2 ➡ 연구원들은 곤충들의 공기 흐름 감지기에 대해 새나 박쥐가 사용하는 것들보다 훨씬 더 많이 알고 있다. 이것은 주로 곤충들이 딱딱한 외골격을 갖고 있으며 그들의 신경계가 척추동물들의 그것보다 훨씬 더 단순하기 때문이다. 그들의 외골격은 매우 단단하기 때문에, 그들의 감각 수용기들은 이 딱딱한 껍질 밖에서 일어나는 어떤 것도 감지할 수 있도록 어떠한 외부 구조를 가져야 한다. 모든 곤충

들이 가진 더듬이를 제외하고, 이러한 외부의 감각 기관들은 주로 소리, 냄새, 바람을 포함한 다양한 것들을 감지하기 위해 사용하는 털이다. 생물학자들은 특정한 털이 곤충의 뇌에 어떤 정보를 전달하는지, 그리고 그것이 그 정보를 어떻게 이용하는지를 알아내는 데 상당한 성공을 거두었다.

3 ➡ 대부분의 날아다니는 곤충들은 그들의 머리에 있는 털이나 더듬이를 큰 규모의 기류 감지기로 이용한다. 예를 들어, 사막 메뚜기는 머리에 바람에 민감한 털이 있어서 조종 반사 반응을 직접적으로 촉발하므로, 과학자들은 이 메뚜기와 비슷한 털을 가진 다른 곤충들도 그것들을 같은 방식으로 사용한다고 추론한다. 이것은 다른 메뚜기, 진딧물, 벌, 그리고 하루살이를 포함한 다양한 곤충들에게는 맞는 말이다. 털과 더듬이 사이에, 많은 곤충들은 큰 바람의 변화를 감지하는 불필요한 체계를 갖고 있다. 만약 더듬이가 물려 떨어지면, 이 손실을 털이 보상해줄 수 있다. 그러나 불필요한 중복은 비효율적이기 때문에, 이것은 사실상 자연에서 흔치 않으며, 그들은 정확히 똑같은 것을 감지할 리가 없다. 아마도 더듬이는 더 크고, 더 수평으로 움직이는 돌풍을 감지하는 데 이용되는 반면, 털은 더 약하고 수직으로 움직이는 기류를 감지하는 데 이용될 것이다.

4 ➡ 새와 박쥐와 같은 척추동물들은 분명히 기류 감지 체계를 갖고 있지만, 어디 있는지 알아내고 연구하는 것이 훨씬 어렵다. 그들의 촉각 감지기는 곤충들보다 훨씬 더 많고 빽빽이 밀집되어 있으며, 그들의 신경계는 훨씬 더 복잡하기 때문이다. 그들은 외골격이 없기 때문에, 그들의 감각 기관은 보통 신체 외부 구조에 달리지 않았으며, 그래서 알아보기가 쉽지 않다. 신경계의 복잡성은 또한 기류의 구체적인 변화와 특정한 경로 방향 수정 사이의 직접적 연관성을 관찰하는 것을 훨씬 더 어렵게 만든다. 인간은 날지 못하지만, 그들은 돌풍의 방향과 세기를 피부에 느껴지는 감각을 통해 쉽게 알아차릴 수 있다. 새와 박쥐는 날 수 있기 때문에, 공기 흐름의 변화를 감지하는 그들의 능력은 인간보다 뛰어나야 한다. 박쥐의 털과 새의 깃털 역시 매우 민감한 신경 종말에 붙어 있는 경우가 많기 때문에, 그들은 이론적으로 인간보다 기류의 더욱 미세한 변화를 감지할 수 있다.

5 ➡ 과학자들이 척추동물들을 대상으로 깊이 있는 연구에 관여하지 않기에, 이들의 기류 감지 능력은 이론에 머물러 있다. 그러나, 다양한 종의 비행 습관을 관찰한 것으로부터 이들이 기류 변화를 감지할 수 있다는 점은 분명하다. 황조롱이와 같은 새들이 쭉 뻗은 날개로 아주 미세한 미풍을 포착해 경사진 곳에서 맴돌 수 있다는 사실은 이들이 극히 미세한 기류 변화도 감지할 수 있다는 것을 분명히 보여준다. 마찬가지로, 박쥐 역시 공중에서 급격한 회전과 방향 전환을 하며 벌레를 뒤쫓는다. 새나 박쥐는 실험실 환경에서 분석하기가 곤충들보다 훨씬 어렵기 때문에, 어떤 깃털이나 털이 기류 감지기로 이용되는지를 알아내는 것 역시 마찬가지로 어렵다.

지시문: 지문을 간략하게 요약한 글의 첫 문장이 아래 제시되어 있다. 지문의 가장 중요한 내용을 표현하는 세 개의 선택지를 골라 요약문을 완성하시오. 일부 문장들은 지문에 제시되지 않았거나 지문의 지엽적인 내용을 나타내기 때문에 요약문에 포함되지 않는다.
이 문제의 배점은 2점이다.

생물들은 효과적으로 날기 위해 공기 흐름을 감지할 수 있는 기관들을 가져야만 한다.

- Ⓑ 곤충들은 더듬이와 특별한 털을 이용하여 기류의 다양한 측면을 감지한다.
- Ⓓ 과학자들은 곤충들의 감지 기관의 정확한 위치와 기능을 알아낼 수 있다.
- Ⓔ 확신하기는 더 어렵지만, 날 수 있는 척추동물들에게는 기류 또한 감지할 수 있는 기관이 분명히 있다.

Ⓐ 황조롱이는 사냥감을 추격하는 동안에도 공중에서 맴돌 수 있는 능숙한 비행 동물이다.

Ⓒ 척추동물들은 실험실에서 연구하기 더 수월하게 해주는 외골격을 갖고 있다.

Ⓕ 새와 박쥐는 대부분 머리에 있을 외부 감각 기관을 가지고 있다.

어휘　sense Ⓥ 감지하다, 느끼다 l direction Ⓝ 방향 l prevailing wind 우세풍 l intend Ⓥ 의도하다 l path Ⓝ 경로, 길, 계획 l gust Ⓝ 돌풍 l otherwise adv 그렇지 않으면 l theoretically adv 이론상 l compensate Ⓥ 보상하다 l intensity Ⓝ 강렬함, 세기 l detect Ⓥ 감지하다 l minor adj 작은, 가벼운 l efficient adj 효율적인 l stroke Ⓝ 날개치기 l sensor Ⓝ 감지기, 센서 l invertebrate Ⓝ 무척추동물 l vertebrate Ⓝ 척추동물 l finer adj 미세한 l knowledgeable adj 아는 것이 많은 l rigid adj 단단한 l nervous system 신경계 l sensory receptor 감각 수용체 l external adj 외부의 l apart from ~을 제외하고, ~뿐만 아니라 l antennae Ⓝ (antenna의 복수형) 더듬이 l organ Ⓝ 기관, 장기 l odor Ⓝ 냄새 l ascertain Ⓥ 알아내다, 확인하다 l relay Ⓥ 전달하다 l grasshopper Ⓝ 메뚜기 l steering reflex 조종 반사 l reason Ⓥ 추론하다 l aphid Ⓝ 진딧물 l fly Ⓝ 파리 l redundant adj 불필요한 l redundancy Ⓝ 불필요한 중복 l horizontal adj 수평선의 l surely adv 분명히, 틀림없이 l tactile sensor 촉각 감지기 l densely adv 빽빽이, 밀집하여 l packed adj 꽉 들어찬, ~이 가득 찬 l identify Ⓥ 식별하다, 알아보다 l complexity Ⓝ 복잡성, 복잡함 l tell Ⓥ 구별하다 l superior adj 우수한, 우월한 l attach Ⓥ 붙이다 l engage in ~에 종사하다, ~에 관여하다 l kestrel Ⓝ 황조롱이 l hover Ⓥ (허공을) 맴돌다 l slope Ⓝ 경사지, 비탈 l capture Ⓥ 포착하다 l slight adj 약간의, 가벼운 l breeze Ⓝ 산들바람, 미풍 l outstretched adj 쭉 뻗은 l illustrate Ⓥ 설명하다, 분명히 보여주다 l minute adj 극히 작은, 대단히 세심한 l likewise adv 비슷하게, 마찬가지로 l reversal Ⓝ 반전, 전환 l chase Ⓥ 뒤쫓다 l analyze Ⓥ 분석하다 l laboratory Ⓝ 실험실 l setting Ⓝ 환경 l majority Ⓝ 다수, 대다수 l adept adj 능숙한 l stalk Ⓥ (먹이 등에) 몰래 접근하다

01

Eli Terry's Clocks

1 ➡ In 18th century America, clocks were considered to be luxury items that conveyed one's status, but they had little practical value. Most people kept track of time by noting the position of the Sun during the day and the level of the oil in their lamps at night. Master clockmakers were only able to produce 10 to 15 clock movements in a year as they painstakingly crafted the gears from brass by hand. A craftsman would pour molten brass into molds to cast the gears, hammer them to harden the metal, and cut and file the teeth until they meshed properly. This resulted in each clock being a unique precision instrument that could only be repaired by precisely duplicating any broken parts. The purchaser of a clock would typically commission a cabinetmaker to create a wooden case for the movement. Such cabinets were often works of art that contained rich inlay and conformed to the contemporary trends in furniture. The final product was usually about two meters tall and weighed about 45 kilograms, and it was often the most expensive possession in a wealthy home.

2 ➡ This remained the status quo until Eli Terry revolutionized the clockmaking process in the early 1800s. Terry began making clocks as an apprentice to Daniel Burnap, and in 1793, he opened his own shop, where he quickly gained a reputation for making clocks and repairing watches. He made clocks in the traditional way for a while, but around 1800 he became frustrated at his lack of customers. Influenced by German clockmakers, he abandoned brass and began making his clock movements entirely out of wood. Wooden movements were still hand-crafted, but they were cheaper, and they could be fashioned much more quickly. They were less precise than brass ones and they could only run for 30 hours after being wound instead of the standard eight days, but they were much lighter, and he could sell them for half of what he charged for a clock with a brass movement.

3 ➡ Terry was inspired by the production of weaponry to create his own specialized saws, drills, and lathes that could be used to build standardized clock parts. These parts were now interchangeable, so less expertise was needed to create them, and they made Terry's clocks far simpler to repair than those produced by his rivals. In 1803, he discovered how to harness water power to run his industrial machinery, and his output skyrocketed. In addition, Terry collaborated with Seth Thomas and Silas Hoadley to produce 4,000 clock movements for entrepreneurs Edward and Levi Porter in order to demonstrate the viability of his technology. Most clockmakers weren't expecting to manufacture this many clocks in a lifetime, but Terry pledged to complete them in just three years. By attaining that achievement, Terry completely revolutionized the clockmaking industry by manufacturing clocks at an affordable price for the middle class.

4 ➡ Despite the fact that Terry's clocks were much lighter than those with brass movements, the standard model of 1810 was still difficult to transport since it was bulky. The purchaser of a clock still also had to have a cabinet made for his clock unless he chose to hang the mechanism from a wall, which would have defeated the purpose of buying a status symbol. In order to solve these issues, Terry developed a wooden clock that was a mere 50 centimeters tall, 35 centimeters wide, and 10 centimeters deep that could be placed on a shelf or mantelpiece. Instead of a pendulum, the clock was powered by system of weights and pulleys within the clock on either side of the face. This clock was even easier to manufacture, which allowed Terry to produce an impressive 12,000 clocks a year. These mass-produced clocks were sold throughout New England by door-to-door salesmen called "Yankee peddlers," and they earned Terry a fortune.

5 ➡ Terry received a total of ten patents, but that did not prevent imitators from trying to replicate his success by violating those patents. He did sue for patent infringement, but he mostly put his energy into outcompeting them by focusing on style. After the success of his shelf clock, Terry hired cabinetmaker Chauncey Jerome to design the shell of his new clocks. Jerome borrowed a design from his previous workplace that had pillars on both sides of the clock face and delicate scrollwork at the top and bottom. The clock face was mounted above a painted scene, and they were protected behind a glass door. This "pillar and scroll" design was criticized as simply being a clock with some crude decorative treatment, but that was the point of the design. The clock could be easily put together with power tools and inexpensive materials, but it incorporated the neoclassical style that was in vogue at that time in the big cities of New England. Terry retired from mass-producing clocks in 1833 and went back to making traditional brass movements while his children continued the family business.

Directions: An introductory sentence for a brief summary of the passage is provided below. Complete the summary by selecting the THREE answer choices that express the most important ideas in the passage. Some sentences do not belong in the summary because they express ideas that are not presented in the passage or are minor ideas in the passage. *This question is worth 2 points.*

Eli Terry revolutionized the clock making industry in North America through his many innovations.

-
-
-

Answer Choices

Ⓐ Terry was inspired by his apprenticeship to make the entire mechanisms of his clocks out of wood.

Ⓑ Clocks were possessions of the elite because of the difficulty of manufacturing them and their corresponding price.

Ⓒ Terry's clocks were sold throughout New England by traveling salesmen called Yankee peddlers.

Ⓓ The introduction of standardized parts facilitated the mass production of clocks, which drastically reduced their initial and repair costs.

Ⓔ Many people copied Terry's designs, but he chose to focus on improving his clocks.

Ⓕ Since standardized parts were easier to make, Terry was able to hire unskilled craftsmen to work in his factories.

Rainforest Biodiversity

1 ➡ Tropical rainforests are found in locations with no dry season and at least 60 millimeters of rain each month. The majority of them are found in the Americas, Africa, Asia, and Oceania, all within ten degrees of the equator. These forests are home to the great majority of land species and have extraordinarily high levels of biodiversity. The forest floor, understory, canopy, and emergent are the four vertical layers that make up the forest. Because of the height of the canopy, it is rather challenging to study the flora and animals there. Therefore, scientists have come up with some creative ways to gain access to it. These included chopping down entire trees; using shotguns to blast tree branches; and employing hot air balloons. One researcher in Borneo taught monkeys to climb trees and bring back samples of flowers and fruit. Rock climbing methods were employed in the 1970s, and platforms with walkways were constructed among the trees. This approach has proven to be the most successful, but many of the creatures that inhabit the canopy and their interactions are still unknown.

2 ➡ The canopy is home to most of the rainforest's organisms, and many of the species that live there are not found in the other layers. In fact, some species have so completely adapted to life in the canopy that they never leave it. This includes epiphytes, plants such as bromeliads and mosses that get their nutrients by sinking their roots into the scarce soil that develops from dead plant material on the branches. Unlike in more temperate zones, the constant supply of sunlight and precipitation in the rainforest canopy allows many of the flowering plants there to bloom repeatedly throughout the year, and the fruit this produces supports many of the animal species of the canopy.

3 ➡ The biodiversity of the rainforest is vastly superior to that of other terrestrial habitats, including other types of forests. Most temperate forests are comprised of only a few species of trees that vary with elevation, but a 10,000 square meter section of rainforest can contain over 300 different kinds of trees. The diversity of the rainforests may have been promoted by the survival of isolated pockets during the last ice age. When global weather cools, rainforests are mostly replaced by grassland with scattered trees, which is known as the savannah. As the forests contracted, some patches of forest persisted in river valleys and other wetter areas, and their species were preserved but genetically isolated. The isolation allowed many species to evolve separately, which provided the basis for such diversity. When the weather became warmer again, the forests expanded and reconnected, which forced the new species to compete with one another. These organisms keep new plants from sprouting near mature trees, even when they are the same species.

4 ➡ The isolation that created the diversity of plants in rainforests created similar diversity in the animal species that live in them. This is particularly evident in the concentration of insect species that are found in tropical rainforests. Ants in particular have developed close relationships with many of the plants and fungi that grow in rainforests, and this has led to them diverging into numerous species. Famed entomologist Edward O. Wilson visited the Tambopata Reserve in Peru in 1987, where he collected 135 species from 40 genera of four forest types. He even reported that he found 43 different species living on just one tree on that reserve. Nevertheless, these species tend to occupy very narrow niches, much like their plant hosts, and removing that one tree could potentially eliminate many of those ant species.

5 ➡ Despite the biodiversity of the rainforest, the soil of the forest floor that supports the trees is actually quite poor. Dead plant and animal matter decays rapidly in the heat and humidity, which prevents rich, dark soil from forming. The heavy rainfall also washes away minerals down the many streams and rivers or forces them deep underground. Combined with the lack of light, these factors leave most of the forest floor bare, and dense undergrowth is only found near riverbanks and swamps and in clearings. To compensate for these conditions, the trees have extensive shallow root systems to collect all available nutrients.

Lesson 09
Question Types

Directions: An introductory sentence for a brief summary of the passage is provided below. Complete the summary by selecting the THREE answer choices that express the most important ideas in the passage. Some sentences do not belong in the summary because they express ideas that are not presented in the passage or are minor ideas in the passage. *This question is worth 2 points.*

The tropical rainforests are the most biologically diverse ecosystems on land, but they have been difficult to study.

-
-
-

Answer Choices

Ⓐ The rainforest canopy contains the majority of species, and some of the organisms that live there never leave.

Ⓑ Many species in tropical rainforests have developed unique relationships where the plants and animals support each other.

Ⓒ The diversity of species can be explained by the reduction and growth of the ecosystem caused by the last ice age.

Ⓓ The Tambopata Reserve in Peru contains the most insect species of any forest on the planet.

Ⓔ Forests in temperate zones receive more precipitation but less sunlight than those in the tropics, so they do not bloom as often.

Ⓕ The soil in tropical rainforests is actually quite poor, and this has influenced the growth of plants there.

The Fall of Artisans in 16th Century Europe

1 ➡ During the Medieval period and the Renaissance, European artisans who worked in the same handicraft businesses, like textiles and metalworking, formed organizations called guilds. Guilds regulated the trades that their members practiced, and non-members were not permitted to do the same work or sell their products within the same towns. Guilds were given this power by a monarch, governor, or other authority figure. Each guild ensured that its members produced acceptable products by dominating the entire process of their training as well as the methods that were employed to manufacture their goods. Intended to protect the artisans, this preoccupation meant that the guilds maintained their traditions in the face of outside innovation, which negatively affected the skills of their members and the quality of their products. Artisans operated these insular guilds for many centuries protected by their long-standing relationships with the aristocracy, but their power began to wane in the 16th century as the overall economic system began to evolve into a more capitalistic model with free-market pricing, investments, and new ways of organizing production. This economic shift occurred due to a combination of factors including technological innovation, the availability of raw materials, debt, access to markets, and outside competition.

2 ➡ The speed of manufacturing processes significantly improved thanks to technological advancements in many industries, but these advancements sometimes required new machinery that was more expensive to install and maintain than craftspeople or guilds could afford. For instance, in the iron industry, specialized machinery such as blast furnaces, wire-drawing machines, and several kinds of shaping mills was introduced. As this machinery spread, productivity rose quickly to the point that artists could no longer compete without it, but this required significant financial expenses for both the equipment and the structures that housed them. In addition to this fixed capital, higher output required infrastructures that could supply water for power, storage of goods, and delivery service to customers. A skilled ironworker might make up to 250 florins (gold coins from Florence, a standard currency of the time) a year in Antwerp in the late 16th century, but a single blast furnace was approximately 3,000 florins, which was similar to that of the accompanying equipment.

3 ➡ While new technology made the necessary equipment too expensive for some artisans, the raw materials needed for production actually constituted the greatest expense in most industries. A silk weaver working in Antwerp could buy a loom for 12 florins and pay off the loan that was used to buy the loom in small payments over many years, but he would still have to spend 24 florins every six weeks for the raw silk to make cloth. Therefore, access to inexpensive raw materials was essential for all artisans and particularly for independent ones, so the loss of local sources could be disastrous. The Spanish cities of Cordoba and Toledo once cultivated their own silk, but as cultivation fell, they came to depend upon merchants from other regions like Valencia and Murcia. Eventually, importing silk became too expensive, and the weaving industry in those cities collapsed.

4 ➡ The costs of both machinery and materials made credit a necessity for artisans, but debt made their lives even more difficult. Prices for manufactured products typically did not keep up with inflation like food and raw materials did. When taxes were raised, these factors combined to make it very difficult for artisans to pay off

TOEFL Reading

their debts. Periodic downturns in the economy further reduced the sales of manufactured products as food prices increased. Such periods drove many of them into bankruptcy, which they could only escape by selling their products to other artisans or merchants who offered loans. This downward spiral into debt was frequent enough during regular market fluctuations, but the prolonged economic crises of the late 16th century and increased warfare made them even more commonplace, undermining the foundations of the guilds.

5 ➡ At the same time, trade became concentrated in great markets near storage and distribution centers, which caused many regional markets to disappear. The artisans and guilds that were located in faraway towns were forced to rely upon merchant middlemen, who transported their goods to the trade centers. They lost their autonomy and were turned into domestic workers, which reduced their local power. Since the local markets had disappeared, merchants were free to purchase wool from whomever they pleased, and they started providing peasants with the materials needed to spin wool and paid the workers a share of the profits. The growth of such cottage industry further reduced the amounts of raw materials available to artisans in towns, and the guilds began to fragment under the combined pressures of so many economic factors.

1. **Directions:** An introductory sentence for a brief summary of the passage is provided below. Complete the summary by selecting the THREE answer choices that express the most important ideas in the passage. Some sentences do not belong in the summary because they express ideas that are not presented in the passage or are minor ideas in the passage. *This question is worth 2 points.*

> Drag your answer choices to the spaces where they belong.
> To remove an answer choice, click on it. To review the passage, click on **View Text**.

The artisans in the guilds of Europe dominated their industries, but they began to lose their power due to economic shifts in the 16th century.

-
-
-

Answer Choices

(A) Technical innovations led to advanced machines that increased production, but they were prohibitively expensive.

(B) Raw materials were a constant burden that got worse if local ones were not available.

(C) Many artisans had to rely on merchants for materials, but they often gave them to peasants in cottage industry.

(D) A silk weaver could buy a loom on a loan, but he had to regularly purchase raw silk to weave.

(E) Guilds regulated the training of their members and the quality of the items they produced.

(F) Many small guilds in remote towns disappeared as large market towns grew.

Lesson

10 Fill in a Table

Introduction

Fill in a Table(표 채우기) 유형은 지문에 제시된 정보를 각각 알맞은 범주에 분류해서 끌어다 넣는 문제이다. 문제에 제시된 5~7개의 보기 중 주어진 범주에 맞는 보기를 클릭해서 순서에 상관없이 범주 표 안의 [●] 옆에 끌어다 놓으면 된다. 각 지문당 0~1문항이 출제되며, Prose Summary(산문 요약) 유형과 교대로 출제되지만 Prose Summary(산문 요약) 유형의 출제 비중이 압도적으로 높다.

Sample Questions

Directions: Complete the table by matching the sentences below. Select the appropriate sentences from the answer choices and match them to the category to which they relate. TWO of the answer choices will NOT be used. *This question is worth 3 points.*

지시문: 아래 문장들을 알맞게 넣어 다음 표를 완성하시오. 선택지 중 적절한 문장들을 골라 관계된 개념과 연결하시오. 선택지 두 개는 정답이 될 수 없다. *이 문제의 배점은 3점이다.*

Answer Choices	Category A
Ⓐ -------------------	●
Ⓑ -------------------	●
Ⓒ -------------------	●
Ⓓ -------------------	**Category B**
Ⓔ -------------------	●
Ⓕ -------------------	●
Ⓖ -------------------	

Drag your answer choices to the spaces where they belong.
To remove an answer choice, click on it. To review the passage, click on **View Text**.
선택한 답안을 맞는 곳에 끌어다 넣으시오.
선택한 답안을 삭제하려면, 답안에 대고 클릭하시오. 지문을 다시 보려면 지문 보기를 클릭하시오.

참고 질문 내용은 지문에 따라 조금씩 다르지만, 보통 'Select the appropriate choices/sentences ~(적절한 보기/문장들을 선택하시오)'와 같이 제시된다.

배점은 크게 2점과 3점 문제로 나뉘며, 3점 배점 문제의 경우 7개 보기 중 선택한 5개 보기가 모두 정답인 경우 3점, 4개 보기가 정답이면 2점, 3개 보기가 정답이면 1점, 2개 보기가 정답이면 0점으로 부분 점수 처리가 된다. 2점 배점 문제의 경우, 5개 보기 중 선택한 4개 보기가 모두 정답인 경우 2점, 3개 보기가 정답이면 1점, 2개 보기가 정답이면 0점으로 부분 점수 처리가 된다.

Learning Strategies

◐ 1. 정답 선택 풀이 과정

Step 1 Fill in a Table(표 채우기) 유형이 나오면 어떤 범주에 대해서 묻는지 분류 기준을 먼저 확인한다.

Reading 지문은 다양한 구조로 글이 전개된다. 특정한 개념에 대한 정의, 설명, 예시, 어떤 현상이나 사건을 소개한 후 그 원인을 나열하거나 그에 따른 결과를 제시, 혹은 둘 이상의 대상을 비교하거나 대조하는 방식 등이 있다.

Step 2 지문을 읽으며 주요 내용들을 해당 분류 기준에 따라 노트테이킹한다.

분류 기준에 따라 해당 정보를 미리 적어 두면 문제를 풀 때 각 범주에 해당하는 알맞은 정보를 더욱 빠르고 쉽게 연결할 수 있다.

Step 3 오답 보기를 소거하며, 분류에 맞게 정답 보기를 연결한다.

각 선택지를 하나씩 읽어보면서 어떤 선택지가 지문에 언급되었는지 파악한 후 이 선택지가 들어갈 범주를 다시 확인한다. 정답 보기를 클릭하여 해당 범주 표 안의 [●] 옆으로 끌어다 놓는다. 걸러낸 오답이 지문에 언급되지 않은 내용인지 확인해 보도록 한다.

> **📖 Reading Tip**
>
> **출제 여부 미리 파악하기**
>
> Fill in a Table(표 채우기) 유형은 지문 속 언급된 사실과 일치하는 정보를 각각의 범주에 맞게 분류하는 문제로 Factual Information(사실 정보 찾기) 유형과 유사하다. 단, 한 단락이 아닌 전체 지문을 기준으로 문제가 출제되니 지문을 꼼꼼하게 읽어두지 않으면 다시 지문으로 돌아가 답을 찾아야 하기에 시간 부담이 크다. 그러므로, 각 지문의 마지막 문제로 표 채우기 유형이 출제되는지를 우선 파악해두는 것이 중요한 전략일 수 있다. 시험 시작 시 모니터 화면 우측 상단에 있는 Review 버튼을 누르면 전체 문제가 나열된다. 이를 통해 각 지문의 마지막 문제로 Prose Summary(산문 요약) 유형이 출제되는지, Fill in a Table(표 채우기) 유형이 출제되는지 미리 확인할 수 있다.

2. 오답 선택 풀이 과정

Step 1   View Text 버튼을 눌러 다시 지문을 읽는다.

Step 2   보기를 기준으로 지문을 찾아가며 왔다 갔다 읽는다.

Step 3   기억에 남는 단어들로 구성된 보기를 선택한다.

매력적인 오답

① 지문에 언급되지 않은 정보
② 각각의 범주와 관련 없는 정보

| Example

Types of Blood Cells

1 ➡ Blood is more than just a liquid that circulates through our bodies, since it serves a vital role and is extremely complex. Blood is a specialized circulatory tissue composed of various cell types that are transported by plasma, a 92%-water fluid. Red blood cells, white blood cells, and platelets are all found in the fluid that flows throughout our bodies. Red blood cells are oxygen-carrying cells that are red in color due to the presence of hemoglobin. White blood cells fight illness, while platelets are cell fragments that help clot blood when it is needed.

2 ➡ Red blood cells, commonly known as erythrocytes, account for 96% of all blood cells in human bodies. Unlike other cells, they lack a nucleus and organelles but contain hemoglobin. Hemoglobin is an iron-containing protein that functions to bind oxygen as it flows through the lungs, after which it is transported to the various tissues throughout the body. Therefore, insufficient circulation leads to an inadequate distribution of oxygen.

3 ➡ White blood cells, also known as leukocytes, are responsible for body defense and account for approximately 3% of total cells in human blood. Their primary function is to protect the body from illness, whether that illness originates from germs that come into the body from the outside or from diseases that originate from within, such as infections. When there aren't enough white blood cells, our immune systems can be weakened, making us susceptible to a variety of diseases. Platelets, also known as thrombocytes, make up one percent of the cells in human blood and play an important role in how blood clots. When a wound or other injury happens to the body, the platelets make a very small mesh of red blood cells. This keeps blood from leaving the body and germs from getting in.

4 ➡ Numerous and intricate biological systems produce and regulate blood. Blood cells are created in the bone marrow and are made of substances derived from the hormone glands and the liver. However, the major component of blood, plasma, is controlled by the brain and sustained by the kidneys. Over time, blood cells that were once new get used up, at which point they must be discarded. In order to do this, the kidneys degrade cells and release them through urine. Our blood is continually replenished through this process.

Directions: Complete the table by matching the phrases below. Select the appropriate phrases from the answer choices and match them to the category to which they relate. ONE of the answer choices will NOT be used. *This question is worth 2 points.*

Answer Choices	Red Blood Cells
Ⓐ are found in lesser quantities in the bloodstream	•
Ⓑ are essential for oxygen delivery throughout the body	•
Ⓒ break down cells and excrete them in the urine	**White Blood Cells**
Ⓓ do not possess the same structure as the rest of the body's cells.	•
Ⓔ eliminate pathogens that might cause illness in the body	•

Drag your answer choices to the spaces where they belong.
To remove an answer choice, click on it. To review the passage, click on **View Text**.

❶ Fill in a Table(표 채우기) 유형이 나오면 어떤 범주에 대해서 묻는지 분류 기준을 먼저 확인한다.

[분류 기준] Red Blood Cells vs. White Blood Cells

❷ 지문을 읽으며 주요 내용들을 해당 분류 기준에 따라 노트테이킹한다.

[노트]

Red Blood Cells	White Blood Cells
oxygen-carrying	fight illness
red (←hemo)	leukocytes
erythrocytes	body defense
96%	3%
Unlike others, nucl/organ X	protect the body from illness
hemo: iron-containing protein	aren't enough → immune system: weakened
bind oxygen/transport to tissues	

❸ 오답 보기를 소거하며, 분류에 맞게 정답 보기를 연결한다.

Ⓐ White Blood Cells

Ⓑ Red Blood Cells

Ⓒ 각각의 범주와 관련 없는 정보

Ⓓ Red Blood Cells

Ⓔ White Blood Cells

해석

혈액 세포 종류

1 ➡ 혈액은 중요한 역할을 하고 매우 복잡하기 때문에, 우리 몸을 순환하는 단순한 액체 그 이상이다. 혈액은 92퍼센트가 수분인 혈장에 의해 운반되는 다양한 세포 유형으로 구성된 특수한 순환 조직이다. 적혈구, 백혈구 및 혈소판은 모두 우리 몸을 흐르는 체액에서 발견된다. **B**적혈구는 헤모글로빈의 존재로 인해 붉은색을 띠는 산소 운반 세포이다. **E**백혈구는 질병과 싸우는 반면, 혈소판은 필요할 때 혈액을 응고시키는 데 도움이 되는 세포 조각이다.

2 ➡ 일반적으로 erythrocytes로 알려진 적혈구는 인체의 모든 혈액 세포의 96퍼센트를 차지한다. **D**다른 세포와 달리, 핵과 세포 기관이 없지만, 헤모글로빈을 포함하고 있다. **B**헤모글로빈은 폐를 통과할 때 산소를 결합하는 기능을 하는 철분 함유 단백질이며, 그 후 우리 몸의 다양한 조직들로 운반된다. 따라서, 순환이 불충분하면 산소가 제대로 분배되지 않는다.

3 ➡ 또한 leukocytes라 하는 백혈구는, 신체 방어를 담당하며 **A**인간 혈액에서 전체 세포의 약 3퍼센트를 차지한다. **E**그들의 주요 기능은 질병이 외부에서 몸으로 들어오는 세균에서 비롯되거나, 감염과 같은 내부에서 시작되는 질병에서 비롯된 질병으로부터 신체를 보호하는 것이다. 백혈구가 부족하면, 면역 체계가 약해져 다양한 질병에 걸리기 쉽다. 혈소판은 또한 thrombocytes이라고도 하며 인간 혈액에서 세포의 1퍼센트를 구성하며 혈액 응고에 중요한 역할을 한다. 상처나 다른 부상이 신체에 발생하면, 혈소판은 적혈구의 아주 작은 그물 조직을 만든다. 이것은 혈액이 몸을 떠나지 않고 박테리아가 들어오는 것을 막는다.

4 ➡ 수많은 복잡한 생물학적 시스템이 혈액을 생산하고 조절한다. 혈액 세포는 골수에서 만들어지며 호르몬 분비선과 간에서 얻은 물질들로 만들어진다. 그러나, 혈액의 주성분인 혈장은 뇌에 의해 조절되고 신장에 의해 유지됩니다. 시간이 지나면서 새롭던 혈액 세포는 소모되어 처리돼야만 한다. 이를 위해, 신장은 세포를 분해하고 소변을 통해 세포를 방출한다. 우리의 피는 이 과정을 통해 지속해서 보충된다.

지시문: 아래 문장들을 알맞게 넣어 다음 표를 완성하시오. 선택지 중 적절한 문장들을 골라 관계된 개념과 연결하시오. 선택지 중 한 개는 정답이 될 수 없다. *이 문제의 배점은 2점이다.*

선택지	적혈구
Ⓐ 혈류에서 더 적은 양으로 발견된다	Ⓑ
Ⓑ 몸 전체에 산소를 공급하는 데 필수적이다	Ⓓ
Ⓒ 세포를 분해하여 소변으로 배출한다	**백혈구**
Ⓓ 신체의 나머지 세포와 같은 구조로 되어 있지 않다	Ⓐ
Ⓔ 몸에 질병을 일으킬 수 있는 병원체를 제거한다	Ⓔ

어휘 circulate Ⓥ 순환하다[시키다] l vital 됐j 필수적인 l circulatory 됐j 혈액 순환의 l tissue ⓝ 세포 l plasma ⓝ 혈장 l red blood cell 적혈구 l white blood cell 백혈구 l platelet ⓝ 혈소판 l fluid ⓝ 액체, 유동체 l oxygen ⓝ 산소 l illness ⓝ 질병 l clot Ⓥ 엉겨서 응고하다, 덩어리지다 l commonly 됐v 흔히 l lack Ⓥ ~이 없다 l nucleus ⓝ 핵 l organelle ⓝ 세포기관 l bind Ⓥ 결속하다 l lung ⓝ 폐 l circulation ⓝ 순환, 유통 l inadequate 됐j 불충분한 l distribution ⓝ 분배 l germ ⓝ 세균 l infection ⓝ 감염, 전염병 l immune system 면역 체계 l weaken Ⓥ 약화시키다[되다] l susceptible 됐j ~에 약한 l wound ⓝ 부상 l injury ⓝ 부상, 상처 l intricate 됐j 복잡한 l bone marrow 골수 l derive Ⓥ ~에서 얻다 l liver ⓝ 간 l kidney ⓝ 신장 l discard Ⓥ 버리다 l degrade Ⓥ 분해되다[하다] l urine ⓝ 소변 l replenish Ⓥ 보충하다 l bloodstream ⓝ 혈류 l delivery ⓝ 전달 l excrete Ⓥ 배출하다 l possess Ⓥ 소유 l pathogen ⓝ 병원균

01

Photography as Art

1 ➡ The term "fine arts" refers to any form of art that either depicts beauty or appeals to people's aesthetic senses. However, some critics have questioned whether or not photographs can be considered works of art due to the widespread use of photography in mass-produced things such as calendars, magazines, and postcards. After much discussion, a distinction between commercial and fine art photography was finally agreed upon.

2 ➡ Fine art photography is a term used to describe high-quality photographic prints that express the artistic vision of a photographer. Typically, these images are published in limited quantities and sold to curators, dealers, and collectors. Occasionally, these prints will be displayed at an art gallery. The quality of fine art photography is subjective by its very nature. Images in fine art photography tend to be deliberately arranged and artificially illuminated, as opposed to spontaneously shot situations. Additionally, art photographers make books of their work to offset the enormous expenditures of certain projects. These volumes are aimed at collectors who attend their exhibitions in galleries. One such example may be seen in the publication titled "The Earth from Above," which was created by photographer Yann Arthus-Bertrand.

3 ➡ The purpose of commercial photography, on the other hand, is not artistic expression but rather the marketing of goods through mass manufacturing or distribution. These photographs are published in a variety of mediums, including magazines and newspapers. They are also used in the mass production of souvenir postcards, product advertisements, posters, and calendars. They are made primarily to bring in a profit and usually entail the collaboration of a large number of individuals. Commercial photographs are commonly commissioned by marketing firms, such as advertising agencies and publishing companies, with the intention of promoting certain items or locations. In the case of pictures published in newspapers, staged images are frowned upon, yet photographs used for product promotion are meticulously prepared to best represent the product.

Directions: Complete the table by matching the sentences below. Select the appropriate sentences from the answer choices and match them to the category to which they relate. TWO of the answer choices will NOT be used. *This question is worth 3 points.*

Answer Choices	Commercial Photography
(A) The emphasis is placed on expressing beauty for the sake of beauty itself.	• •
(B) The objective of this kind of photography is to capture the expressions of people who are frowning.	
(C) These photographs are made to order for a variety of businesses.	**Fine Art Photography**
(D) The photographs are expressions of the photographers' artistic perspectives and ideas.	•
(E) A limited number of copies of the photographs are created.	•
(F) These photographs are sold to curators, dealers, and collectors at a high price.	•
(G) The end outcome is the result of the work of many people.	

Test

Passage 1

Osmoregulation — Freshwater and Saltwater Fish

1 ➡ Water tends to move through semi-penetrable barriers and into solutions with higher concentrations of solvents, thus mixing both solutions and bringing their solvent levels to the same level. This tendency, known as diffusion, happens when molecules in a higher concentration migrate towards parts with a lower concentration. Fish make use of this natural occurrence during osmoregulation, the complicated process by which fish's bodies adjust the solvent concentration of their body fluids. The gill membranes of fish act as a semi-permeable barrier to remove substances between the blood in their bodies and the water that they are swimming in. Their kidneys also filter the blood, allowing excess water or salt to be eliminated through urine. This osmoregulation ensures that their body fluids are neither excessively dilute nor too concentrated.

2 ➡ Why, therefore, do the vast majority of fish only exist in fresh water or salt water if they are able to take advantage of osmoregulation? Freshwater and saltwater fish have evolved, complex systems to help the challenges posed by their respective environments. Salt content, or salinity, is clearly the most noticeable difference between the two habitats. The gill membranes of freshwater and marine fish have adapted to function in certain ranges of solvent concentrations, as the salt levels in their respective habitats are considerably different.

3 ➡ When it comes to osmoregulation, freshwater fish have a specific difficulty: keeping the appropriate salt balance in their bodies without drinking too much water. This is complicated by the fact that several substances can pass through the gill membrane at the same time. Nevertheless, freshwater fish are more likely to have lower salinity levels as the surrounding water continues to take the salt away from their bodies through diffusion. To counter this action, freshwater fish continuously drink water, which causes sodium ions to be extracted from their gills and then transported into the bloodstream. In addition, these fish have evolved a kidney that extracts water from the bloodstream and produces a steady flow of urine for the disposal of excess water. Most freshwater fish cannot survive in seawater since they would lose an excessive amount of water and risk becoming dehydrated from the salt.

4 ➡ In contrast, saltwater fish inhabit environments where salinity levels change rapidly. They get rid of this sodium through a few different means. First of all, their kidneys remove it by filtering the blood. They also make use of gill enzymes that enable them to expel excess salt from plasma. Despite the fact that these processes consume a lot of energy, they are essential for the organisms to survive in their salty environment. In addition, marine fish, even if they drink a similar amount of water, excrete much less urine than their freshwater relatives. This is because their gill membranes are much more permeable, allowing them to eliminate more water via osmosis. Although this may be viewed as advantageous, their bodies must control the quantity of sodium and water they consume in order to keep their body salinity at the right level.

5 ➡ In spite of the fact that these specific mechanisms render it difficult for freshwater fish to survive in salt water and for saltwater fish to survive in fresh water, there are a few species that can adapt their bodies to a wide salinity range. One good illustration of this is the salmon. Throughout its lifetime, it migrates between the sea and freshwater bodies at various points. Salmon are known to be born in fresh water but later migrate to seawater, which is where they spend the majority of their lives. Then, when it's time for them to reproduce, the fish migrate back into fresh water in order to mate and lay eggs.

TOEFL Reading

REVIEW | HELP ? | BACK | NEXT

1. **Directions:** Complete the table by matching the sentences below. Select the appropriate sentences from the answer choices and match them to the category to which they relate. TWO of the answer choices will NOT be used. *This question is worth 3 points.*

Answer Choices	Saltwater Fish
(A) They use a great deal of energy to remove salt from the bloodstream.	• • •
(B) They have a kidney that functions to remove water from the bloodstream.	
(C) They restrict water intake to maintain steady sodium ion levels.	
(D) They drink a lot of water and constantly excrete it in their urine.	**Freshwater Fish**
(E) They use a particular enzyme to help them maintain their salt levels.	• •
(F) They have a greater increase in water loss from the gill membranes due to osmosis.	
(G) During the mating season, they are able to inhabit both freshwater and saltwater environments.	

Drag your answer choices to the spaces where they belong.
To remove an answer choice, click on it. To review the passage, click on **View Text**.

III

Actual Test

Actual Test 1

Actual Test 2

Actual Test 1

정답 및 해설 ⏐ P. 50

Reading Section Directions

This section measures your ability to understand academic passages in English.

You will have 54 minutes to read and answer the questions about 3 passages.

Most questions are worth 1 point but the last question in each set is worth more than 1 point. The directions indicate how many points you may receive.

With each screen, you can go to the next question by clicking **Next**. You may skip questions and go back to them later. If you want to return to previous questions, click on **Back**.

You can click on **Review** at any time and the review screen will show you which questions you have answered and which you have not answered. From this review screen, you may go directly to any questions you have already seen in the Reading section.

You may now begin the Reading section.

Click on **Continue** to go on.

The Cretaceous-Paleogene Extinction

1. Which of the sentences below best expresses the essential information in the highlighted sentence? Incorrect answer choices change the meaning in important ways or leave out essential information.

(A) The Permian-Triassic extinction event was the greatest mass extinction in Earth's history, and it wiped out the dinosaurs and many other reptiles.

(B) The Cretaceous-Paleogene extinction event was not the largest one, but it was the most recent and is notable for being the period when most ancient reptiles became extinct.

(C) The Cretaceous-Paleogene extinction event caused the largest number of reptiles, including dinosaurs, to go extinct following the Permian-Triassic extinction event.

(D) The Cretaceous-Paleogene extinction event became the most famous extinction event because it annihilated all of the reptiles living on land and in the ocean.

2. The word "simultaneously" in the passage is closest in meaning to

(A) now and then
(B) at the same time
(C) frequently
(D) subsequently

1 ➡ Approximately 65 million years ago, over 75 percent of the species on Earth went extinct. This event, called the Cretaceous-Paleogene (K-Pg) extinction, was not the largest in the history of the world—the Permian-Triassic extinction event claimed over 83 percent of all species—but it is the most recent and best-known extinction event, and the one which eliminated dinosaurs, flying reptiles, and reptiles that lived in the ocean, thus ending the planet's age of reptiles. Many other marine species, including shellfish, fish, and phytoplankton, also went extinct. Likewise, the majority of terrestrial plants disappeared, as did most of the animals that fed upon them. The Cretaceous-Paleogene extinction event first came to the attention of paleontologists due to the fact that fossils of so many species abruptly disappeared above a certain layer of stone, which meant that they must have simultaneously died off due to some catastrophic event.

2 ➡ Scientists debated the cause of this extinction event for decades, and many theories have been suggested. Since so many of the terrestrial species were reptiles, one popular theory held that there had been an ice age that lowered average temperatures enough to force them into extinction. However, researchers recognized that this theory did not account for many of the other species that disappeared, and the extinctions occurred too rapidly for this to have been the cause. Another popular theory held that massive volcanic activity in what is now India may have poisoned the air and water. Later, geologists focused upon the layer of clay stone that is present in varying thicknesses at the K-Pg boundary throughout the world. Since this layer of stone is omnipresent, they reasoned it had to be of some significance. As it turned out, their suspicions proved correct. The stone in the layer contains 1,000 times more of the

3. According to paragraph 2, which of the following is NOT mentioned as an alleged cause of the extinction event?

   (A) climatic changes
   (B) intense volcanic eruptions
   (C) infectious diseases
   (D) asteroid or meteorite impacts

4. Which of the following can be inferred from paragraph 2 about high levels of iridium?

   (A) They were widespread at the end of the Cretaceous Period.
   (B) They caused air and water on Earth to become polluted.
   (C) They could not have been generated by volcanic eruptions.
   (D) The toxic levels of iridium could have killed many of the terrestrial species.

5. The word "hastened" in the passage is closest in meaning to

   (A) shifted
   (B) proved
   (C) hurried
   (D) launched

6. Why does the author mention fern spike?

   (A) To explain why the asteroid impact affected land plants
   (B) To suggest that there were several land plants that had survived the volcanic eruption
   (C) To indicate that there was a sudden and dramatic climatic catastrophe
   (D) To put forward strong evidence that supports the asteroid impact theory

element iridium than the stone layers above and below it, which is astounding considering how rare iridium is on Earth. However, the element is plentiful in meteors and asteroids.

3 ➡ Based upon the elevated levels of iridium that they found, the geologists estimated that an asteroid ten kilometers wide could have struck Earth. Such an impact would have unleashed mega-tsunamis, caused widespread earthquakes and volcanic eruptions, ignited firestorms across the globe, and thrown debris into the atmosphere capable of blocking out all sunlight and severely lowering temperatures. The massive extinctions that occurred could definitely have been caused or hastened by this event, and two aspects of the high rate of plant extinctions provide confirmation. The extensive die-off of phytoplankton and the dramatic reduction of pollen from flowering plants indicate that sunlight was severely reduced. Meanwhile, there was a sudden proliferation of fern fossils above the layer. Ferns are very primitive land plants, and scientists have observed that they often are the first to reclaim land scorched by volcanic activity in what is called a fern spike. Their growth spike and diversification show that most other land plants had disappeared.

4 ➡ Ferns were not the only organisms that survived the extinction event, and the organisms that did survive reveal much about what conditions were like after the impact. The ancestors of modern crocodilians and turtles survived because they didn't need to feed very often and could go months or years without eating. [■A] They also lived in and around shallow water, which protected them from some of the direct effects of the impact. [■B] Birds and mammals not only survived the disaster, but also went on to fill many of the niches that reptiles had left open. [■C] Although many species of insects and other invertebrates also went extinct, the ones that made it through the destruction were the first animals to flourish and replenish their numbers. [■D] The

7. Select the TWO answer choices that, according to paragraph 4, allowed the ancestors of modern reptiles to survive despite the severity of the extinction event. *To receive credit, you must select TWO answers.*

    (A) The birds and mammals they fed on flourished.

    (B) They were able to live without eating for a long time.

    (C) The shallow water they lived in protected them from the direct effects of the impact.

    (D) The detritivores had a new advantage for their survival.

8. According to paragraph 5, why was the extinction more severe among animals living in the open ocean than those living on or in the sea floor?

    (A) Because they needed sunlight for their survival.

    (B) Because they failed to switch to feeding on detritus.

    (C) Because they were dependent on phytoplankton as primary producers.

    (D) Because their land-based counterparts started to compete with them for food.

invertebrates that survived were a species known as detritivores, which fed on decaying plant and animal matter.

5 ➡ Detritivores such as earthworms had a vast amount of food, and their populations exploded soon after the impact. In some areas, mudstone full of worm tunnels lies above the K-Pg layer, showing that these animals were among the first to recover. They became the basis for a new food chain along with insects and fungi. Many of the mammals, birds, and small reptiles and amphibians ate the detritivores and were in turn eaten by larger predators. Over time, flowering plants and conifers reclaimed their former territories, and the normal food chains returned. But in the years following the asteroid strike, the animals that did best were the omnivores, insectivores, and scavengers. On the land, most organisms that were purely herbivores were doomed to starvation, since plant life was so severely affected. Animals that were purely carnivorous faced a similar fate since most of their prey was herbivorous. In the seas, herbivores and carnivores that lived in the open ocean suffered much like their land-based counterparts because phytoplankton was the primary producer in their food chain, which collapsed after the plankton was nearly wiped out. The organisms that lived on or in the sea floor fared better, as they were also detritivores.

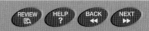

9. Look at the four squares [■] that indicate where the following sentence could be added to the passage.

Many of the mammals lived in underground burrows that shielded them, and they ate mostly insects, as did the birds.

Where would the sentence best fit?

Click on a square [■] to add the sentence to the passage.

10. **Directions:** An introductory sentence for a brief summary of the passage is provided below. Complete the summary by selecting the THREE answer choices that express the most important ideas in the passage. Some sentences do not belong in the summary because they express ideas that are not presented in the passage or are minor ideas in the passage. **This question is worth 2 points.**

Drag your answer choices to the spaces where they belong.
To remove an answer choice, click on it. To review the passage, click on **View Text**.

About 65 million years ago, the most recent mass extinction in Earth's history occurred, removing about three quarters of the world's species.

-
-
-

Answer Choices

(A) The Permian-Triassic extinction event was the most devastating in the world's history, eliminating over 80 percent of all species.

(B) Scientists suggested many theories to explain the extinction event, but most were discounted because they couldn't account for its scale and rapidity.

(C) Finding high levels of iridium at the boundary where so many of the species disappeared suggested that Earth and an asteroid had violently collided.

(D) A collision with an asteroid would have triggered tsunamis, earthquakes, and huge fires and changed global temperatures by blocking out all sunlight.

(E) Scientists also found a high concentration of ferns, which is evidence that something wiped out nearly all of the plants on Earth.

(F) Following the mass extinction event, there was a rapid rise of new groups of organisms that filled ecological niches left open by the extinction of certain species.

Passage 2

Dormancy and Survival

1 ➡ Many organisms enter a period in their life cycles when growth, development, and physical activity are temporarily halted in order to conserve energy by limiting their rates of cellular growth. This dormancy is typically brought about by environmental factors such as extreme temperature change and a lack of available food. By entering a dormant state, animals can survive conditions that would ultimately kill them if they maintained their normal activity levels. In regions where the winter is particularly long and cold, animals enter a state called hibernation, and in regions with long and hot summers, they enter a state called aestivation. Both of these mechanisms are employed by animals that have reached their final stage of development, but some organisms can arrest the development of their young when conditions are unfavorable. This survival technique is called diapause, and while most of the species that utilize it are invertebrates, there are some higher life forms that use it as well.

2 ➡ Dormancy is often a response to predictable environmental conditions, such as extreme but regular seasonal temperature changes and wet and dry seasons, and since these conditions occur at regular intervals, the animals are able to predict when they will begin based upon phenomena that occur around the same time as conditions begin to change. For example, as the seasons shift from summer to autumn, animals can observe the gradual shortening of daytime and lowering of temperature. [■A] These serve as indicators of winter's approach, and they signal for animals that hibernate to increase their food intake to put on extra fat, providing them with sustenance during their long sleep. [■B] Other mammals use diapause to ensure that they and their young survive the winter. [■C] Roe deer mate in the early autumn, but the females delay implantation of the embryo so that

11. According to paragraph 1, diapause differs from other forms of dormancy because

   Ⓐ it protects the organism from seasonal climatic changes

   Ⓑ it involves delaying the development of immature organisms

   Ⓒ it is used by animals without backbones

   Ⓓ it is typically employed by organisms to endure arid conditions

12. Which of the following best expresses the essential information in the highlighted sentence? Incorrect answer choices change the meaning in important ways or leave out essential information.

   Ⓐ Animals can predict when regular changes in their environment occur because they are able to recognize natural phenomena that take place as conditions start to change.

   Ⓑ Dormancy is used to survive normal seasonal changes in temperature and rainfall, and the animals can predict when they will start it through regularly occurring changes.

   Ⓒ Animals often use their dormant states to endure sudden unexpected changes in temperature and precipitation.

   Ⓓ Many organisms enter a dormant state in advance of seasonal changes in their environment that they instinctively recognize.

Actual Test 1

13. What can be inferred from paragraph 2 about roe deer?

   Ⓐ To make certain their young survive, they use diapause following the freezing winter conditions.

   Ⓑ They increase their body fat in the fall to help them survive the winter.

   Ⓒ They are an unusual type of deer because of when they mate.

   Ⓓ They are mammals that do not hibernate in the winter.

14. According to paragraph 3, aestivation is

   Ⓐ primarily used by animals living in arid environments

   Ⓑ a survival tactic employed by many large mammals

   Ⓒ typically found in areas that have predictable seasonal changes

   Ⓓ common where temperatures often drop suddenly

15. The word "severity" in the passage is closest in meaning to

   Ⓐ harshness

   Ⓑ suddenness

   Ⓒ remoteness

   Ⓓ unexpectedness

16. Why does the author mention the spadefoot toad of the Sonoran Desert?

   Ⓐ To give an example of an organism with an unpredictable resting stage during the harsh conditions

   Ⓑ To indicate that amphibians are extremely resistant to dry conditions

   Ⓒ To illustrate how effective using aestivation is in unpredictable conditions

   Ⓓ To show that the spadefoot toad builds up a tolerance for high temperatures

their offspring will be born in the early summer, when food is plentiful. [■D]

3 ➡ Aestivation is also used in regions where there are predictable seasonal changes, but it is more useful in climates with unpredictable changes. Organisms that enter their dormancy after conditions have changed use what is called consequential dormancy. Such organisms tend to live in semi-arid and desert habitats, where a sudden increase in temperature can quickly eliminate both food and water sources. When this occurs, many animals will die, but those who can enter dormancy have a better chance of surviving until temperatures cool and water returns. Few amphibians can live in deserts, but the spadefoot toad of the Sonoran Desert uses aestivation to endure the severity of its environment. When its watery home disappears, this toad uses its shovel-shaped rear feet to bury itself up to a meter underground. It forms a cocoon of dead skin and mud where it sleeps until it rains again. Some small mammals also use aestivation to cope with unpredictable weather conditions, but this technique is not helpful for larger mammals.

4 ➡ The Outback of Australia is well-known for its arid climate and unpredictable weather changes. When confronted by unusually dry conditions, the red kangaroo of Australia relies upon diapause to ensure its survival. Once they reach breeding age, female red kangaroos are in a nearly constant state of pregnancy. Since they are marsupials, they give birth when their babies are only partially developed. The young joey climbs up to and into its mother's pouch, where it attaches to one of her teats and begins feeding. Once that occurs, the mother quickly becomes ready to mate again. Once her egg is fertilized, she puts the new embryo into stasis. When the older sibling is old enough to leave the pouch, the younger sibling begins to develop again, and the cycle continues. Because female red kangaroos already use embryonic diapause in their normal reproductive cycle, they can also

17. According to paragraph 4, which of following is NOT true about female red kangaroos?

 (A) They are constantly pregnant for most of their lives.

 (B) They can halt the growth of their young at each stage of development.

 (C) They have control over their reproductive cycle.

 (D) They can nurture young that are different ages at the same time.

18. According to paragraph 5, young spadefoot toads

 (A) can remain dormant underground for many years

 (B) enter diapause soon after they have grown their legs

 (C) mature at an extremely rapid rate compared to other amphibians

 (D) are born before their mothers emerge from the ground

employ it when there is little food available. In addition, females will only conceive when there has been enough rainfall to provide sufficient green vegetation to keep the mother alive and able to produce enough milk for her young.

5 ➡ Although the spadefoot toad utilizes aestivation to survive droughts, it does not use diapause in its reproductive cycle. Adult toads may remain in their underground cocoons for many years between rainstorms, and toad eggs are fertilized outside of the mother's body, so that would not be feasible. Instead, adults emerge once rain has fallen, mate immediately, and lay their eggs in the temporary pools that the rain has created. Most toads and frogs have young that take many weeks to develop from egg to adult, but spadefoot toad young mature with astonishing rapidity, hatching within 48 hours and developing legs within ten days.

19. Look at the four squares [■] that indicate where the following sentence could be added to the passage.

Hibernation is almost exclusively used by mammals, although a few birds may hibernate as well.

Where would the sentence best fit?

Click on a square [■] to add the sentence to the passage.

20. **Directions:** An introductory sentence for a brief summary of the passage is provided below. Complete the summary by selecting the THREE answer choices that express the most important ideas in the passage. Some sentences do not belong in the summary because they express ideas that are not presented in the passage or are minor ideas in the passage. ***This question is worth 2 points.***

Drag your answer choices to the spaces where they belong.
To remove an answer choice, click on it. To review the passage, click on **View Text**.

Many organisms use dormancy to survive periods when conditions in their environments become hostile.

-
-
-

Answer Choices

Ⓐ Aestivation is typically used by animals that live in areas where conditions can suddenly worsen.

Ⓑ Most amphibians use either hibernation or aestivation to survive the winter months.

Ⓒ Female red kangaroos generally give birth to several baby kangaroos at the same time.

Ⓓ Mammals are the only animals that use hibernation because they can't control their internal temperature.

Ⓔ Some animals have developed a resistant stage, known as diapause, as part of their life cycles in order to adapt to adverse environments.

Ⓕ Hibernation is used by species that live in areas where winter conditions are consistent and predictable.

Passage 3

21. According to paragraph 1, the land bridge that connected Asia to North America

   Ⓐ was eventually destroyed by the creation of the ice sheets

   Ⓑ linked the continents until around 3,000 years ago

   Ⓒ formed when the ocean levels were lowered during the ice age

   Ⓓ was a narrow isthmus that only linked the continents for a short time

22. Which of the following is NOT mentioned in paragraph 2 about Clovis points?

   Ⓐ They have been found throughout the Americas, from Alaska to Venezuela.

   Ⓑ They were first discovered in Clovis, New Mexico around 1930.

   Ⓒ They were well-designed stone points, far superior to those from Northeast Asia.

   Ⓓ They were thought to be evidence of the first culture in the Americas.

Beringia and Migration

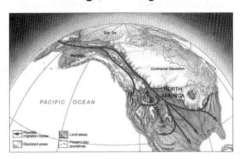

1 ➡ Native Americans are believed to have emigrated from Siberia to North America around 14,000 to 20,000 years ago via a land bridge that now lies beneath the waves of the Bering Strait. The Northern Hemisphere looked very different during the Pleistocene Ice Age, with much of Canada, Alaska, Europe, and Asia covered by ice sheets up to 3,000 meters thick. These vast expanses of ice removed a huge amount of water from the oceans, resulting in sea levels that were up to 100 meters lower than they are today. The coastlines were far from where they are currently located, and much of what is under water today was dry land. At that time, Asia and North America were connected by a land bridge that was over 1,000 kilometers wide in some places, referred to as Beringia. As the ice began to recede, a corridor opened up in Canada that allowed people from Siberia to pass through Beringia and head south.

2 ➡ The first person to suggest that Asians had migrated to the Americas was a Spanish missionary named Jose de Acosta in 1590. He reckoned from his decades spent among the native peoples of South and Central America that they were related to Northeast Asians. The first confirmation of this hypothesis came from spear points found in Clovis, New Mexico around 1930. These finely-crafted stone spear points were identical to artifacts that had already been located in Alaska, and they have

23. Which of the following best expresses the essential information in the highlighted sentence? Incorrect answer choices change the meaning in important ways or leave out essential information.

   Ⓐ The Clovis points made in Canada were well-preserved and could be used to infer how people traveled to Texas when the passage through the ice was open.

   Ⓑ Strong evidence indicated that Clovis points were first found in Texas, and they were about 13,500 years old.

   Ⓒ The most precisely dated Clovis points were found in Texas, and they were made around the time people could have passed through Canada.

   Ⓓ Clovis points were invented in Asia, and brought to the Americas through the ice passage in Canada.

24. The word "alternative" in the passage is closest in meaning to

   Ⓐ average

   Ⓑ different

   Ⓒ continuous

   Ⓓ uncontrolled

25. Why does the author discuss blood types?

   Ⓐ To support the claim that the migration took place far earlier than was originally supposed

   Ⓑ To show how different Native Americans are from Asians

   Ⓒ To illustrate how modern Native Americans differ from their ancestors

   Ⓓ To provide further proof that the Clovis culture was the first to arrive

since been found all over North America and as far south as Venezuela. The most reliably dated Clovis points were found in Texas and are over 13,500 years old, which corresponds to the existence of the passage through the ice in Canada that would have allowed people from Asia to pass through to populate the Americas. Taken together, all of this information was interpreted to mean that the people of the Clovis culture were the first Native Americans.

3 ➡ However, recent research has shown that while the Clovis culture may have been important, it most likely was not the first in the Americas. Evidence seems to indicate that the ancestors of Native Americans left Asia much earlier than previously thought. A settlement was discovered in Monte Verde, Chile that contained evidence of house building, rock painting, and tool making, and even had preserved human footprints. These artifacts date to before the passage through the ice sheets, which means that the people must have taken an alternative route. Many scientists think that they must have traveled along the West Coast, perhaps by using small boats. Artifacts found in a coastal cave in Oregon clearly point to humans being there before the Clovis culture arrived. There is also biological data that conflicts with the traditional migration theory. Nearly all modern Native Americans have type O blood, and a few have type A, but virtually none have type B. Since modern Asian populations contain all three types, the migrations to North America must have begun before type B blood had evolved, which geneticists believe occurred about 30,000 years ago. DNA studies of Native Americans and Northeast Asians also show that the two groups split up around 25,000 years ago.

4 ➡ These facts demonstrate that there were people in the Americas before the Clovis culture, and those people lived in isolation from their Asian kin for around 10,000 years before they entered the Americas. [■A] For them to stay in Beringia for so long, it must have been a much

26. Which of the following can be inferred from paragraph 4 about Beringia?

    (A) The ground was rocky and dotted with cold lakes

    (B) All of the mammal species there still exist today.

    (C) Different types of pollen-producing plants became available in the area.

    (D) It had vegetation that could support life.

27. The word "inhospitable" in the passage is closest in meaning to

    (A) not familiar

    (B) not dependable

    (C) not reachable

    (D) not suitable

28. According to paragraph 5, analysis of the Na-Dene language family shows that

    (A) it was derived from the Yeniseian language family

    (B) it developed in isolation for thousands of years

    (C) it bears little resemblance to any known Asian language

    (D) it is the source language of all Native American languages

different environment from the inhospitable passage they'd encountered through Canada, which was rocky with cold lakes and few plants or animals. [■B] To reconstruct the Beringian environment, scientists drilled into the sea floor in the Bering Sea. [■C] The cores that they removed included soil from when the land was above water, and it contained plant fossils and pollen. [■D] The region would also have been warm in the summer with cold, dry winters, so it could have easily supported nomadic people.

5 ➡ Further support for Beringia being not only a bridge but also a homeland comes from the analysis of languages that are still spoken in Asia and North America. Linguistic researchers analyzed languages in the North American Na-Dene family and languages in the Asian Yeniseian family. It was already accepted that the languages were related prior to their analysis, but it had been assumed that the parent language of both Yeniseian and Na-Dene languages had originated in Asia and been brought to North America. However, their computer models indicate that their parent language probably originated in Asia and was brought to Beringia, where the ice sheets halted migration further east for thousands of years. When the ice sheets began to recede and sea levels rose, the people in Beringia were forced to leave. Some of them returned to Asia, while the rest migrated further into the Americas.

29. Look at the four squares [■] that indicate where the following sentence could be added to the passage.

    They must have used Beringia not merely as a bridge to a new continent, but as a home for thousands of years.

    Where would the sentence best fit?

    Click on a square [■] to add the sentence to the passage.

30. **Directions:** An introductory sentence for a brief summary of the passage is provided below. Complete the summary by selecting the THREE answer choices that express the most important ideas in the passage. Some sentences do not belong in the summary because they express ideas that are not presented in the passage or are minor ideas in the passage. **This question is worth 2 points.**

    Drag your answer choices to the spaces where they belong.
    To remove an answer choice, click on it. To review the passage, click on **View Text**.

    Native Americans migrated through a land bridge that connected Asia to North America.

    -
    -
    -

    Answer Choices

    (A) The hypothesis that Asians were the ancestors of Native Americans was first proposed by a Spanish missionary.

    (B) Nearly all Native Americans have type O blood, and none of them have type B.

    (C) Although the Clovis culture was important, they were not the first group to reach the Americas.

    (D) Clovis points have been found everywhere from Alaska to Venezuela, showing how people spread across the Americas.

    (E) Beringia had a hostile environment, so people who migrated through it did not stay there for long.

    (F) The people who migrated to North America stayed in Beringia for thousands of years.

Actual Test 2

정답 및 해설 ㅣ P. 57

Reading Section Directions

This section measures your ability to understand academic passages in English.

You will have 54 minutes to read and answer the questions about 3 passages.

Most questions are worth 1 point but the last question in each set is worth more than 1 point. The directions indicate how many points you may receive.

With each screen, you can go to the next question by clicking **Next**. You may skip questions and go back to them later. If you want to return to previous questions, click on **Back**.

You can click on **Review** at any time and the review screen will show you which questions you have answered and which you have not answered. From this review screen, you may go directly to any questions you have already seen in the Reading section.

You may now begin the Reading section.

Click on **Continue** to go on.

1. It can be inferred from paragraph 1 that

    (A) larger animals rely upon camouflage less than smaller ones

    (B) animals employ camouflage primarily for hiding from predators

    (C) camouflage is chiefly used by predatory species to attack their prey

    (D) most aquatic insects camouflage themselves as inedible objects

2. According to paragraph 2, aquatic insects use countershading because

    (A) it makes them difficult to see from the sides

    (B) they need to blend in with the water around them

    (C) it allows them to hunt and attack their prey more easily

    (D) they are vulnerable to attack from two directions

3. According to paragraph 2, all of the following are true EXCEPT:

    (A) Popham failed to consider a third explanation for his observation.

    (B) Popham conducted experiments to test his hypothesis.

    (C) Popham found that water boatmen choose their ponds completely randomly.

    (D) Popham's calculations ruled out the possibility of coincidence.

Aquatic Insect Camouflage

1 ➡ Some species utilize some form of camouflage, which helps them avoid being seen by predators or their own prey. [■A] This is particularly true for insects and other small animals. [■B] The degree and type of camouflage can vary greatly depending on the environment an animal lives in and how completely it needs to avoid detection. [■C] Some insects have camouflage so complete that it makes them look like inedible objects that are of no interest to their predators. [■D] Most insects, however, have bodies that are colored and patterned in ways that allow them to blend in with the dominant background colors of their environment. A few aquatic insects have natural camouflage that makes them appear to be inedible objects, while others affix sand or plant matter to their bodies to hide, but most are colored to blend in.

2 ➡ Unlike their land-based cousins, insects that live in the water may be attacked from above or below. Therefore, aquatic insects often use countershading, where their upper side is a darker shade to blend in with the bottom and their lower side is lighter to blend in with the sky. One aquatic species that uses countershading very effectively is the water boatman. Water boatmen live in shallow ponds where light reaches all the way to the muddy bottom, so their upper shading is brown. When English entomologist E.J. Popham studied water boatmen, he found that insects living in eight different ponds all matched the colors of the muddy bottoms of their respective ponds fairly closely. According to his calculations, the frequency with which the bugs' coloring matched their ponds was far too high to be a coincidence. He reasoned that they must have either chosen ponds that matched their colors, or chosen ponds randomly, after which the ones that did not match the background were

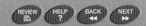

4. The word "deliberately" in the passage is closest in meaning to

   (A) individually

   (B) on purpose

   (C) eventually

   (D) surprisingly

5. What is the function of paragraph 3 as it relates to the rest of the passage?

   (A) It gives another example of a species that uses an adaptation well.

   (B) It provides background information about a person that was mentioned.

   (C) It details the experiments mentioned in the previous paragraph.

   (D) It introduces a scientist whose theories contradicted the previous one.

6. Why does the author mention cephalopods?

   (A) To compare their abilities to those of water boatmen

   (B) To illustrate why camouflage is a necessary tactic for many organisms

   (C) To indicate which predators water boatmen usually hide from

   (D) To provide an example of a well-known user of camouflage

7. According to paragraph 4, fish eat dark midge larvae more than phantom midge larvae because the dark ones

   (A) are easier to see

   (B) are less aggressive

   (C) tend to be more mobile

   (D) prefer to live in still water

eliminated. His experiments revealed that the former explanation was correct, and that there was an unexpected third possibility.

3 ➡ Popham's experiments showed that water boatmen deliberately chose to live in ponds that matched their own coloring as closely as possible. When he placed the bugs in tanks that were very different colors, they would become agitated and try to fly away to find a better home. They never tried to relocate if the color was a close match. He also placed the bugs into tanks that had the bottom painted into three differently colored sections. When he placed water boatmen into these tanks, the bugs moved around until they determined which color most closely matched their bodies and settled in that area. He also learned that water boatmen can change their color to better suit their environment. Although they cannot immediately alter their appearance, like cephalopods such as octopi or cuttlefish, they can transform when they molt. The bugs are born from their eggs as tiny versions of the adults, called nymphs. As they grow, they periodically shed their skin until they reach full size. Popham placed light-colored nymphs into a dark-colored tank, and by the time they were adults, 75 percent matched the background.

4 ➡ Other aquatic insects take a different approach to blending in. Since camouflage is essentially a way to become invisible, some insects simply have very little pigment in most of their bodies. The larvae of the phantom midge fly live in shallow pools where any coloration would be of little use, so their bodies are almost entirely transparent. When scientist Jan Stenson was studying the larvae, he learned that the key to the survival of phantom midge larvae was their lack of coloration. Stenson removed the fish that ate the larvae from the pools they live in, and their population increased. They were also joined by a related species that had yellow-brown tinted bodies. Since these larvae were not present when there were fish in the pools,

8. The word "transparent" in the passage is closest in meaning to

Ⓐ full

Ⓑ bright

Ⓒ dark

Ⓓ clear

he reasoned that the fish must have preyed on them more. However, the darker species was also more active, so he had to determine if the fish were more attracted by coloration or movement. He took the transparent larvae and colored their bodies to match the naturally darker species. Then he placed both kinds of larvae into tanks with fish, which proceeded to attack the larvae equally. Since movement did not make the fish more likely to eat the normally darker larvae, he reasoned that color was the determinant.

9. Look at the four squares [■] that indicate where the following sentence could be added to the passage.

   For example, some types of praying mantis look exactly like leaves, and some caterpillars look remarkably like bird droppings.

   Where would the sentence best fit?

   Click on a square [■] to add the sentence to the passage.

10. **Directions:** An introductory sentence for a brief summary of the passage is provided below. Complete the summary by selecting the THREE answer choices that express the most important ideas in the passage. Some sentences do not belong in the summary because they express ideas that are not presented in the passage or are minor ideas in the passage. *This question is worth 2 points.*

   Drag your answer choices to the spaces where they belong. To remove an answer choice, click on it. To review the passage, click on **View Text**.

   Aquatic insects use camouflage to blend in with their environment just like the majority of other small organisms.

   -
   -
   -

   Answer Choices

   Ⓐ Most aquatic insects rely on countershading because they need to match both what is above and what is below them.

   Ⓑ Most organisms that live in the water use camouflage that makes them resemble inedible objects.

   Ⓒ Water boatmen are capable of flying to find a better enviromment, which is unusual for aquatic insects.

   Ⓓ Popham conducted experiments that revealed how water boatmen match their environment.

   Ⓔ Fish are more attracted to darker midge larvae because they move more than lighter ones.

   Ⓕ Phantom midge larvae have transparent bodies that make it hard for predators to see them.

Dvaravati Kingdom

1 ➡ The first civilization to fully embrace Buddhism in Southeast Asia was the Dvaravati civilization in what is now central and northeastern Thailand. Buddhist missionaries sent by Emperor Ashoka of India first arrived in the region in the third century BCE, but the religion did not become a government-sanctioned one until the Dvaravati Kingdom came into existence. Little is known about this civilization with absolute certainty, especially regarding the boundaries of the nation or where its capital or capitals were located. It had a definable culture, but it seems never to have developed into an empire. However, the many artworks and artifacts that have been attributed to the culture indicate that the people occupied a large area with many cities, which allowed them to take advantage of overland trade routes between the Gulf of Martaban and the Gulf of Siam. The inscriptions found on their artworks and buildings indicate that they used the Mon language, and that they controlled the region from the sixth to the ninth century.

2 ➡ The dispersal of sites and the myriad objects discovered at them have provided researchers with most of the information that exists about the civilization. The name Dvaravati is derived from a coin that was discovered in the most densely populated area and had writing on it that said, "Lord of Dvaravati." The densest concentration of people in the region appears to have been along the edges of the central plain of Thailand, and the oldest settlements are also found in this area. Other villages are found along paths that extend into Myanmar to the west, Cambodia to the east, and the Khorat Plateau to the northeast. The locations of these sites and the foreign artifacts that were found in them, such as beads, lamps, and coins suggest that these paths were ancient trade routes. Despite the fact that the Dvaravati Kingdom never

11. According to paragraph 1, which of the following is true about Dvaravati Kingdom?

   Ⓐ The Dvaravati Kingdom was a powerful empire for many centuries.

   Ⓑ The kingdom's location allowed it to exploit overland trade routes.

   Ⓒ The capital city of the Dvaravati was located on the coast of the Gulf of Siam.

   Ⓓ The Dvaravati people resisted the influence of foreign cultures.

12. What can be inferred from paragraph 1 about Buddhism?

   Ⓐ It quickly spread throughout Southeast Asia.

   Ⓑ It became the official religion after the Dvaravati kingdom took shape.

   Ⓒ The emperor of the Dvaravati sent delegates to India in the third century BCE, and they brought back the Buddhist religion.

   Ⓓ The king of the Dvaravati converted to Buddhism after he met Indian missionaries in the third century BCE.

13. The word "dispersal" in the passage is closest in meaning to

   Ⓐ relocation

   Ⓑ migration

   Ⓒ distribution

   Ⓓ population

14. Why does the author mention a specific coin?

    (A) To prove that the Dvaravati were one of the first Asian cultures to use money

    (B) To give an example of people's skill at working with metal

    (C) To show how widespread the cultures the Dvaravati traded with were

    (D) To explain the origin of the name given to the culture

15. The word "configuration" in the passage is closest in meaning to

    (A) arrangement

    (B) fortification

    (C) location

    (D) environment

16. According to paragraph 3, which of the following is NOT mentioned about Dvaravati settlements?

    (A) They generally had a round shape.

    (B) They had large populations.

    (C) They were supported mainly by trade.

    (D) They contained religious buildings.

17. Paragraph 3 supports which of the following ideas about Buddhist artifacts?

    (A) The inscriptions on them dealt with religious matters, particularly the deeds of the gods.

    (B) They show how much influence their contact with India had.

    (C) By using them, the relationship between Sanskrit and the Mon script may be figured out.

    (D) The need to keep records of them led to the use of clay tablets.

developed much political influence, it appears to have been important both economically and culturally.

3 ➡ The archaeological evidence that links all of these sites as parts of the Dvaravati Kingdom indicates their general configuration and their wealth of Buddhist artifacts. First of all, the towns usually had a circular or oval shape with fortified earthen walls and moats surrounding them. They covered up to ten square kilometers, which suggests that they had sizable populations. The people who lived in the cities were probably supported by the farmers who lived in the countryside around them. The urbanites were often merchants who traded in metals, timber, textiles, and spices. The cities also contained large religious complexes, most of which were built as or converted into Buddhist temples. The inscriptions found in the cities do not yield much insight into local history, but many are written in Sanskrit, which is an ancient Indian writing system. This shows that they adopted more than just their religion from South Asia. Many of the inscriptions were found on Buddhist sculptures that were carved from stone or made of terracotta. These distinctive sculptures are unique to the region, but they do show heavy influence from India. Most sites also contain scores of small clay tablets that had images of Buddha. What is most significant about the tablets is that they were written in both Sanskrit and the Mon script.

4 ➡ The settlements and artifacts that have been found attest to the size of the Dvaravati Kingdom, but its true extent and borders remain unknown. [■A] This is due in part to the fact that its ethnic composition and political structure are not well defined. [■B] The Mon people are thought to have originated in western China, and they moved into the peninsula under pressure from the Chinese Empire. [■C] By the sixth century, they had developed into an independent entity, but their sovereignty was short-lived. [■D] In the 10th century, the Burmese conquered

18. According to paragraph 4, which culture replaced the Dvaravati?

Ⓐ Thais

Ⓑ Chinese

Ⓒ Khmer

Ⓓ Burmese

them; from the 11th to the 13th century, they were dominated by the Khmer; and in the 13th century, the Thai empire absorbed them completely. However, although the Dvaravati were politically weak, they managed to maintain their customs and religion. The Dvaravati received distinctive culture through early contact with India, and they proceeded to disseminate Indian art, literature, and religion throughout Southeast Asia. When a nation is conquered, it will typically adopt aspects of the subjugator's culture, but the writing systems, literature, art, government, and religions of the Burmese, the Khmer, and the Thais were all influenced by the Dvaravati. Indeed, all of these cultures are still primarily Buddhist today.

19. Look at the four squares [■] that indicate where the following sentence could be added to the passage.

Nevertheless, what is known about Dvaravati's history comes from brief references in historical documents written by their neighbors.

Where would the sentence best fit?

Click on a square [■] to add the sentence to the passage.

20. **Directions:** An introductory sentence for a brief summary of the passage is provided below. Complete the summary by selecting the THREE answer choices that express the most important ideas in the passage. Some sentences do not belong in the summary because they express ideas that are not presented in the passage or are minor ideas in the passage. **This question is worth 2 points.**

Drag your answer choices to the spaces where they belong.
To remove an answer choice, click on it. To review the passage, click on **View Text**.

The Dvaravati people were the first culture in Southeast Asia to become a Buddhist nation.

-
-
-

Answer Choices

(A) The Dvaravati originated in western China and moved to the peninsula to avoid the Chinese empire.

(B) Most of what is known about the Dvaravati comes from archaeological finds.

(C) The Dvaravati Kingdom was influenced greatly by the cultures of the nations that governed it.

(D) The various sites that are associated with the Dvaravati share many common aspects.

(E) The Dvaravati were responsible for spreading Indian culture throughout Southeast Asia.

(F) The sculptures that were produced by the Dvaravati show how much India had influenced them.

Actual Test 2

Passage 3

Large Impact Events

1 ➡ The surfaces of Earth and other terrestrial planets have been molded by both internal forces, including volcanism and plate tectonics, and external forces, including weathering and impact events with celestial objects. Plate tectonics and weathering are gradual processes that are usually imperceptible except when measured over sufficiently long periods of time, but volcanic eruptions and impact events are sudden and often catastrophic. Earth is constantly showered with debris from space, but the majority of that material burns up in the atmosphere due to frictional heating. Therefore, scientists once believed that impact events did not contribute greatly to the overall structure of Earth's surface. Certainly, large impact events have occurred when meteoroids, asteroids, and even comets have struck the planet, but such occurrences were thought to be rare. However, scientists have recently learned that they are much more common than previously thought, and they may have contributed greatly to Earth's current state.

2 ➡ Although it is far less crowded than it used to be, the Solar System still contains a great deal of debris left over from its formation. Ranging from clouds of gas and dust to moon-sized asteroids, these celestial objects are more concentrated in some areas than others. The Kuiper Belt past Neptune and the Asteroid Belt between Mars and Jupiter are widely known, but there are also clouds of meteors that Earth passes through periodically as well as comets and asteroids that move on their own paths around the Sun. When the Solar System was young, the Sun was surrounded by a disc of materials that gradually accreted into the planets that are present today. As the planets increased in size, they were subjected to thousands of impacts by large objects from which they gained much of their mass. According to a

21. Which of the following can be inferred from paragraph 1 about factors that shaped the surface of Earth?

Ⓐ Weathering causes sudden changes to Earth's surface.

Ⓑ Scientists have changed their position on the frequency of impact events.

Ⓒ Impact events of celestial objects often trigger violent volcanic eruptions.

Ⓓ Internal forces affect the surface of the planet more than external forces.

22. Which of the following is NOT mentioned in paragraph 1 as a force that affects the surface of Earth?

Ⓐ Weathering

Ⓑ Volcanism

Ⓒ Continental drift

Ⓓ Mountain building

23. Which of the following sentences below best expresses the essential information in the highlighted sentence? Incorrect answer choices change the meaning in important ways or leave out essential information.

(A) The Asteroid Belt and the Kuiper Belt are fields of meteors that Earth passes through.

(B) Asteroids come from the Kuiper Belt beyond the planet Neptune, and comets come from the region between the orbits of Jupiter and Mars.

(C) The best-known meteor clouds are those located between the orbits of Jupiter and Mars and past Neptune.

(D) Although the celestial bodies between Mars and Jupiter and in the Kuiper Belt are well known, there are also meteor clouds as well as others that orbit the Sun.

24. Why does the author mention Theia?

(A) To explain the origin of Earth's moon

(B) To describe how Earth was nearly destroyed

(C) To indicate the largest object that has ever struck Earth

(D) To show how many objects collided with the Moon

25. According to paragraph 3, what do scientists have to estimate about impact events?

(A) How much energy was released

(B) When the impact occurred

(C) The dimensions of the crater

(D) The size of the celestial object that collided

widely accepted theory, a planetoid object called Theia collided with Earth around this time at an angle that prevented both objects from being thoroughly destroyed. The Moon formed from the material that was blasted into space but caught in Earth's gravity, and since then it has actually served as the planet's guardian by intercepting many other objects.

3 ➡ About 4.1 to 3.8 billion years ago, the inner planets suffered from an intense period of asteroid collisions called the Late Heavy Bombardment (LHB). The evidence of these impact events can be seen clearly on Mercury, Venus, Mars, and the Moon in the form of large, ancient craters. [■A] The size of an impactor and the velocity at which it was traveling must be estimated from the size of the crater that it left because the objects are usually obliterated upon impact and scattered widely. [■B] Judging from the size of the craters that the Moon and inner planets possess, the energy released by the impacts during the LHB must have been immense, causing massive seismic events. [■C] The extremely pockmarked surface of the Moon and the largely unblemished surface of Earth indicate how much protection an atmosphere provides a planet. [■D]

4 ➡ The reason that so few large craters have been found on Earth has to do with the other factors that shape its surface. Volcanism and plate tectonics have covered over and removed many craters from existence by recycling of the crust, but most of them have been worn away by weathering. The oldest confirmed impact event on Earth occurred when an asteroid 10 to 15 kilometers in diameter struck around 2,023 billion years ago, leaving an impact crater about 300 kilometers across. That Vredefort Crater has been almost entirely erased by the elements, so that it is only visible from space through the remains of rock formations caused by the collision. Fragments composed of the superheated materials that were ejected from earlier impacts have been found and dated, but

26. The word "velocity" in the passage is closest in meaning to

Ⓐ direction

Ⓑ center

Ⓒ vicinity

Ⓓ speed

27. According to paragraph 4, the Vredefort Crater

Ⓐ has a diameter of about 15 kilometers

Ⓑ can easily be discerned

Ⓒ is the earliest confirmed impact event

Ⓓ was located using ejected materials

28. According to the paragraph 5, what effect may LHB asteroids have had on early life?

Ⓐ They may have provided the ingredients necessary for its creation.

Ⓑ They may have eliminated any organisms that existed before the event.

Ⓒ They may have changed the temperature enough for life to start.

Ⓓ They may have brought about earthquakes, causing changes in rock formations.

the craters they were born in have long since disappeared.

5 ➡ When they were formed, many of the oldest craters would have resembled the aptly named Meteor Crater in Arizona, U.S.A., although they would have been much larger. Meteor Crater was formed about 50,000 years ago by the impact of a meteorite with a diameter of 50 meters. This relatively small impactor made a crater about 1,186 meters across that stands out clearly from the landscape around it due to its youth. Although little evidence of the impactors from the LHB still exists today, scientists believe that their legacy continues. The objects that collided with Earth during the bombardment provided much of the water that is on the planet along with many elements that would otherwise be largely absent. Some scientists also believe that the asteroids and comets may have deposited volatile chemicals that could have triggered the onset of the development of life once the planet had cooled and become stable.

29. Look at the four squares [■] that indicate where the following sentence could be added to the passage.

Still, Earth must have suffered impacts during the LHB.

Where would the sentence best fit?

Click on a square [■] to add the sentence to the passage.

30. **Directions:** An introductory sentence for a brief summary of the passage is provided below. Complete the summary by selecting the THREE answer choices that express the most important ideas in the passage. Some sentences do not belong in the summary because they express ideas that are not presented in the passage or are minor ideas in the passage. *This question is worth 2 points.*

Drag your answer choices to the spaces where they belong.
To remove an answer choice, click on it. To review the passage, click on **View Text**.

Although much of the evidence has disappeared, Earth has endured many large impact events.

-
-
-

Answer Choices

(A) When an asteroid strikes a planet, all of the objects are destroyed in the initial explosion.

(B) The asteroids that reached Earth during the LHB wiped out a large amount of water.

(C) The Solar System contains many objects that could strike Earth, just as many objects did in the past.

(D) The majority of craters from large impact events have been gradually erased by weathering and internal forces.

(E) The Moon was created by a very large impact event that happened when Earth was a young planet.

(F) The LHB affected the inner planets, including Earth.

Appendix

A

a great deal of 많은, 다량의

a handful of 소수의

a series of 일련의

a variety of 여러 가지의

a wealth of 풍부한, 많은

a wide range of 광범위한

abandon v 버리다

aboard prep ~에 타고, 탑승하여

about prep ~ 근처에, ~ 곳곳에, ~에 대해

above prep ~ 위에

abruptly adv 갑자기

absence n 부재, 결핍

absent adj 없는, 부재의

absolute adj 절대적인

absorption n 흡수

abundant adj 풍부한

accept v 받아들이다, 인정하다

acceptable adj 받아들일 수 있는

access n 접근

accessible adj 접근 가능한

accidentally adv 우연히

accomplish v 성취하다, 해내다

according to ~에 따르면

accordingly adv 그에 따라, 부응해서

account n 설명, 이야기

account for ~을 설명하다

accrete v (부착하여) 커지다

accumulate v 축적되다

achievement n 성과, 업적, 성취

acquire v 얻다, 획득하다

across prep ~을 가로질러, ~ 전체에

act v 작용하다

action n 작용

active adj 활동적인

actually adv 사실상, 실제로

adapt v 맞추다, 적응하다

add to ~을 늘리다, 증가시키다

adept adj 능숙한

adhere v 붙이다

adjust v 조정하다, 조절하다

administration n 행정

administrative adj 행정상의

adopt v 채택하다

adoption n 채택

advance n 발전

advanced adj 진보한, 발달된

advantageous adj 유리한, 이로운

adverse adj 부정적인, 불리한

advertisement n 광고

aesthetic adj 심미적, 미적인

aestivation n 하면 (여름잠)

affect v 영향을 미치다

affinity n 친밀감, 관련성

affix v 붙이다

affordable adj (가격이) 알맞은

after conj ~한 후에 prep ~의 뒤에, ~ 후에

against prep ~에 반대하여, ~에 붙여서

age n 나이

aggressive adj 공격적인

agitated adj 불안해하는

agriculture n 농업

aim v ~을 목표로 하다, ~을 대상으로 하다

allege v 주장하다

along prep ~을 따라서, ~에 늘어선

along with ~와 함께

alpine adj 고산의, 높은 산의

alter v 바꾸다, 변하다

alternative adj 대안의, 대체 가능한, (기존과는) 다른

although conj (비록) ~이지만

amass v 모으다, 축적하다

ambient **adj** 주위의

amino acid 아미노산

among **prep** ~ 중에

amphibian **n** 양서류

ample **adj** 충분한, 많은

analysis **n** 분석

analyze **v** 분석하다

ancestor **n** 조상, 선조

ancient **adj** 고대의

and so on (기타) 등등

angle **n** 각도

annihilate **v** 전멸시키다

antenna **n** 더듬이

antennae **n** (antenna의 복수형) 더듬이

apart from ~을 제외하고, ~뿐만 아니라

aphid **n** 진딧물

appeal **v** 관심을 끌다, 매력적이다

appear **v** ~로 보이다, ~인 것 같다

appearance **n** 외모, 겉모습

application **n** 적용

apply **v** 적용하다, 적용되다

apprentice **n** 견습생

approach **v** 접근하다, 다가가다, 다가오다

approximately **adv** 대략, ~가까이

aptly **adv** 적절히

aquatic **adj** 물에서 사는, 수생의, 물과 관련된

archaeological **adj** 고고학의

archaeologist **n** 고고학자

archaeology **n** 고고학

area **n** 영역

arid **adj** 건조한

aristocracy **n** 귀족

around **prep** ~ 주위에, ~을 돌아

arrange **v** 배열하다

arrangement **n** 배치

arrest **v** 막다, 저지하다

arrive **v** 도착하다

artifact **n** (인공)유물

artificially **adv** 인위적으로

artisan **n** 장인

artwork **n** 예술품

as **conj** ~할 때, ~함에 따라, ~이긴 하지만, ~대로, ~하듯이, ~ 때문에 **prep** ~로(서)

as if 마치 ~인 것처럼

as long as ~하는 한

as soon as ~ 하자마자

as though 마치 ~인 것처럼

as to ~에 관하여

ascertain **v** 알아내다, 확인하다

aspect **n** 측면

assault **v** 공격하다

assemble **v** 조립하다

assess **v** 평가하다

assist **v** 돕다

associate **v** 연관 짓다

assume **v** (책임 등을) 맡다

asteroid **n** 소행성

astonishing **adj** 놀라운

astounding **adj** 놀라운, 믿기 어려운

astronomer **n** 천문학자

astronomy **n** 천문학

at **prep** ~에, ~에서

at all (부정문에서) 전혀

at least 적어도

atmosphere **n** 대기

attach **v** 붙이다

attempt **n** 시도 **v** 시도하다

attend **v** 참석하다

attention **n** 주의

attest **v** 증명하다, 입증하다

attribute **n** 속성, 특성

attribute A to B A에 대한 탓을 B에게 돌리다

authority **n** 권위자, 지휘권

automation **n** 자동화

autonomy **n** 자주성, 자율성

availability **n** 이용 가능성

available **adj** 이용 가능한

avoid **v** 피하다

aware **adj** ~을 알고 있는

away from ~에서부터 떠나, 멀리

B

backbone **n** 척추, 등뼈

ban **v** 금지하다

bankruptcy **n** 파산

Bantu **adj** 반투족의

bare **adj** 맨

bark **n** 나무껍질

barley **n** 보리

barrier **n** 장벽, 장애물

barring **prep** ~을 제외하고, ~ 없이

-based ~에 기반을 둔

basically **adv** 근본적으로

be about to 막~하려고 하다

be doomed to 운명 지어지다

be filled with ~로 가득 차다

be subjected to ~를 당하게 되다

bead **n** 작은 구슬

beak **n** 부리

bear resemblance to ~을 닮다

beast **n** 짐승

beat **v** 때리다, 두드리다

because **conj** ~ 때문에

because of ~ 때문에

bedrock **n** 기반암

before **conj** ~하기 전에 **prep** ~ 전에, ~ 앞에서, ~보다 먼저

begin **v** 시작하다

behavior **n** 행동

behind **prep** ~ 뒤에

belong to ~에 속하다

below **prep** ~ 아래에

beneath **prep** ~아래(에), ~밑에

beneficial **adj** 이로운, 유익한

benefit from ~로부터 이익을 얻다

beside **prep** ~ 옆에

besides **prep** ~외에도

between **prep** ~ 사이에

beyond **prep** ~너머, ~지나

bind **v** 결속하다

biodiversity **n** 생물 다양성

biological **adj** 생물학의

biologically **adv** 생물학적으로

biologist **n** 생물학자

biome **n** 생물군계

bison **n** 들소

bit **n** 일부, 부분

bite **v** 물다

blast **v** 폭발하다

blast furnace 용광로

blend in with ~와 섞이다

block **v** 차단하다, 막다

bloodstream **n** 혈류

bloom **v** 꽃을 피우다

blush **v** 얼굴을 붉히다

bombardment **n** 충격

bone marrow 골수

boom **n** 호황, 대유행

border **n** 경계 (지역)

boundary **n** 경계

branch **n** 나뭇가지

brass **n** 놋쇠, 황동

breakthrough **n** 돌파구

breeding **n** 번식, (번식을 위한) 사육

breeze **n** 산들바람, 미풍

brief **adj** 짧은, 간단한

bring **v** 가져오다, 데려오다, ~하게 하다

bring about ~을 야기하다

bronze **n** 청동

bubble **n** 거품, 버블

Buddhism **n** 불교

bulky **adj** 부피가 큰

bull **n** 황소

burden **n** 부담, 짐

burn up 전소되다, 타 오르다

burrow **n** 굴

bury **v** 묻다, 뒤덮다, (땅 속에) 숨기다

business **n** 사업, 일

by **prep** ~ 옆에, ~까지, ~쯤에는, ~에 이르러, ~함으로써

by means of ~에 의하여, ~을 써서

C

cabinet **n** 보관장

cactus **n** 선인장

calamity **n** 재난, 재앙

calcium carbonate 탄산칼슘

calculate **v** 계산하다

calculation **n** 계산

calendar **n** 달력

calves **n** (calf의 복수형) 송아지

cambium layer 형성층

camouflage **n** 위장

canine teeth 송곳니

canopy **n** 임관층 (나뭇가지와 잎 등으로 우거진 숲 상층 부분)

capacity **n** 용량, 수용력

capital **n** 자본

capitalism **n** 자본주의

capitalistic **adj** 자본주의의

capture **v** 포착하다

carbohydrate **n** 탄수화물

carnivore **n** 육식 동물

carve **v** 조각하다, 깎아서 만들다

cast **v** ~을 주조하다

catastrophe **n** 참사, 재앙

catastrophic **adj** 큰 재앙의

category **n** 범주

caterpillar **n** 애벌레

cause **n** 원인

cave **n** 동굴

cavern **n** 동굴

celestial object 천체

cellular **adj** 세포의

cephalopod **n** 두족류 동물

certainly **adv** 확실히, 분명히

certainty **n** 확실성

challenge **v** 도전하다

challenging **adj** 도전적인

chance **n** 우연

characteristic **n** 특징

characterize **v** 특징 짓다

charcoal **n** 목탄, 숯

charge **v** 돌격하다, 공격하다

chase **v** 뒤쫓다

chemical **n** 화학 물질

chemical reaction 화학 반응

chemistry **n** 화학

chest **n** 가슴

chief **adj** 주된

chiefly **adv** 주로

circular **adj** 원형의, 순회하는

circulate **v** 순환하다[시키다]

circulation **n** 순환, 유통

circulatory **adj** 혈액 순환의

circumstance n 상황

citizenship n 시민권

city-state n 도시 국가

civilization n 문명

claim v 차지하다, 얻다

clarify v 명확하게 하다, 분명히 하다

classic adj 전형적인

Classical Period 고전 시대

classify v 분류하다

clay n 점토

clay tablet 점토판

clear v 개간하다

clearings n 숲 속의 빈 터

clearly adv 분명하게

cliff n 절벽

climatic adj 기후의

climb v 오르다

clipping n 잘라낸 조각

closely adv 밀접하게, 면밀히

clot v 엉겨서 응고하다, 덩어리지다

cloth n 옷감, 직물, 천

cluster n 무리

coal n 석탄

coast n 해안

coastal adj 해안의

coastline n 해안가

cocoon n 고치, 보호막

coin n 동전

coincidence n 우연의 일치, 동시에 일어남

cold-blooded adj 냉혈의

collaboration n 공동 작업

collapse v 쓰러지다

collect v 모이다

collector n 수집가

collide with ~와 충돌하다

collision n 충돌

colonist n 식민지 주민

colony n 식민지

color v 색칠하다 n 색깔

coloration n (생물의) 천연색

combination n 조합

combustion n 연소

come from ~에서 생겨나다

come into existence 나타나다, 생기다

comet n 혜성

commission v 주문하다, 의뢰하다

commodity n 상품, 제품

common adj 흔한

commonly adv 흔히

commonplace adj 아주 흔한

communicate with ~와 소통하다

communication n 통신

comparable adj 비슷한

compare v 비교하다

compared to ~와 비교하여

compensate v 보상하다

compete v 경쟁하다

compete for ~을 두고 경쟁하다

competition n 경쟁

competitive adj 경쟁력 있는, 경쟁을 하는

competitor n 경쟁자

complete adj 완벽한, 완전한, 완료된

completely adv 완전히, 전적으로

complex n 단지, 복합 건물, 집합체

complexity n 복잡성, 복잡함

complicated adj 복잡한

component n 요소

compose v 구성하다

composition n 구성

comprehend v 이해하다

compress v 압축하다

comprise v ~으로 구성되다, 구성하다

conceive **v** 임신하다

concentrate **v** 농축시키다

concentration **n** 농도

concentric **adj** 동심원의

concerning **prep** ~에 관하여

concrete **adj** 구체적인

condition **n** 상태, 환경, 조건

conducive to ~에 도움이 되는, ~에 좋은

conduct **v** ~을 하다

configuration **n** 배치, 배열

confine **v** 국한시키다

confirm **v** 확인하다

confirmation **n** 확인

conflict **n** 충돌, 갈등

conform **v** ~에 따르다

confront **v** 맞서다, 마주치다

congregate **v** 모이다

conifer **n** 침엽수

conquer **v** 정복하다

consequence **n** 결과

consequential **adj** 결과로 일어나는

consequently **adv** 결과적으로, 따라서

conserve **v** 아끼다, 보존하다

considerable **adj** 상당한

considerably **adv** 상당히

considering **prep** ~을 고려하면

considering (that) **conj** ~을 고려해 보면

constant **adj** 끊임없는

constantly **adv** 끊임없이

constitute **v** ~을 구성하다

constraint **n** 제한

construct **v** 공사하다, 짓다

construction **n** 건설, 공사

consume **v** 먹다

consumer **n** 소비자

consumption **n** 소비

contain **v** ~이 들어있다, 포함하다

contemporary **adj** 동시대의, 현대의

content **n** 함량, 내용물

continental drift 대륙 이동

continual **adj** 계속 가는

continually **adv** 지속적으로, 계속해서

contour **n** 윤곽

contract **n** 계약

contradict **v** 반박하다, 모순되다

contrasting **adj** 대조적인

contribute to ~에 기여하다

converge **v** 모여들다

convert **v** 전환시키다, 바꾸다

convey **v** 전달하다

cool **v** 차가워지다, 식히다

cooperation **n** 협동

cope with ~을 처리하다

coral polyp 산호충

coral reef 산호초

core **n** 중심부, 핵, 핵심

correspond to ~에 일치하다, ~에 상응하다

corresponding **adj** ~에 상응하는

correspondingly **adv** 그에 따라

corridor **n** 통로

cosmic **adj** 우주의

cosmos **n** 우주

cost **v** (값, 비용이) ~들다

cottage industry 가내 수공업

cotton **n** 목화, 면직물

count **v** 세다, 계산하다

counter **v** 대응하다, 반박하다

counterpart **n** 상대

countryside **n** 시골 지역

coupled with ~와 결부된

cover **v** 가리다, 덮다

crack **v** 갈라지다, 깨지다

craft **v** 공예품을 만들다

craftsman **n** 공예가

crater **n** 분화구, 큰 구멍

Cretaceous Period 백악기

crippled **adj** 불구의, 절름발이의, 몸을 다친

crisis **n** 위기

critic **n** 비평가, 평론가

critical **adj** 중요한

criticize **v** 비판하다

crocodilian **n** 악어 (악어목의 총칭)

cross **v** 건너다

crowd **v** 가득 메우다

crude **adj** 날것의, 대충의, 대강의

crust **n** 딱딱한 층, 지각

cultivated **adj** 재배된, 경작된

cultivation **n** 경작, 재배

culture **n** 문화

curator **n** 큐레이터

currency **n** 통화

current **adj** 현재의

currently **adv** 현재

custom **n** 관습, 풍습

customer **n** 고객, 손님

cuttlefish **n** 갑오징어

D

dam **n** 댐

date **v** 연대를 추정하다

deadly **adj** 치명적인

debate **v** 논의하다, 논쟁하다

debris **n** 잔해, 파편

debt **n** 빚, 부채

decay **v** 부패하다, 부패시키다

decipher **v** 해독하다

decline **v** 감소하다

decompose **v** 부패하다

decorative **adj** 장식이 된, 장식용의

deed **n** 행동, 행위

defeat **v** 무산시키다, 좌절시키다

defend **v** 방어하다

defense **n** 방어

defenseless **adj** 무방비의

defensive **adj** 방어적인, 방어의

definable **adj** 분명한, 정의할 수 있는

definitely **adv** 분명히, 확실히

definition **n** 정의

degrade **v** 분해되다[하다]

degree **n** 정도

dehydrate **v** 탈수 상태가 되다[되게 하다]

delay **v** 지연시키다, 연기하다

delegate **n** 대표

deliberately **adv** 의도적으로

delicate **adj** 섬세한

delivery **n** 전달

demand **n** 수요, 요구사항

demonstrate **v** 보여주다, 입증하다

dendrochronology **n** 연륜 연대학

dense **adj** 빽빽한

densely **adv** 빽빽이, 밀집하여

density **n** 밀도

depend on 의존하다, ~에 달려 있다

dependable **adj** 믿을 수 있는

depending on ~에 따라

depict **v** 묘사하다

deplete **v** 대폭 감소시키다

deposit **v** 퇴적시키다, ~에 두다, ~에 놓다

deposition **n** 퇴적

depression **n** 불경기, 불황

depth **n** 깊이

derive **v** ~에서 얻다

desert **n** 사막

design **v** 설계하다

despite **prep** ~에도 불구하고

destroy **v** 파괴하다

destruction **n** 파괴

detail **v** 상세하게 하다

detect **v** 감지하다

detection **n** 탐지, 발견

determinant **n** 결정 요인

determine **v** 알아내다, 결정하다

deterrent **n** 제지하는 것

detritivore **n** 잔사식생물 (생물의 유기물 조각을 먹고 사는 생물)

detritus **n** (생물체 등에 의한) 쓰레기

devastate **v** 파괴하다

devastating **adj** 대단히 파괴적인

development **n** 발달

devise **v** 고안하다

devotion **n** 헌신

diameter **n** 지름

diapause **n** 휴지기

die-off **n** 사망

diffusion **n** 확산 (작용)

digestion **n** 소화

dilute **v** 희석하다

dimension **n** 규모, 크기

diminish **v** 줄이다

direction **n** 방향

directly **adv** 똑바로

dirt **n** 먼지

disagree **v** 의견이 다르다

disappearance **n** 사라짐

disaster **n** 재해, 재난

disastrous **adj** 처참한

disc **n** 원반

discard **v** 버리다

discern **v** 식별하다, 알아차리다

discipline **n** 지식 분야

discount **v** 무시하다

discover **v** 발견하다

discussion **n** 논의

disease **n** 질병

dispersal **n** 분산

disposal **n** 처리

disprove **v** 반증하다, 틀렸음을 입증하다

disrupt **v** 파괴하다

disseminate **v** 퍼뜨리다, 전파하다

dissolve **v** 녹다, 용해되다, 용해시키다

distance **n** 거리

distinct **adj** 뚜렷한, 분명한, 별개의

distinction **n** 구분, 차이

distinctive **adj** 독특한

distinguish **v** 구별하다

distract **v** 주의를 딴 데로 돌리다, 산만하게 하다

distribution **n** 분포

diverge **v** 나뉘다, 갈라지다

diverse **adj** 다양한

diversification **n** 다양화

diversified **adj** 여러가지의, 다양화된

diversity **n** 다양성

divide **v** 나누다, 나뉘다

domestic **adj** 국내의

domesticate **v** 재배하다, 사육하다

domestication **n** 재배, 사육, 길들이기

dominant **adj** 우세한

dominate **v** 지배하다

dominating **adj** 지배하는, 우세한

dormancy **n** 비활성 상태

dormant **adj** 휴면기의

dot **v** 여기저기 흩어져 있다, 산재하다

downturn **n** 하락, 침체

downward **adj** 아래쪽으로 내려가는, 하강의

downwards **adv** 아래로

dozen ⓝ 12개짜리 한 묶음

drag ⓥ (힘들여) 끌다, 끌고 가다

drain ⓥ 물을 빼내다

drainage ⓝ 배수

dramatic adj 극적인

drastically adv 대폭, 급격히

draw ⓥ 끌어당기다, 끌다

draw a conclusion 결론을 내리다

drawback ⓝ 단점

drill ⓥ 시추하다 ⓝ 드릴

drive ⓥ ~하도록 만들다

driving force 추진력

drone ⓝ (꿀벌의) 수벌

droppings ⓝ (새나 짐승의) 똥

drought ⓝ 가뭄

drown ⓥ 익사하다, 익사시키다

due to ~때문에

durable adj 내구성 있는

during prep ~ 동안

dust ⓝ 먼지

dwell ⓥ 거주하다, 살다

dweller ⓝ 거주자

dye ⓝ 염료

E

earn ⓥ (돈을)벌다, (수익을)받다, 얻다

earthen adj 흙으로 된

earthquake ⓝ 지진

earthworm ⓝ 지렁이

ease ⓝ 용이함, 편의

economic adj 경제의

ecosystem ⓝ 생태계

effectiveness ⓝ 효과적임

efficient adj 효율적인

eject ⓥ 방출하다, 분출하다, 뿜어내다

electromagnetic adj 전자기의

element ⓝ 요소

elevated adj 높은

elevation ⓝ 고도

eliminate ⓥ 제거하다, 없애다

embrace ⓥ 받아들이다

embryo ⓝ 배아

embryonic adj 배아의

emerge ⓥ 나타나다, 생겨나다

emergence ⓝ 출현

emigrate ⓥ 이주하다

emigration ⓝ 이민

emperor ⓝ 황제

emphasis ⓝ 강조

empire ⓝ 제국

employ ⓥ 이용하다

empty adj 비어 있는

enable ⓥ 가능하게 하다

enact ⓥ 제정하다

encompass ⓥ 포함하다, 아우르다

encounter ⓥ 마주하다

endanger ⓥ 위험에 빠뜨리다

endure ⓥ 견디다, 참다

engage in ~에 종사하다, ~에 관여하다

enhance ⓥ 향상시키다

enormous adj 엄청난

ensure ⓥ 보장하다

entail ⓥ 수반하다

entire adj 전체의

entirely adv 완전히, 전적으로

entity ⓝ 독립체

entomologist ⓝ 곤충학자

environment ⓝ 환경

environmental adj 환경의

enzyme ⓝ 효소

epiphytes **n** 착생 식물

equally **adv** 동등하게

equator **n** 적도

equipment **n** 장비

equivalent **adj** 맞먹는

erase **v** 지우다, 없애다

erode **v** 침식시키다

erosion **n** 침식

eruption **n** 분출

especially **adv** 특히

essential **adj** 필수적인

essentially **adv** 기본적으로, 근복적으로

establishment **n** 설립

estimate **v** 추정하다

ethnic **adj** 민족의, 민족 특유의

evade **v** 피하다

evaporation **n** 증발

even if 비록 ~라 하더라도

even though (비록) ~이지만

eventually **adv** 결국

everywhere else 다른 모든 곳에서

evidence **n** 증거

evident **adj** 분명한

evolution **n** 진화

evolutionary **adj** 진화의

evolve **v** 발달하다

exact **adj** 정확한

examine **v** 조사하다, 검토하다

excavate **v** 발굴하다

excavation **n** 발굴

except **prep** ~을 제외하고, ~ 없이

except that ~을 제외하고

exception **n** 예외

excess **adj** 초과한

excessively **adv** 지나치게, 과도하게

exclusively **adv** 독점적으로, (오직) ~만

excrete **n** 배출하다

exert **v** (영향 등을) 행사하다

exhibition **n** 전시회

exist **v** 존재하다

existence **n** 존재, 실재

exoskeleton **n** 외골격

expand **v** 확장시키다

expanse **n** 넓게 트인 지역

expansion **n** 확장, 확산

expedition **n** 탐험, 원정

expel **v** 배출하다

expenditure **n** 지출, 비용

expense **n** 돈, 비용

experiment **n** 실험

expert **n** 전문가

explanation **n** 설명, 이야기

explode **v** 폭발적으로 증가하다, 폭발하다

exploit **v** 이용하다, 활용하다

explorer **n** 탐험가

explosion **n** 폭발

export **n** 수출

extend **v** 뻗다

extended **adj** 확장된, 연장된

extensive **adj** 광범위한

extent **n** 정도

external **adj** 외부의

extinct **adj** 멸종된

extinction **n** 멸종

extract **v** 추출하다

extraction **n** 추출

extreme **adj** 극도의

extremely **adv** 극도로, 극히

F

face **v** 직면하다

facial feature 얼굴 특징

facilitate **v** 가능하게 하다, 용이하게 하다

facility **n** 시설

factor **n** 요인

failure **n** 실패

fairly **adv** 꽤

fall into ~에 빠지다

fall off 떨어지다

falter **v** 흔들리다

famed **adj** 아주 유명한

familiar **adj** 익숙한, 친숙한

famine **n** 기아, 기근

faraway **adj** 멀리 떨어진

fare better 더 잘하다

farm **v** 농사를 짓다

fashion **v** (손으로) 만들다, 빚다

fat **n** 지방

fatal **adj** 치명적인

fate **n** 운명

fauna **n** 동물군(상)

favorable **adj** 유리한, 우호적

feasible **adj** 실현가능한

feat **n** 성취, 위업

feather **n** 깃털

feature **v** ~을 특징으로 삼다

feed upon ~을 먹고 살다

fern **n** 양치식물 (고사리류)

fertile **adj** 비옥한, 생식력 있는

fertilize **v** 수정시키다, (땅에) 비료를 주다

fertilizer **n** 비료

figure **n** 인물

figure out 알아내다

file **v** 줄로 다듬다

fill **v** 채우다, 채워지다

filter **v** 여과하다, 거르다

finance **v** 자금을 대다

find **n** 발견물

findings **n** 발견, 결과

fine art 순수 미술, 예술

finely **adv** 섬세하게, 정교하게

finer **adj** 미세한

firsthand **adj** 직접의

fixed capital 고정 자본

flame **n** 불꽃

flat **adj** 평평한

fleshy **adj** 다육질의, 살집이 있는

float **v** 뜨다

flock to ~로 모여들다

flooding **n** 홍수

flora **n** 식물군(상)

flotation **n** 부유, 물 위에 뜸, 부유 선별법

flourish **v** 번창하다, 잘 자라다

flow **v** 흐르다

flow rate 흐름 속도

fluctuate **v** 변동하다, 계속 변화하다

fluctuation **n** 변동

fluid **n** 액체, 유동체

fly **n** 파리

focus **v** 집중하다

folk art 민속 예술

following **prep** ~후에

food chain 먹이 사슬

footprint **n** 발자국

for **prep** ~을 위해, ~에 대해, ~ 때문에, ~ 동안

for the sake of ~을 위해서

forage **v** 먹이를 찾다

foreign **adj** 외국의

form **n** 종류, 형태

formal **adj** 정식의

formation ⓝ 형성

fortification ⓝ 요새화

fortify ⓥ 요새화하다

fortune ⓝ 행운

fossil ⓝ 화석

foundation ⓝ 기반

fragment ⓝ 파편, 조각

freeze ⓥ 얼다, 얼리다

freezing adj 너무나 추운

frequency ⓝ 빈도, 빈번

frequently adv 자주, 빈번하게

fresh adj 담수의, 민물의

freshwater adj 민물[담수]에 사는, 민물[담수]의

frictional heating 마찰 가열

from prep ~부터, ~에서 부터

frown upon ~에 눈살을 찌푸리다

frustrated adj 불만스러운, 좌절한

frustratingly adv 절망스럽게도

fuel ⓝ 연료

fulfill ⓥ 이행하다, 수행하다, 실현시키다, 달성하다

fulling mill 축융기 (모직물을 축융하는 기계)

function ⓥ 기능하다

fundamental adj 핵심적인, 근본적인

fungi ⓝ (fungus의 복수형) 균류

fur ⓝ 털

furnace ⓝ 용광로

furniture ⓝ 가구

G

gain ⓥ 얻다, 획득하다

galaxy ⓝ 은하계

game ⓝ 사냥감

gather ⓥ 모으다, 채집하다

gear ⓝ 기어

gene ⓝ 유전자

genealogical adj 계보의, 족보의

genera ⓝ (genus의 복수형) (생물 분류상의) 속

generate ⓥ 만들어 내다

generation ⓝ 세대

generator ⓝ 발전기

genetic adj 유전의

genetic drift 유전 변이

geneticist ⓝ 유전학자

geographical adj 지리(학)적인

geologist ⓝ 지질학자

geometrical adj 기하학적인

germ ⓝ 세균

get rid of ~을 제거하다, 없애다

get worse 악화되다

giant adj 거대한

gill ⓝ 아가미

give birth to ~을 낳다

given (that) prep ~을 고려해 보면

glacier ⓝ 빙하

gland ⓝ 분비선, 분비샘

global warming 지구 온난화

glue ⓥ 붙이다

go extinct 멸종되다

go on to 이어서 ~을 하다

goods ⓝ 상품, 제품

govern ⓥ 통치하다, 지배하다

governor ⓝ 총독

gradual adj 점진적인

gradually adv 점진적으로

grain ⓝ 곡물, 알갱이

granary ⓝ 곡물 저장고

grasshopper ⓝ 메뚜기

grassland ⓝ 초원

gravitational force 중력

gravitational pull 중력

gravity **n** 중력

greatly **adv** 크게

Greek **n** 그리스인

greenhouse effect 온실 효과

grind **v** 갈다, 빻다

groundwork **n** 기초 작업

growth **n** 성장

growth ring 나이테

guardian **n** 수호자

guild **n** 길드

gulf **n** 만

gust **n** 돌풍

H

habitat **n** 서식지

halt **v** 중단시키다, 멈추다

hammer **v** 망치로 두드리다

handicraft **n** 수공예, 수공예품

happen **v** 발생하다

hard **adj** 딱딱한, 단단한

harden **v** 단단하게 하다

hardly **adv** 거의 ~않다

hardship **n** 어려움

harmful **adj** 해로운

harness **v** (동력원 등으로) 이용하다, 활용하다

harsh **adj** 혹독한

harshness **n** 혹독함

harvest **n** 수확물

hasten **v** 촉진시키다

hatch **v** 부화하다, 부화되다

have nothing to do with ~와 관련없다

have to do with ~와 관련있다

havoc **n** 대파괴, 큰 혼란

hazardous **adj** 위험한

head **v** 향하다

hearth **n** 난로

heavily **adv** 아주 많이

height **n** 높이, 높은 곳

helpful **adj** 도움이 되는

hemisphere **n** 반구

herbivore **n** 초식 동물

herd **n** 떼, 무리

hibernate **v** 동면하다

hibernation **n** 동면

hide **v** 숨다

High Middle Ages 고 중세 시대

hinder **v** 방해하다

historical **adj** 역사적인, 역사상의

hit **n** 타격, 강타

hive **n** 벌집, 꿀벌통

hold **v** 간주하다, 여기다

hollow **adj** 속이 텅 빈

honeycomb **n** (6각형 모양의) 벌집

horizontal **adj** 수평선의

hostile **adj** 적대적인, 어렵게 하는

house **v** 수용하다

household **n** 가정

hover **v** (허공을) 맴돌다

hub **n** 중심지

huge **adj** 거대한, 엄청난

humanity **n** 인류, 인간

humidity **n** 습도

hunt **v** 사냥하다

hurry **v** 촉진시키다, 서두르다

I

ice age 빙하기

ice crystals 얼음 결정

ice sheet 빙상 (대륙 빙하)

ideally **adv** 이상적으로

identical **adj** 동일한

identify **v** 식별하다, 알아보다

identity **n** 정체성

if **conj** 만약 ~ 라면

ignite **v** 불을 붙이다, 점화하다

ignore **v** 무시하다

ill **adj** 아픈, 병 든

illness **n** 질병

illuminate **v** 불을 비추다, 조명을 설치하다, 빛나게 하다

illustrate **v** 설명하다, 분명히 보여주다

illustration **n** 예시

imitator **n** 모방자

immediately **adv** 즉시

immense **adj** 엄청난, 어마어마한

immigrate **v** 이주해 오다

immune system 면역 체계

impact **v** 영향을 미치다

impactor **n** 충돌하는 물체

imperceptible **adj** 감지할 수 없는

implantation **n** (수정란의) 착상, 이식

implement **v** 시행하다

import **v** 수입하다

impose **v** 도입하다, 부과하다

impressive **adj** 인상적인, 대단한

improvement **n** 개선

impurity **n** 불순물

in **prep** ~에, ~에서

in a span of ~의 기간 동안에

in accordance with ~에 따라

in addition to ~ 외에도

in advance of ~보다 앞에

in case (that) ~할 경우에 대비해서

in comparison to ~와 비교하여

in conjunction with ~와 함께

in contrast 대조적으로, 그에 반해서

in contrast to ~와는 대조적으로

in front of ~ 앞에

in groups 떼 지어

in part 부분적으로

in particular 특히

in place of ~ 대신에

in point 적절한

in question 문제의, 논의가 되고 있는

in response to ~에 대응하여

in spite of ~에도 불구하고

in terms of ~에 관하여

in that ~라는 점에서

in the case of ~에 경우에

in the face of ~에 직면하여, ~에도 불구하고

in the form of ~의 형태로

in the hands of ~ 의 손에[관리에 있는]

in turn 결국

inadequate **adj** 불충분한

inadvertently **adv** 우연히, 의도하지 않게

including **prep** ~을 포함하여

inconclusive **adj** 결정적이 아닌

incorporate **v** 포함하다

indeed **adv** 실제로

independent **adj** 독립적인

independently **adv** 독립적으로

indicate **v** 나타내다

indicator **n** 지표

indisputable **adj** 명백한, 반론의 여지가 없는

induce **v** 유발하다

industrial **adj** 산업의

Industrial Revolution 산업 혁명

inedible **adj** 먹을 수 없는

inevitably **adv** 필연적으로, 불가피하게

inexpensive **adj** 비싸지 않은

infection **n** 감염, 전염병

infectious adj 전염성의, 전염도는

inflation n 인플레이션, 물가 상승

influence n 영향

inform v 알리다

informative adj 유익한

infringement n 침해, 위반

ingredient n 성분, 구성 요소

inhabit v 거주하다

inhospitable adj (사람이) 살기 힘든

initial adj 처음의

initially adv 처음에

injury n 부상, 상처

inlay n 상감 세공

innate adj 타고난, 선천적인

inner planet 내행성

innovation n 혁신, 획기적인 것

innovative adj 혁신적인

inscription n 새겨진 글

insecticide n 살충제

insectivore n 식충 동물

inside prep ~ 안에

insight n 통찰력, 이해

inspiration n 영감, 영감[자극]을 주는 것

inspire v 영감을 주다

install v 설치하다

instantly adv 즉시

instead of ~ 대신에

instinctively adv 본능적으로

instrument n 도구, 기구

insufficient adj 불충분한

insular adj 배타적인

intake n 섭취

intend v 의도하다

intense adj 강렬한, 극심한

intensity n 강렬함, 세기

intention n 의도, 목적

intercept v 가로막다

interchangeable adj 교체할 수 있는

interconnectedness n 상호 연결됨, 상관됨

interest n 관심, 흥미

interfere with ~을 방해하다

interior n 내부

intermittent adj 간헐적인

internal adj 내부의

interpret v 해석하다

interrelationship n 연관성, 상호 관계

intersect v 가로지르다

interval n 간격

intimidating adj 위협적인, 겁을 주는

into prep ~으로

intricate adj 복잡한

intruder n 침입자

invasion n 침입

invasive adj 급속히 퍼지는

invent v 발명하다

invertebrate n 무척추동물

invest v 투자하다

investigate v 조사하다, 연구하다

investment n 투자

invisible adj 보이지 않는

involve v 포함하다, 관련시키다

iridium n 이리듐

iron n 철, 철분

irregularly adv 불규칙적으로

irrigate v (땅에) 물을 대다, 관개하다

irrigation n 관개

isolation n 고립, 분리

isthmus n 지협

J

jellyfish n 해파리

joey n 캥거루 새끼

join v 가담하다

journey n 이동, 이주

judging from ~으로 판단컨데

Jupiter n 목성

K

keep ~ in check ~을 억제하다

keep apart 떨어져 있게 하다

keep track of ~을 기록하다

keep up with (~의 진도, 속도 등을) 따라가다

kestrel n 황조롱이

kidney n 신장

kill off ~을 제거하다, 없애다

kin n 동족, 친족

knowledgeable adj 아는 것이 많은

L

label v 분류하다

laboratory n 실험실

lack n 결핍

lake n 호수

lamp n 램프

landscape n 풍경

language n 언어학자

larvae n (larva의 복수형) 유충

last v 지속되다

Late Heavy Bombardment 후기 운석 대충돌기

later adv 나중에, 그 후에

lathe n 선반 (나무/쇠붙이 절단용 기계)

launch v 시작하다

lay v (알을) 낳다

layer n 층

layer upon layer 층층이

leave v 남겨 주다

leave behind 두고 가다

leaves n (leaf의 복수형) (나뭇)잎

lengthy adj 긴

lethal adj 치명적인

level v 평평하게 하다

lexicon n 어휘

lie v 있다, 위치해 있다

life n 생물체

light adj 가벼운, (양이) 많지 않은

lighting n 조명

like prep ~처럼, ~와 같은

likewise adv 비슷하게, 마찬가지로

limestone n 석회석(암)

limit v 제한하다

lineage n 혈통

linguist n 언어학자

linguistic adj 언어(학)의

literature n 문헌, 문학

liver n 간

livestock n 가축

loan n 대출

locate v ~에 위치하고 있다

long-lasting adj 오래 가는

long-standing adj 오래된

loom n 베틀, 직기

Low Countries 저지대

lower v 낮추다, 낮아지다

lung n 폐

luxurious adj 사치스러운

luxury adj 사치(품), 호화로움

M

machinery 🅝 기계

macro- 🅐🅓🅙 큰, 대규모의

mainly 🅐🅓🅥 주로

maintain 🅥 유지하다

majority 🅝 다수

make 🅥 ~을 하게 만들다

make it through ~을 이겨내다, 버티다

make way for ~에게 자리를 내주다

mammal 🅝 포유 동물

manage to ~해내다

mantelpiece 🅝 벽난로 위 선반

manufacturing 🅝 제조(업)

marked 🅐🅓🅙 뚜렷한

market 🅝 시장

Mars 🅝 화성

marsh 🅝 습지

marshland 🅝 습지대

marsupial 🅝 유대목 동물

mass 🅝 덩어리

mass extinction 대량 멸종

massive 🅐🅓🅙 거대한

mass-produce 🅥 대량 생산하다

match 🅝 ~와 비슷한 것 🅥 걸맞다, ~와 조화되게 하다, 맞먹다

mate 🅥 짝짓기를 하다 🅝 짝

mathematics 🅝 수학, 계산

matter 🅝 물질

mature 🅥 어른이 되다, 다 자라다

Mayan 🅐🅓🅙 마야(사람/말)의

means 🅝 수단, 방법

meanwhile 🅐🅓🅥 그 동안에, 한편

measure 🅥 측정하다

mechanism 🅝 방법

Mediterranean 🅐🅓🅙 지중해의

medium 🅝 수단, 도구

megafauna 🅝 거대 동물

melt 🅥 녹다, 녹이다

membrane 🅝 막, 세포막

memorable 🅐🅓🅙 기억할 만한, 잊을 수 없는

memorize 🅥 암기하다

merchant 🅝 상인

Mercury 🅝 수성

merely 🅐🅓🅥 그저, 단지

mesh 🅥 맞물리다

metabolism 🅝 신진대사

metal 🅝 금속

metallurgy 🅝 야금학[술], 금속공학

meteor 🅝 유성

meteorite 🅝 운석

meteoroid 🅝 유성체

method 🅝 방법

meticulously 🅐🅓🅥 꼼꼼하게, 세심하게

micro- 🅐🅓🅙 작은, 소규모의

microorganism 🅝 미생물

microscopic 🅐🅓🅙 미세한

Middle Ages 중세 시대

middle class 중산층

middleman 🅝 중간 상인

migrate 🅥 이동하다

migration 🅝 이주, 이동

mild 🅐🅓🅙 온화한

millenia 🅝 (millenium의 복수형) 천 년

minor 🅐🅓🅙 작은, 가벼운

mint 🅥 주조하다

minute 🅐🅓🅙 극히 작은, 대단히 세심한

mismatch 🅥 어울리지 않다

missionary 🅝 선교사

mitigate 🅥 경감시키다

moat 🅝 해자

mobile 🅐🅓🅙 이동하는, 기동성 있는

modern 🅐🅓🅙 현대의

modification **n** 변형, 수정

moisture **n** 수분

mold **n** 주조 틀

molecule **n** 분자

molt **v** 탈피하다, 허물을 벗다

molten **adj** (금속, 암석 따위가) 용해된, 녹은

molting **n** 털갈이, 탈피

monarch **n** 군주

moon **n** 달, 위성

morality **n** 도덕

more or less 거의

morphological **adj** 형태학상의

moss **n** 이끼

motion **n** 움직임

motionless **adj** 가만히 있는, 움직임이 없는

mount **v** 고정시키다

mountain building 조산 운동

movement **n** 시계의 동력 장치

muddy **adj** 흙탕물의, 탁한

mudstone **n** 이암 (泥岩)

mutation **n** 변이

mutually **adv** 상호간에

myriad **adj** 무수한

N

name **v** 명명하다

narrow **adj** 좁은

nationality **n** 국적, 민족

native **adj** (동식물이) ~원산의, 태어난 곳의

natural selection 자연 선택

near **prep** ~ 가까이

nearly **adv** 거의

necessarily **adv** 필연적으로

necessitate **v** ~을 필요로 하다

necessity **n** 필요, 필수품

nectar **n** (꽃의) 꿀, 과즙

need **n** 필요

neoclassical **adj** 신고전주의의

nervous system 신경계

nest **n** 둥지

nevertheless **adv** 그럼에도 불구하고

newly **adv** 최근에

next to ~ 바로 옆에

niche **n** 적소 (생물의 성장/유지/발전을 가능하게 해주는 적합한 환경

no longer 더 이상 ~하지 않는

nomadic **adj** 유목의

nonetheless **adv** 그렇더라도, 그럼에도 불구하고

north **adv** 북쪽으로

northern **adj** 북부의, 북쪽에 위치한

northward **adj** 북쪽으로

note **v** ~에 주목하다

notice **v** 알아차리다

noticeable **adj** 뚜렷한, 눈에 띄는

now and then 때때로, 가끔

now that 이제 ~하기 때문에

nucleus **n** 핵

numeral **n** 숫자

numerical **adj** 숫자로 나타낸, 수의

numerous **adj** 많은

nurture **v** 양육하다, 보살피다

nutrient **n** 영양분

nymph **n** 유충

O

object **n** 물체

objective **n** 목적, 목표

obliterate **v** 없애다, 지우다

obscure ▣ 가리다

observable [adj] 관찰 가능한

observation ▣ 관찰

observe ▣ 관찰하다

obtain ▣ 얻다, 획득하다

obviously [adv] 분명히

occasionally [adv] 때때로, 가끔

occupy ▣ 차지하다, 점령하다

occur ▣ 발생하다, 일어나다

occurrence ▣ 발생, 나타남

octopus ▣ 문어

odor ▣ 냄새

of [prep] ~ 의

offset ▣ 상쇄하다

offspring ▣ 자식, 새끼

omnipresent [adj] 어디에나 있는

omnivore ▣ 잡식 동물

on [prep] ~에, ~에서, ~에 대해

on purpose 의도적으로

once [conj] ~하자마자, ~한 후에

one another 서로

onset ▣ 시작

operate ▣ 작동되다, 가동하다

operation ▣ 사업체

opposite ▣ 반대되는 것

orbit ▣ 궤도를 돌다

organ ▣ 기관

organelle ▣ 세포기관

organic material 유기재

organism ▣ 생물

organization ▣ 조직, 구조

orient ▣ ~을 지향하게 하다, ~에 맞추다

origin ▣ 기원

originally [adv] 원래, 처음에

originate ▣ 유래하다

osmoregulation ▣ 삼투 조절

osmosis ▣ 상투(현상)

otherwise [adv] 그렇지 않으면

out of ~로부터, ~ 밖으로

outback ▣ 오지

outcome ▣ 결과

outcompete ▣ ~보다 더 잘 해내다

output ▣ 생산량, 산출량

outside [prep] ~ 밖에, 밖으로

outstretched [adj] 쭉 뻗은

oval [adj] 타원형의

over [prep] ~ 동안에, ~ 위에, ~을 넘어

over the course of ~동안

over time 시간이 지나면서

overall [adj] 전체의

overland [adj] 육로의

overpopulation ▣ 인구 과잉

owing to ~때문에

oxidize ▣ 산화시키다

oxygen ▣ 산소

P

pack ▣ 빽빽히 채우다

packed [adj] 꽉 들어찬, ~이 가득 찬

painstakingly [adv] 공들여, 힘들여

painting ▣ 그림

paleontologist ▣ 고생물학자

panic A into V~ing A를 겁에 질리게 해 ~하게 하다

paradoxical [adj] 모순적인

part ▣ 부품

partially [adv] 부분적으로

particle ▣ 입자

particular [adj] 특정한

particularly [adv] 특히

pass on to ~로 전달하다

pass through ~을 통과하다, 빠져 나가다

passage n 통로, (뚫고 나가는) 길

past prep ~을 지나(서), ~을 넘어 n 과거

patch n 부분

patent n 특허 adj 특허의

path n 경로, 길, 계획

pathogen n 병원균

pattern v 무늬를 만들다

pave the way for ~에 대해 준비하다, 기반을 닦다

peasant n 소작농

peculiar adj 독특한

peddler n 보따리 장수, 행상인

pendulum n 추

penetrable adj 침투할 수 있는

penetrate v 침투하다

peninsula n 반도

percolate v 스며들다

perform v 수행하다

periodic adj 주기적인

periodically adj 주기적으로

permanent adj 영구적인

permeable adj 침투할 수 있는, 투과성의

persist v (없어지지 않고) 지속되다

personally adv 개인적으로, 직접

perspective n 관점, 시각

petroleum n 석유

phantom midge fly 유령 혹파리

phenomena n (phenomenon의 복수형) 현상, 경이로운 것

philosopher n 철학자

photographic adj 사진의

photosynthesis n 광합성

physical adj 신체의

physical trait 신체적 특징

physically adv 신체적으로

physics n 물리학

physiological adj 생리적인, 생리학의

physiology n 생리, 생리학

phytoplankton n 식물성 플랑크톤

pigment n 색소

pillar n 기둥

pit n 구덩이

place v 놓다, 두다

plain n 평원

planet n 행성

planetoid n 미행성

plasma n 혈장

plate tectonics 판구조론

plateau n 고원

platelet n 혈소판

play v (역할을) 하다

Pleistocene adj 홍적세의

plentiful adj 풍부한

plot out 도식화하다, 나타내다

plummet v 급락하다

pocket n (주변과 이질적인 작은) 지역

pockmarked adj 구멍이 패여 있는, 자국이 나 있는

point n 시점

poison v (유독 물질로) 오염시키다

poisonous adj 유독한, 독이 있는

polar adj 극지의, 북극의, 남극의

political adj 정치적인

politics n 정치

pollen n 꽃가루

pollinate v 수분하다

pollination n 수분 (작용)

pollinator n 수분 매개자

pollutant n 오염 물질

pollute v 오염시키다

pollution n 오염

pond n 연못

poor adj 좋지 못한

pop v 터지다, 터뜨리다

popularity n 인기

populate v 거주하다, 이주하다

port n 항구

portion n 부분, 일부

pose v 제기하다

position n 위치, 자리

possess v 가지고 있다, 소유하다

possession n 소유, 소유물

postcard n 엽서

potential n 가능성

potentially adv 잠재적으로

pottery n 도자기

pouch n 새끼 주머니

pour v 붓다

power n 동력

power tool 전동 공구

practical adj 실용적인, 유용한

practice v 행하다

praying mantis 사마귀, 버마재비

precipitation n 강수

precise adj 정확한, 정밀한

precisely adv 정확하게

precision n 정확성, 정밀성

predate v ~보다 앞서다

predator n 포식자

predatory adj 포식동물의

predecessor n 이전 것, 전임자

predictable adj 예측 가능한

pregnancy n 임신

prehistoric adj 선사 시대의

preoccupation n 심취, 몰두

presence n 있음, 존재(함)

present adj 있는, 현재의

preserve v 보호하다, 보존하다

press down 꽉 누르다

prevailing wind 우세풍

prevent v 막다

previous adj 이전의

previously adv 이전에

prey n 먹이 (사냥감)

prey on ~을 잡아먹다

pricing n 가격 책정

primarily adv 주로

primary adj 주요한

primitive adj 원시의

prior to ~에 앞서, ~전에

probe n 무인 우주 탐사선

proceed v ~에 계속해서 ~을 하다

process n 과정

produce v 생산하다

producer n 생산자

product n 제품

production n 생산

productivity n 생산성

profit n 이익, 수익

progress v 나아가다

prohibit v 금지하다

prohibitively adv 엄두를 못낼 만큼, 엄청나게

proliferation n 급증, 증식

prolonged adj 장기적인

promote v 증진하다

pronunciation n 발음

proof n 증거, 증명, 입증

proper adj 적절한

properly adv 제대로

proportion n 비율

propose v 제안하다

prosperous adj 번영한

protectionist n 보호무역주의적인

protein n 단백질

prove v 증명하다, 입증하다

provided (that) conj 만약 ~라면

providing **conj** 만약 ~라면

public **n** 대중, 일반인

publish **n** 출판하다, 게재하다

pull **n** 끌기, 끌어당기는 힘

pulley **n** 도르래 장치

pump up 퍼올리다

purchase **v** 구매하다

purchaser **n** 구매자

pure **adj** 순전한

purely **adv** 순전히, 전적으로

purpose **n** 목적

put forward 제시하다

put together 조립하다, 만들다

Q

quantity **n** 양

question **v** 이의를 제기하다, 의문을 갖다

quite **adv** 꽤

quota **n** 할당

R

race **n** 인종

radiation **n** 방사선

railroad **n** 철도

rain **v** 비가 오다, 쏟아 붓다

rainfall **n** 강우, 강우량

rainforest **n** 우림

random **adj** 무작위

range from A to B 범위가 A에서 B에 이르다

rapidity **n** 급속(도)

rare **adj** 드문

rarely **adv** 드물게, 거의 ~하지 않는

rate **n** 속도

rather **adv** 다소, 오히려

ravage **v** 황폐하게 만들다

raw **adj** 가공되지 않은, 날것의

reach **v** 도달하다

reachable **adj** 닿을 수 있는

readily **adv** 손쉽게, 선뜻

rear **adj** 뒤쪽의

reason **v** 추론하다

reasonable **adj** 타당한, 합리적인

recede **v** 물러나다

receive **v** 받다, 받아들이다

recent **adj** 최근의

recently **adv** 최근에

reckon **v** 생각하다, 예상하다

reclaim **v** 환원하다

recognize **v** 인정하다

reconstruct **v** 재구성하다, 재건하다

record **n** 기록

recycle **v** 재활용하다, 재생하다

red blood cell 적혈구

redirect **v** 다른 방향으로 보내다

reduction **n** 감소, 축소

redundancy **n** 불필요한 중복

redundant **adj** 불필요한

refer to 지칭하다

refer to A as B A를 B라고 언급하다

reference **n** 언급, 언급한 것

refine **v** 개선하다

refinement **n** 정제

refining **n** 정제

reflect **v** 반사하다

reflection **n** 반영

refugee **n** 난민

regarding **prep** ~에 관하여

regardless of ~와 상관 없이

region **n** 지역

regularly **adv** 정기적으로

regulate **v** 규제하다, 조절하다

related **adj** ~에 관련된

relationship **n** 관계

relative **adj** 상대적인

relatively **adv** 비교적

relay **v** 전달하다

release **v** 방출하다

reliable **adj** 믿을 수 있는

reliably **adv** 믿을 수 있게, 확실히

religious **adj** 종교의

relocate **v** 이동하다

relocation **n** 이주

rely **v** 의존하다

remain **v** ~한 상태로 남아 있다

remains **n** 남은 것, 유적, 유해

remarkable **adj** 주목할 만한

remarkably **adv** 현저하게

reminder **n** 상기시키는 것

remnant **n** 나머지, 남겨진 것

remote **adj** 외딴, 먼

remoteness **n** 멀리 떨어짐

removal **n** 제거

remove **v** 제거하다, 없애다

Renaissance **n** 르네상스

render **v** ~되게 만들다

renew **v** 다시 시작하다

repair **v** 수리하다

repeatedly **adv** 반복적으로

replace **v** 대체하다

replenish **v** 보충하다

replicate **v** 복제하다

represent **v** 나타내다, 표현하다, 대표하다

reproduce **v** 번식하다

reproduction **n** 번식

reproductive **adj** 번식의, 생식의

reptile **n** 파충류

reputation **n** 명성

researcher **n** 연구원

resemble **v** 닮다, 비슷하다

reserve **n** 동식물 보호 구역, 비축물

reside **v** 거주하다, 살다

resist **v** 저항하다

resistant **adj** ~에 잘 견디는

resort to (다른 대안이 없어서) ~에 기대다, 의지하다

respective **adj** 각각의

respectively **adv** 각각

response **n** 대응, 반응

responsible for ~의 원인이 되는

resting stage 휴지기

restore **v** 회복시키다

restrict **v** 제한하다

restriction **n** 제한

result in (결과적으로) 야기하다

retain **v** 유지하다

retire **v** 은퇴하다

retreat **v** 물러가다

return **v** 돌아오다

reunite **v** 재결합하다

reveal **v** 드러내다, 밝히다

reversal **n** 반전, 전환

revolutionize **v** 혁명을 일으키다

reward **n** 보상

rich **adj** 부유한, 풍부한

right **n** 권리, 권한

rigid **adj** 단단한

ritual **n** 의식

riverbank **n** 강둑, 강기슭

rocky **adj** 바위로 된, 바위가 많은

root **n** 뿌리

rot **v** 썩다, 부패시키다

rotate **v** 돌다, 회전하다

rotation n 회전, 자전

roughly adv 대략, 거의

route n 길, 경로

rub v 문지르다

rudimentary adj 기본적인, 기초적인

rule out 제외시키다, 배제하다

run v 운영하다

run off 흘러 넘치다

rush forward 돌진하다

S

sack n 자루

sail v 항해하다

salinity n 염분

salmon n 연어

saltiness n 소금기, 염도

sanction v 허가하다

sand n 모래

saturate v 흠뻑 적시다

saw n 톱

scale n 규모, 범위

scarce adj 부족한, 드문

scarcity n 부족, 결핍

scatter v 흩어지다

scattered adj 드문드문 있는, 산재한

scavenger n 죽은 동물을 먹는 동물

scorch v (불에) 태우다, 그슬리다

scores of 많은

scream v 소리치다

script n 대본

scrollwork n 소용돌이 장식

sculpt v 조각하다, 형태를 만들다

sculpture n 조각품

seabed n 해저

search for ~을 찾다

seashore n 해안

seasonal adj 계절적인

seasonal cycle 계절 주기

secure adj 안전한

security n 보안, 안보

sedentary adj 한 곳에 머물러 사는

sedimentary rock 퇴적암

see v 겪다

seed plant 종자식물

seemingly adv 보아하니

seismic adj 지진의

seldom adv 좀처럼 ~하지 않는

semi-arid adj 반건조의

sense v 감지하다, 느끼다

sensor n 감지기, 센서

sensory n 감각

sensory receptor 감각 수용체

separate v 분리하다, 나누다

serve as ~의 역할을 하다

setting n 환경

settle down 정착하다

settlement n 정착지, 정착 (과정)

severely adv 심하게

severity n 혹독함

sewage n 하수

shade n 그늘, 음영, 색조

shallow adj 얕은

shape v 형성하다

share n 몫, 지분

shed v (허물을) 벗다

shelf n 선반

shell n (외부 틀을 이루는) 뼈대, 껍데기

shellfish n 조개류, 갑각류

shield n 보호막

shift n 변화

Appendix

shop **n** 가게

shorten **v** 짧게 하다, 짧아지다

shovel **n** 삽

shower **v** 빗발치듯 쏟아지다[퍼붓다]

shrink **v** 줄어들다

shrub **n** 관목

sibling **n** 형제자매

side **n** (어느 한) 쪽[측], 옆면, 측면

sign **n** 징후, 흔적

signal **v** 신호를 보내다

significance **n** 중요성

significant **adj** 중요한

significantly **adv** 상당히

silt **n** 유사, 토사

similarity **n** 유사성

similarly **adv** 비슷하게

simply **adv** 그저, 간단히

simultaneously **adv** 동시에

since **conj** ~한 이래로, ~ 때문에 **prep** ~ 이래로

situate **v** 위치시키다, 두다

sizable **adj** 상당한 크기의

skilled **adj** 숙련된

slight **adj** 약간의, 가벼운

slightly **adv** 약간, 조금

slope **n** (산)비탈, 경사면[지]

slow **v** 속도를 늦추다

small **adj** 작은, 소규모의

snowfall **n** 강설, 강설량

soak up 빨아들이다, 흡수하다

sodium **n** 나트륨

soil **n** 토양

solar system 태양계

solid **adj** 단단한, 고체의

solution **n** 용액, 용해

solve **v** 풀다

solvent **n** 용매

sophistication **n** 정교함

sort **v** 분류하다

south **adv** 남쪽으로

souvenir **n** 기념품

sovereignty **n** 통치권, 자주권

spacecraft **n** 우주선

span **v** 걸치다

sparse **adj** 드문, 희박한

spear **n** 창

specialized **adj** 전문화된

speciation **n** 종 형성

specific **adj** 특정한, 구체적인

speech **n** 말

speed up 가속화하다

spell **n** 기간

spice **n** 향신료

spike **n** 급증. 급등

spin **v** 실을 잣다

spiral **n** 나선형, 소용돌이

split up 분리하다, 나누다

spontaneously **adv** 자연스럽게

sporadic **adj** 산발적인

spread **n** 확산

sprout **v** 싹이 나다, 자라기 시작하다

squeeze **v** 짜다, 짜내다

squirrel **n** 다람쥐

stable **adj** 안정적인

stage **n** 단계

staged **adj** 연출된, 일부러 꾸민

stalk **v** (먹이 등에) 몰래 접근하다

stand out 눈에 띄다

standard **adj** 일반적인, 표준의, 보통의

standardize **v** 표준화하다

starfish **n** 불가사리

starvation **n** 굶주림

stasis **n** 정체

state ⓝ 상태

status ⓝ 지위, 신분

status quo 현재의 상황

steady 【adj】 꾸준한

steel ⓝ 강철

steep 【adj】 가파른, 급격한

steering reflex 조종 반사

stem ⓝ 줄기

sterile 【adj】 불임의

stigma ⓝ (꽃의) 암술머리

still 【adj】 가만히 있는

stimulate ⓥ 자극시키다, 활발하게 하다, 고무시키다

stock market 주식 시장

stockpile ⓥ 비축하다

storage ⓝ 저장

store ⓥ 저장하다

storm ⓝ 폭풍

stormy 【adj】 폭풍우가 몰아치는

straightforward 【adj】 간단한

strait ⓝ 해협

strata ⓝ (stratum의 복수형) 지층

strategy ⓝ 전략, 계획

stream ⓝ 개울

stretch ⓥ 펴다, 뻗어 있다

strictly 【adv】 엄격히

stride ⓝ 진전

strike ⓥ 치다, 때리다, 공격하다

stroke ⓝ 날개치기

structure ⓝ 구조

sub-equatorial 【adj】 아적도의

subject to ~에 영향을 받기 쉬운, ~에 취약한

subjective 【adj】 주관적인

subjugator ⓝ 정복자

subsequently 【adv】 그 뒤에, 나중에

substance ⓝ 물질

substantial 【adj】 상당한

substantially 【adv】 대체로

subterranean 【adj】 지하의

suburban 【adj】 교외의

such as 예를 들어(~와 같은)

sudden 【adj】 갑작스러운

suddenness ⓝ 갑작스러움

sue ⓥ 고소하다

sufficient 【adj】 충분한

sufficiently 【adv】 충분히

suit ⓥ 적합하다, 알맞다

suitable 【adj】 적절한, 알맞은, 적합한

superheated 【adj】 과열된

superior 【adj】 우수한, 우월한

supply ⓝ 공급

suppose ⓥ 추측하다, 가정하다

supposing (that) 만약 ~라면

surely 【adv】 분명히, 틀림없이

surface ⓝ 표면, 지면, 수면

surge ⓝ 급증

surpass ⓥ 초과하다

surplus 【adj】 잉여의

surprisingly 【adv】 놀랍게도, 놀랍도록

surround ⓥ 둘러싸다

surrounding 【adv】 주위의

surroundings ⓝ 환경

survival ⓝ 생존

survival of the fittest 적자생존

survive ⓝ 생존하다, 견뎌 내다

susceptible 【adj】 ~에 약한

susceptible to ~에 취약한

suspicion ⓝ 의심, 의혹

sustain ⓥ 지탱하다, 지속시키다

sustenance ⓝ 음식물, 자양물

swallow ⓥ 삼키다

swamp ⓝ 늪, 습지

switch ⓥ 바꾸다(바뀌다)

symbiotic **adj** 공생의, 공생하는

symbol **n** 기호, 부호

synthetic **adj** 합성한

system **n** 체계

T

tactic **n** 전술

tactile sensor 촉각 감지기

take advantage of ~을 이용하다

take into account ~을 고려하다

take on ~을 맡다

take place 발생하다

take shape 형태를 갖추다, 구체화되다

taken together 종합하여 볼 때

tangible **adj** 실재하는

tap **v** 이용하다

target **v** 대상으로 삼다, 겨냥하다

tariff **n** 관세

task **n** 일, 과업

tax **n** 세금

teat **n** 젖꼭지

technique **n** 기법, 기술

technology **n** 기술

teeth **n** 톱니

telegraph **n** 전신

telescope **n** 망원경

tell **v** 구별하다

temperate **adj** 온대성의, 온화한

temperature **n** 온도

temple **n** 사원

temporarily **adv** 일시적으로

temporary **adj** 일시적인

tend to ~하는 경향이 있다

tendency **n** 경향, 동향

term **n** 용어

termite **n** 흰개미

terracotta **n** 테라코타

terrain **n** 지형, 지역

terrestrial **adj** 육생의

terrestrial planet 지구형 행성

territory **n** 영토, 지역

Tertiary Period 제3기

textile **n** 직물

the bulk of ~의 대부분

the former (둘 중) 전자

the Great Plains 대평원

the latter (둘 중) 후자

the Mediterranean 지중해

theoretically **adv** 이론상

theory **n** 이론

therefore **adv** 그러므로

thickness **n** 두께

thoroughly **adv** 완전히, 철저히

though **conj** (비록) ~이지만

threaten **v** 위협하다

thrive **v** 번창하다

thriving **adj** 번영하는

through **prep** ~을 통해, ~ 전체에, ~ 내내

throughout **prep** ~동안 내내

tidal **adj** 조수의

tide **n** 조수

tightly **adv** 단단히, 빽빽히

till **prep** ~ 까지

timber **n** 목재

tinted **adj** 색조를 띠는

tiny **adj** 아주 작은

tissue **n** 세포

to **prep** ~에게, ~쪽으로

toad **n** 두꺼비

tolerance **n** 내성

tool ⓝ 도구

topography ⓝ 지형, 지형학

toward prep ~ 무렵, ~을 향하여

toxic adj 유독성의

toxin ⓝ 독소

trace ⓝ 흔적

trade ⓥ 거래하다

traditional adj 전통적인

trail ⓝ 자국, 흔적, 자취

train ⓥ 훈련하다, 훈련시키다

trait ⓝ 특성

transformation ⓝ 변화

transparent adj 투명한

transpiration ⓝ 증산

transport ⓥ 이동시키다, 수송하다

travel ⓥ 이동하다

treatment ⓝ 처리

tree trunk 나무 몸통

tremendous adj 엄청난, 대단한

tribe ⓝ 부족

trigger ⓥ 촉발시키다

troop ⓝ 무리, 군대, 부대

tropic ⓝ 열대 지방

tropical adj 열대의, 열대 지방의

truly adv 정말로, 진정으로

trust ⓥ 신뢰하다

tsunami ⓝ 쓰나미(엄청난 해일)

tuna ⓝ 참치

tunnel ⓝ 굴

turtle ⓝ 거북

typically adv 보통, 일반적으로

typify ⓥ 특징이다

ultimately adv 궁극적으로, 결국

ultraviolet radiation 자외선

unaware adj ~을 알지 못하는

unblemished adj 흠 없는

uncertain adj 불확실한

unclear adj 불확실한

uncovered adj 아무것도 덮여 있지 않은

under prep ~ 중에 있는, ~ 아래에

undergo ⓥ 겪다

undergrowth ⓝ 덤불, 관목

undermine ⓥ 약화시키다

understanding ⓝ 이해

understory ⓝ 하층, 하층 식생

unexpected adj 예기치 않은, 뜻밖의

unexpectedness ⓝ 뜻밖임

unintended adj 의도하지 않은

unique adj 유일무이한, 독특한, 특별한

unity ⓝ 통합

unleash ⓥ 촉발시키다, 불러일으키다

unless conj 만약 ~하지 않는다면

unlike prep ~와 다르게

unlikely adj ~일 것 같지 않은, 아닐 것 같은

unpredictable adj 예측 불가능한

unsaturated adj 포화되지 않은

unsustainable adj 지속 불가능한

until conj ~할 때까지 prep ~ 까지

unusual adj 특이한

unusually adv 대단히, 몹시, 평소와 달리

unwise adj 어리석은

up prep ~ 위에, ~ 위로

up to ~까지

upheaval ⓝ 격변

Upper Paleolithic 후기 구석기 시대의

upsurge ⓝ 급증

urbanite **n** 도시인, 도회인

urine **n** 소변

use **n** 사용

useful **adj** 유용한

utilize **v** 이용하다

utterly **adv** 완전히, 순전히

V

vadose zone 불포화대

valley **n** 계곡

valuable **adj** 귀중한

value **v** 소중하게 여기다

vapor **n** 증기

variable **n** 변수

variance **n** 변화

variation **n** 차이, 변화

various **adj** 다양한

vary **v** (각기)다르다, 달라지다

vast **adj** 방대한, 광범위한

vastly **adv** 엄청나게

vegetation **n** 식물, 초목

velocity **n** 속도

venomous **adj** 독성이 있는

Venus **n** 금성

vertebrate **n** 척추동물

vertical **adj** 수직의

via **prep** ~을 통해, ~에 의해, 거쳐서, 통해서

viable **adj** 실현 가능한

vice versa 그 반대로 마찬가지인

vicinity **n** 인근, 부근

view **v** 보다, ~라고 여기다

vigorous **adj** 활발한, 건강한

violate **v** 위반하다

violent **adj** 격렬한, 극심한

violently **adv** 격렬하게, 극심하게

virtually **adv** 사실상, 거의

visible **adj** 보이는, 뚜렷한

vital **adj** 필수적인

vitally **adv** 필수적으로

vogue **n** 유행

volatile **adj** 변덕스러운, 휘발성의

volcanic **adj** 화산의

volcanic eruption 화산 폭발

volcanism **n** 화산 활동

vomit **v** 토하다

voraciously **adv** 게걸스럽게

voyage **n** 여행

W

walkway **n** 통로, 보도

wane **v** 약해지다, 줄어들다

warm-blooded **adj** 온혈의

warmth **n** 따뜻함

warning **n** 경고

warning coloration 경계색

wash away 쓸어버리다

waste **adj** 쓸모가 없어진, 폐허의

water boatman 물벌레

water table 지하 수면

watery **adj** 물의, 물기가 많은

wave **n** 파도, 물결

wax **n** 밀랍

weaken **v** 약화시키다[되다]

wealth **n** 부, 부유함, 풍부한 양, 다량

weapon **n** 무기

wear away 닳게 만든다

wear down 닳게 하다, 마모시키다

weathered **adj** 풍화된

weathering ⓝ 풍화

weave ⓥ 짜다, 엮다

weight ⓝ 무게 장치

whatsoever ⓐⓓⓥ 전혀~하지 않다

wheat ⓝ 밀

when ⓒⓞⓝⓙ ~할 때

when it comes to ~에 관한 한

whereas ⓒⓞⓝⓙ 반면에

while ⓒⓞⓝⓙ ~하는 동안에, ~하는 반면에

whistle ⓝ 휘파람 소리

white blood cell 백혈구

whole ⓐⓓⓙ 전체의

wide ⓐⓓⓙ 폭이 ~인

widely ⓐⓓⓥ 널리

widespread ⓐⓓⓙ 널리 퍼진, 광범위한

width ⓝ 너비, 폭

wield ⓥ 행사하다

wind ⓥ 태엽을 감다

wipe out ~을 없애다

wire-drawing machine 신선기

with ⓟⓡⓔⓟ ~와

with caution 주의하여, 신중하게

with regard to ~에 관하여

with respect to ~에 관하여

wither ⓥ 시들다

within ⓟⓡⓔⓟ ~ 이내에, 안에, ~ 내에서

without ⓟⓡⓔⓟ ~을 제외하고, ~ 없이

wooden ⓐⓓⓙ 나무로 된

wool ⓝ 양모

woolen ⓐⓓⓙ 양모의, 모직의

wooly ⓐⓓⓙ 털북숭이의

wound ⓝ 부상

wreak ⓥ (피해를) 입히다, 가하다

writing ⓝ 문자

wrought iron 연철

Y

yet ⓒⓞⓝⓙ 그런데도, 하지만

yield ⓥ 산출하다, 굴복하다, 넘겨주다

youth ⓝ 젊음

Appendix

PAGODA TOEFL 70+ Reading

PAGODA TOEFL 70+ Reading

PAGODA TOEFL 70+ Reading

PAGODA
TOEFL
70+
Reading

정답 및 해설

PAGODA Books

PAGODA
TOEFL
70+
Reading

정답 및 해설

지은이 파고다교육그룹 언어교육연구소 | 저

Lesson 01 단어 뜻 파악하기

Practice   본서 ⅠP. 25

01 n 수공예, 수공예품	02 n 사업, 일	03 v 행하다	04 n 장인	05 v 운영하다
06 n 사업체	07 adj 작은, 소규모의	08 adj 독립적인	09 n 가게	10 v 나아가다
11 adj 현대의	12 n 자본주의	13 v 특징짓다	14 여러 가지의	15 n 요소
16 예를 들어 (~와 같은)	17 n 시장	18 ~에 기반을 둔	19 n 가격 책정	20 adj 혁신적인
21 adj 산업의	22 n 구조	23 n 측면	24 adj 경제의	25 n 체계
26 v 시작하다	27 v ~을 하게 만들다	28 adj 안전한	29 adv 비교적	30 adj 번영하는
31 n 위치, 자리	32 adj 불확실한			

Lesson 02 긴 문장에 자주 등장하는 구조 파악하기

Check-up 1   본서 ⅠP. 27

01 필수적이다 / 생물들이 / (그것들이) 사는 / 떼 지어 / 배우는 것은 / 적절한 사회적 행동을

It is essential / for organisms / that live / in groups / to learn / proper social behavior.

떼 지어 사는 생물들이 적절한 사회적 행동을 배우는 것은 필수적이다.

02 비잔틴 제국은 / (그것이) 지배했던 / 동부 지중해를 / 시작했다 / 흔들리기 / 1300년대에

The Byzantine Empire, / which had dominated / the eastern Mediterranean, / began / to falter / in the 1300s.

동부 지중해를 지배했던 비잔틴 제국은 1300년대에 흔들리기 시작했다.

03 그 고대 도자기는 / 얕은 그릇이다 / (그것이) 생산되었던 / 주조 틀에서

That ancient piece of pottery / is a shallow bowl / that was produced / in a mold.

그 고대 도자기는 주조 틀에서 생산되었던 얕은 그릇이다.

04 농업은 / 발달했다 / 사람들 사이에서 / (그들이) 가지고 있던 / 동식물들에 대한 광범위한 이해를

Agriculture / evolved / among populations / that possessed / a vast understanding of plants and animals.

농업은 동식물들에 대한 광범위한 이해를 가지고 있던 사람들 사이에서 발달했다.

Check-up 2   본서 ⅠP. 29

01 가뭄은 / 줄였다 / 사냥감의 이용 가능성을 / 초기 인류가 / 사냥했던 / 식량을 위해

The drought / diminished / the availability of the game / that early humans / hunted / for food.

가뭄은 초기 인류가 식량을 위해 사냥했던 사냥감의 이용 가능성을 줄였다.

02 육식 동물들의 이빨과 대조적으로 / 이빨은 / 초식 동물들이 / 가진 / 간다 / 식물 물질을 / 소화 전에

In contrast to carnivores' teeth, / the teeth / that herbivores / have / grind / plant matter / before digestion.

육식 동물들의 이빨과 대조적으로, 초식 동물들이 가진 이빨은 식물 물질을 소화 전에 간다.

03 많은 일은 / 고고학자들이 / 해야 하는 / 발굴의 초기 단계들에서 / 분류하는 것이다 / 파편들을

A lot of the work / that archaeologists / have to do / in the early stages of excavation / is sorting / fragments.

발굴의 초기 단계들에서 고고학자들이 해야 하는 많은 일은 파편들을 분류하는 것이다.

04 석유 추출은 / 야기한다 / 환경 문제들을 / 공기 오염과 같은 / 석유의 정제와 연소가 / 생산할 수 있는

Petroleum extraction / brings about / environmental problems / like air pollution, / which the refining and combustion of petroleum / can produce.

석유 추출은 석유의 정제와 연소가 생산할 수 있는 공기 오염과 같은 환경 문제들을 야기한다.

Practice

본서 I P. 30

01 인구는 / 억제되었다 / 17세기까지 / 기아와 질병에 의해, / (그것이) 주기적으로 돌아왔던 / 인구가 / 초과했을 때 / 땅의 용량을 / 지탱하는 / 그것(= 인구)을

The population / was kept in check / until the 17th century / by hunger and illness, / which periodically returned / when the population / surpassed / the land's capacity / to support / it.

인구가 그것을 지탱하는 땅의 용량을 초과했을 때 주기적으로 돌아왔던 기아와 질병에 의해 인구는 17세기까지 억제되었다.

02 토착의 포유동물들이 없기 때문에 / 그 섬의 대부분에, / 조류들과 파충류들은 / 발달해왔다 / 맡기 위해 / 포식동물의 역할을 / 포유동물들이 / 하는 / 다른 지역에서

Since there are no native mammals / on the majority of the islands, / birds and reptiles / have evolved / to take on / the predatory roles / that mammals / play / in other areas.

그 섬의 대부분에 토착의 포유동물들이 없기 때문에, 조류들과 파충류들은 다른 지역에서 포유동물들이 하는 포식동물의 역할을 맡기 위해 발달해왔다.

03 배우들은 / 해야 하지만 / 따르려고 / 극의 대본을 / 가능한 한 정확하게, / 작은 차이들이 있다 / 오직 전문가만이 / 할 수 있는 / 알아차릴

Even though the actors / should try / to follow / the play's script / as precisely as possible, / there are small variations / that only a professional / would be able / to notice.

배우들은 극의 대본을 가능한 한 정확하게 따르려고 해야 하지만, 오직 전문가만이 알아차릴 수 있는 작은 차이들이 있다.

04 지구는 / 변화해 왔다 / 천천히 그리고 점진적으로 / 끊임없는 과정들을 통해 / (그것들이) 분명히 관찰 가능한, / 하지만 때때로 / 이러한 과정들은 / 가속화되어 왔다 / 자연재해들에 의해 / (그것들이) 영향을 미쳐 왔던 / 지구 전체와 모든 생명체에게 / (그것이) 존재하는 / 그것(= 지구)에

Earth / has changed / slowly and gradually / through constant processes / that are clearly observable, / but sometimes / these processes / have been sped up / by natural disasters / that have impacted / the whole planet and all the life / that exists / on it.

분명히 관찰 가능한 끊임없는 과정을 통해 지구는 천천히 그리고 점진적으로 변화해 왔지만, 때때로 이러한 과정들은 지구 전체와 그것에 존재하는 모든 생명체에게 영향을 미쳐 왔던 자연재해들에 의해 가속화되어 왔다.

05 서기 약 440년부터 660년까지 / 고전 시대에 / 강우량은 / 지역의 / 마야인들이 / 거주했던 / 증가했다 / 상당히 / 이전 해들과 비교하여, / 하게 해 주었다 / 그들이 / 확장하도록 / 그들의 농업 행위들을 / 그리고 생산하도록 / 엄청난 양의 음식을

From around 440 to 660 CE / in the Classical Period, / rainfall / in the area / the Maya / resided in / rose / considerably / compared to previous years, / allowing / them / to expand / their agricultural practices / and produce / enormous quantities of food.

서기 약 440년부터 660년까지 고전 시대에, 마야인들이 거주했던 지역의 강우량은 이전 해들과 비교하여 상당히 증가했고, 이는 그들이 그들의 농업 행위들을 확장하도록 하고 엄청난 양의 음식을 생산하도록 해 주었다.

Check-up 1

01 모든 이전에 존재했던 진화 혈통의 대다수는 / 지구의 / 현재 멸종되었다

The majority of all previously existing evolutionary lineages / on Earth / are now extinct.

지구의 모든 이전에 존재했던 진화 혈통의 대다수는 현재 멸종되었다.

02 최근에 발견된 화석들은 / 만든다 / 어렵게 / 알아내는 것을 / 종자식물들의 기원을

Newly discovered fossils / make it / difficult / to figure out / the origin of seed plants.

최근에 발견된 화석들은 종자식물들의 기원을 알아내는 것을 어렵게 만든다.

03 많은 소작농들은 / 일자리를 찾는 / 시작했다 / 모여들기 / 도시로

Large numbers of peasants / searching for work / began / to flock / to the city.

일자리를 찾는 많은 소작농들은 도시로 모여들기 시작했다.

04 고고학적 연구는 / 목탄에 대한 / 화로에서 발견된 / 보여 주었다 / 변화가 있었음을 / 나무 종류들에 / (그것들이) 사용되었던

Archaeological research / on wood charcoal / discovered in hearths / showed / that there was a shift / in the types of wood / that were utilized.

화로에서 발견된 목탄에 대한 고고학적 연구는 사용되었던 나무 종류들에 변화가 있었음을 보여 주었다.

Check-up 2

01 새 깃털들은 / 진화했다 / 되도록 / 더욱 내구성 있고 가볍게 / 하면서 / 필수적인 역할을 / 온도 조절에

Bird feathers / evolved / to become / more durable and lighter, / playing / a vital role / in controlling temperature.

새 깃털들은 온도 조절에 필수적인 역할을 하면서 더욱 내구성 있고 가볍게 되도록 진화했다.

02 영감을 받은 / 무기 제조에 의해 / Terry는 / 설계했다 / 그만의 전문화된 도구들을 / (그것들이) 사용될 수 있는 / 만들기 위해 / 표준화된 시계 부품들을

Inspired / by weapons manufacturing, / Terry / designed / his own specialized tools / that could be used / to make / standardized clock parts.

무기 제조에 의해 영감을 받은 Terry는 표준화된 시계 부품들을 만들기 위해 사용될 수 있는 그만의 전문화된 도구들을 설계했다.

03 알면서 / 석유의 양을 / (그것이) 발견된 / 아주 많이 시추된 지역에서, / 전문가들은 / 계산한다 / 가능한 양을 / 다른 지역에서 / 비슷한 암석 종류들과 구조들을 가진

Knowing / the amount of oil / that has been found / in a heavily drilled region, / experts / calculate / possible quantities / in other areas / with comparable rock types and structures.

아주 많이 시추된 지역에서 발견된 석유의 양을 알면서, 전문가들은 비슷한 암석 종류들과 구조들을 가진 다른 지역에서 가능한 양을 계산한다.

04 만들면서 / 그림들, 조각품들, 수공예품들에 대한 많은 사진 기록들을 / 그 프로젝트는 / 도왔다 / 만들도록 / 미국 민속 예술을 / 더욱더 대중적으로 / 보여줌 으로써 / 그 나라의 역사를

Producing / large photographic records of paintings, sculptures, and handicrafts, / the project / helped / make / American folk art / more popular / by showing / the country's history.

그림들, 조각품들, 수공예품들에 대한 많은 사진 기록들을 만들면서, 그 프로젝트는 그 나라의 역사를 보여줌 으로써 미국 민속 예술을 더욱더 대중적으로 만들도록 도왔다.

Practice

01 잘 알려진 / 그의 엄청난 헌신으로 / 사람들에 대한 / Augustus는 / 실행했다 / 광범위한 개선들을 / 행정, 법, 경제, 그리고

도덕의 영역에서

Known / for his enormous devotion / to the people, / Augustus / implemented / a wide range of improvements / in the areas of administration, law, the economy, and morality.

사람들에 대한 그의 엄청난 헌신으로 잘 알려진 Augustus는 행정, 법, 경제, 그리고 도덕의 영역에서 광범위한 개선들을 실행했다.

02 많은 나라들은 / 제정했다 / 관세를 / (그것들이) 고안된 / 보호하기 위해 / 국내 농업을 / 요구하면서 / 시장이 / 거래하도록 / 제품만을 / 생산된 / 국내에서

Many countries / enacted / tariffs / that were designed / to protect / domestic agriculture, / requiring / the market / to trade / exclusively in products / produced / within the nation.

많은 나라들은 시장이 국내에서 생산된 제품만을 거래하도록 요구하면서 국내 농업을 보호하기 위해 고안된 관세를 제정했다.

03 동물들이 / 사는 / 온대 지역에 / 위협을 받는다 / 치명적인 추운 온도에 의해 / 겨울에 / 반면에 동물들은 / 사는 / 건조 지역에 / 직면한다 / 더 길어진 건조하고 더운 기간에 / 여름에

Animals / dwelling / in temperate zones / are threatened / by fatal cold temperatures / in the winter, / while animals / dwelling / in arid zones / face / extended dry, hot spells / in the summer.

온대 지역에 사는 동물들이 겨울에 치명적인 추운 온도에 의해 위협을 받는 반면, 건조 지역에 사는 동물들은 여름에 더 길어진 건조하고 더운 기간에 직면한다.

04 때때로 / ~라고 불리는 / 하라판 문명 / 이름 때문에 / 첫 번째 장소가 / 그것(= 장소)이 발굴되었던 곳의 / 인더스 문명은 / 널리 여겨진다 / ~이었다고 / 가장 발전한 문화들 중 하나 / 그 시기의

Sometimes / referred to as the Harappan Civilization, / owing to the name / of the first site / where it was excavated, / the Indus Civilization / is widely believed / to have been one / of the most advanced cultures / of its time.

첫 번째 장소가 발굴되었던 곳의 이름 때문에 때때로 하라판 문명이라고 불리는 인더스 문명은 그 시기의 가장 발전한 문화들 중 하나였다고 널리 여겨진다.

05 지어진 / 산비탈의 윤곽을 따라 / 돌담들은 / 기능할 수 있을 것이다 / 미니 댐으로서 / 늦추면서 / 물의 흐름을 / 아래쪽으로 가는 / 그리고 가능하게 하면서 / 더 많은 물이 / 침투하도록 / 그리고 토양의 입자들이 / 축적되도록 / 댐 뒤에

Built / along the slope's contours, / stone walls / could function / as mini dams, / slowing / the flow of water / downwards / and enabling / more water / to penetrate / and particles of soil / to accumulate / behind the dam.

산비탈의 윤곽을 따라 지어진 돌담들은 아래쪽으로 가는 물의 흐름을 늦추고 더 많은 물이 침투하고 토양의 입자들이 댐 뒤에 축적되도록 미니 댐으로서 기능할 수 있을 것이다.

Check-up 1   본서 | P. 37

01 고고학자들은 / 제안했다 / 이론을 / (그것이) 여겼던 / 급격한 증가를 / 장거리 무역의 / 주요 원인으로 / 마야 문명의 출현의

Archaeologists / proposed / a theory / that considered / a sudden increase / in trade over long distances / the main reason / for the emergence of the Mayan civilization.

고고학자들은 장거리 무역의 급격한 증가를 마야 문명의 출현의 주요 원인으로 여겼던 이론을 제안했다.

02 연구자들은 / 알아냈다 / 협동과 경쟁에 대한 보상 기반의 정의가 / 불충분하다는 것을

Researchers / found / reward-based definitions of cooperation and competition / insufficient.

연구자들은 협동과 경쟁에 대한 보상 기반의 정의가 불충분하다는 것을 알아냈다.

03 일부 원시 문화는 / 더 이상 여기지 않았다 / 특정한 의식들이 / 필수적이라고 / 그들의 생존에 / 그리고 결국 버렸다 / 그것들을

Some primitive cultures / no longer considered / particular rituals / vital / to their survival / and eventually abandoned / them.

일부 원시 문화는 특정한 의식들이 그들의 생존에 필수적이라고 더 이상 여기지 않았고 그것들을 결국 버렸다.

01 감소한 음식 공급은 / 강요했다 / 사람들이 / 줄이도록 / 이용 가능한 자본의 양을 / 다른 지출이나 투자를 위한

Decreased food supplies / forced / people / to reduce / the quantity of available capital / for other expenditures or investments.

감소한 음식 공급은 사람들이 다른 지출이나 투자를 위한 이용 가능한 자본의 양을 줄이도록 강요했다.

02 일련의 혹독한 가뭄은 / 야기했다 / 그 제국이 / 빠지도록 / 전쟁과 기아의 기간에 / (그것이) 지속된 / 백 년 이상

A series of harsh droughts / caused / the empire / to fall / into a period of war and hunger / that lasted / more than a century.

일련의 혹독한 가뭄은 그 제국이 백 년 이상 지속된 전쟁과 기아의 기간에 빠지도록 야기했다.

03 대부분의 곤충들은 / 가진다 / 몸을 / (그것들이) 색칠되어 있고 무늬가 만들어져 있는 / 방식으로 / (그것들이) 허용해 주는 / 그들이 / 섞이도록 / 그들 환경의 주된 배경색과

Most insects / have / bodies / that are colored and patterned / in ways / that allow / them / to blend in / with the dominant background colors of their environments.

대부분의 곤충들은 그들이 환경의 주된 배경색과 섞이도록 허용해 주는 방식으로 색칠되어 있고 무늬가 만들어져 있는 몸을 가진다.

01 동물 종들의 다수는 / 이용한다 / 어떤 위장의 형태를 / (그것은) 도와주는 / 그들이 / 숨도록 / 그들의 포식자로부터

The majority of animal species / utilize / some form of camouflage, / which helps / them / hide / from / their / predators.

동물 종들의 다수는 그들의 포식자로부터 그들이 숨도록 도와주는 어떤 위장의 형태를 이용한다.

02 메소포타미아의 역사는 / 가득 찼다 / 격변들로 / (그것들이) 만들었던 / 그 지역의 정치가 / 바뀌도록 / 더욱 자주, / 더욱 약화하면서 / 정치적 통합을

The history of Mesopotamia / was filled / with upheavals / that made / the region's politics / alter / more often, / further undermining / political unity.

메소포타미아의 역사는 정치적 통합을 더욱 약화하면서 그 지역의 정치가 더욱 자주 바뀌도록 만들었던 격변들로 가득 찼다.

03 많은 흰개미들의 신진대사는 / 돕는다 / 둥지의 내부가 / 따뜻하게 유지하도록 / 그리고 제공한다 / 수분을 / 둥지 내부의 공기에

The metabolisms of a large number of termites / help / the nest's interior / keep warm / and provide / moisture / to the air inside the nest.

많은 흰개미들의 신진대사는 둥지의 내부가 따뜻하게 유지하도록 돕고 둥지 내부의 공기에 수분을 제공한다.

01 일부 수생 곤충들은 / 가진다 / 자연 위장을 / (그것이) 만드는 / 그들이 / 보이도록 / 먹을 수 없는 물체들로 / 반면에 다른 것들은 / 붙인다 / 모래나 식물 물질을 / 그들의 몸들에 / 숨기 위해서

A few aquatic insects / have / natural camouflage / that makes / them / appear / to be inedible objects, / whereas others / affix / sand or plant matter / to their bodies / to hide.

일부 수생 곤충들은 그들이 먹을 수 없는 물체들로 보이도록 만드는 자연 위장을 가지는 반면, 다른 것들은 숨기 위해서 모래나 식물 물질을 그들의 몸들에 붙인다.

02 최근의 기술 발달은 / 만들어 왔다 / 석탄 생산을 / 더욱더 안정적으로, / 허용하면서 / 그것(= 석탄 생산)이 / 증가하도록 / 예년과 비교하여

Recent developments in technology / have made / coal production / more stable, / allowing / it / to be increased / compared to previous years.

최근의 기술 발달은 예년과 비교하여 석탄 생산이 증가하도록 허용하면서 그것을 더욱더 안정적으로 만들어 왔다.

03 언어학자들은 / 믿었다 / 분류하는 것 / 현대 언어들을 / 그리고 비교하는 것 / 그것의 상대적 유사성 정도를 / 해 줄 것이라고 / 그들이 / 만들도록 / 계보 지도를 / 반투족 언어들과 그것들 확장의

Linguists / believed / that classifying / the modern languages / and comparing / their relative degrees of similarity / would allow / them / to create / a genealogical map / of the Bantu languages and their expansion.

언어학자들은 현대 언어들을 분류하는 것과 그것의 상대적 유사성 정도를 비교하는 것이 그들이 반투족 언어들과 그것들 확장의 계보 지도를 만들도록 해 줄 것이라고 믿었다.

04 시간이 지나면서, / 영국은 / 줄였다 / 그의 수출들을 / 그리고 충돌들은 / 프랑스와 스페인 사이의 / 저지대 통제에 대한 / 만들었다 / 그 지역의 많은 난민들이 / 이주해 오도록 / 영국으로

Over time, / England / decreased / its exports, / and the conflicts / between France and Spain / over control of the Low Countries / caused / many refugees from that region / to immigrate / to England.

시간이 지나면서, 영국은 수출들을 줄였고 저지대 통제에 대한 프랑스와 스페인 사이의 충돌들은 그 지역의 많은 난민들이 영국으로 이주해 오도록 만들었다.

05 연구자들은 / 여겼다 / 청동 야금술의 발달을 / 주요한 요소로 / 이해하기에 있어 / 중요한 변화들을 / (그것들이) 발생했던 / 사회 조직에서

The researchers / considered / the development of bronze metallurgy / a primary component / in understanding / the significant changes / that took place / in social organization.

연구자들은 청동 야금술의 발달을 사회 조직에서 발생했던 중요한 변화들을 이해하기에 있어 주요한 요소로 여겼다.

Check-up 1

01 이탈리아 도시 국가들은 / 지배했다 / 양모 직물 산업을 / 중세 시대에 / 하지만 그들은 / 잃었다 / 그들의 지위를 / 영국에게 / 15세기에 이르러

The Italian city-states / dominated / the wool textile industry / in the Middle Ages, / but they / lost / their position / to England / by the 15th century.

이탈리아 도시 국가들은 중세 시대에 양모 직물 산업을 지배했지만, 그들은 15세기에 이르러 영국에게 그들의 지위를 잃었다.

02 언어는 / 문화들이 사용하는 / 제공한다 / 더 많은 정보를 / 그 어느 측면보다 / 그러므로 그것들의 역사는 / 필요가 있다 / 연구될

The languages / that cultures use / provide / more information / than any other aspect, / so their histories / need / to be studied.

문화들이 사용하는 언어는 그 어느 측면보다 더 많은 정보를 제공하므로 그것들의 역사는 연구될 필요가 있다.

03 그는 / 개인적으로 자금을 댔었다 / 일련의 탐험에 / 태평양과 인도양, 그리고 카리브해로의 / 하지만 그의 연구는 / 증명하지도 반증하지도 않았다 / 그 이론을

He / personally financed / a series of expeditions / to the Pacific and Indian Oceans and the Caribbean, / but his research / neither proved nor disproved / the theory.

그는 태평양과 인도양, 그리고 카리브해로의 일련의 탐험에 개인적으로 자금을 댔지만, 그의 연구는 그 이론을 증명하지도 반증하지도 않았다.

Check-up 2

01 진화는 / 경쟁이다 / 그리고 종들은 / 멸종되었다 / 꽤 꾸준한 속도로 / 새로운 종들이 / 진화함에 따라 / 역사 동안 내내

Lesson 02
Basic Skills

Evolution / is competition, / and species / have gone extinct / at a fairly steady rate / as new ones / have evolved / throughout history.

진화는 경쟁이고 역사 동안 내내 새로운 종들이 진화함에 따라 종들은 꽤 꾸준한 속도로 멸종되었다.

02 구조들이 / 저장 용기와 구덩이 같은 / 발견될 때 / 한 장소에서 / 그것은 / 징후이다 / 사람들이 / (그들이) 거기에 살았던 / 한곳에 머물러 살았다는

When structures / like storage containers and pits / are discovered / on a site, / that / is a sign / that the people / that lived there / were sedentary.

저장 용기와 구덩이 같은 구조들이 한 장소에서 발견될 때, 그것이 거기에 살았던 사람들이 한곳에 머물러 살았다는 징후이다.

03 Darwin의 이론이 / 대체로 옳았다지만 / 그것(= 이론)은 / 설명하지 않았다 / 다른 요인들에 대해 / 과학계가 / 알지 못했던 / 그 당시에

Although Darwin's theory / was substantially correct, / it / did not account for / other factors / that the scientific community / was unaware of / at that time.

Darwin의 이론이 대체로 옳았다지만, 그것은 그 당시에 과학계가 알지 못했던 다른 요인들에 대해 설명하지 않았다.

04 반면에 연구자들은 / 의견이 다르다 / 온실 효과의 장점과 단점에 대해 / 그들 대부분은 / 의견이 일치한다 / 증가하는 온실 가스 수준이 / 야기한다는 것에 / 지구 온난화를

While researchers / disagree / on the advantages and drawbacks of the greenhouse effect, / the majority of them / agree / that rising greenhouse gas levels / cause / global warming.

연구자들은 온실 효과의 장점과 단점에 대해 의견이 다른 반면, 증가하는 온실가스 수준이 지구 온난화를 야기한다는 것에 그들 대부분은 의견이 일치한다.

05 식민지 주민들은 / 시작했다 / 구매하기 / 더욱 사치스러운 것들을 / 식민지들이 / 도달했다 / 안정적인 상태에 / 그리고 농장들이 / 충분히 성공적이었으니 / 만들어내기에 / 잉여 수확물을

The colonists / started / to purchase / more luxurious things / now that the colonies / had reached / a stable state / and the farms / were successful enough / to generate / surplus harvests.

식민지 주민들은 식민지들이 안정적인 상태에 도달했고 농장들이 잉여 수확물을 만들어내기에 충분히 성공적이었으니 더욱 사치스러운 것들을 구매하기 시작했다.

Practice

본서 I P. 47

01 충분한 수분이 있는 한, / 지하 흰개미는 / 번성할 수 있다 / 그리고 발달시킬 수 있다 / 기능하는 군집을 / 개방된 지역에서 / (그곳에서) 그들이 / 접촉을 가지지 않는 / 토양과

As long as there is sufficient moisture, / subterranean termites / may thrive / and develop / functioning colonies / in open regions / where they / do not have touch with / the soil.

충분한 수분이 있는 한, 지하 흰개미는 번성할 수 있고 그들이 토양과 접촉을 하지 않는 개방된 지역에서 기능하는 군집을 발달시킬 수 있다.

02 만약 개체군 중 하나가 / 상당히 작다면 / 다른 것보다 / 유전 변이는 / 가진다 / 가능성을 / ~이 될 / 더욱 큰 영향 / 그 특정한 집단에

If one of the populations / is significantly smaller / than the other, / genetic drift / has / the potential / to become / the more important influence / for that particular group.

만약 개체군 중 하나가 다른 것보다 상당히 작다면, 유전 변이는 그 특정한 집단에 더욱 큰 영향이 될 가능성을 가진다.

03 석탄을 활용하는 방법들이 / 연료로 / 발달한 후에, / 서식지들과 종들의 파괴는 / 느려지는 것 같았다 / 하지만 오염은 / 석탄을 태우는 것이 만들어냈던 / 곧 다시 시작했다 / 그 주기를

After methods for utilizing coal / as fuel / were developed, / the destruction of habitats and species / seemed to slow down, / but the pollution / that burning coal produced / soon renewed / the cycle.

석탄을 연료로 활용하는 방법들이 발달한 후에, 서식지들과 종들의 파괴는 느려지는 것 같았지만, 석탄을 태우는 것이 만들어 냈던 오염은 그 주기를 곧 다시 시작했다.

04 토양은 / 생성된다 / 부패하는 유기재와 풍화된 암석 물질의 퇴적에 의해 / 하지만 그것(= 토양)은 / 또한 끊임없이 쓸려가게 된다 / 침식에 의해 / 물이 흐를 때 / 그것(= 토양) 위로 그리고 그것(= 토양)을 통해

Soil / is created / through the deposition of decomposing organic material and weathered rock material, / but it / is also constantly being washed away / by erosion / as water flows / over and through it.

토양은 부패하는 유기재와 풍화된 암석 물질의 퇴적에 의해 생성되지만, 물이 토양 위로 그리고 토양을 통해 흐를 때 토양은 침식에 의해 또한 끊임없이 쓸려가게 된다.

05 대량 멸종이 / 백악기와 제3기 사이에 발생한 / 처음에 발견된 이래로 / 지질학자들에 의해 / 시도들이 있어 왔다 / ~에 대한 탓을 돌리는 / 그것(= 대량 멸종) / 치명적인 우주 방사선, 혜성들, 또는 운석들에게

Since the mass extinction / occurring between the Cretaceous and Tertiary Periods / was initially discovered / by geologists, / there have been attempts / to attribute / it / to deadly cosmic radiation, comets, or meteorites.

백악기와 제3기 사이에 발생한 대량 멸종이 지질학자들에 의해 처음에 발견된 이래로, 그것에 대한 탓을 치명적인 우주 방사선, 혜성들, 또는 운석들에게 돌리는 시도들이 있어 왔다.

Check-up

본서 | P. 50

01 고 중세 시대 동안에, / Venice는 / 성장했다 / 가장 번영한 도시로 / 유럽에서 / 무역을 통해 / 그것(= Venice)이 / 누렸던 / 항구 도시로서

During the High Middle Ages, / Venice / grew / into the most prosperous city / in Europe / through the trade / it / enjoyed / as a port city.

고 중세 시대 동안에, Venice는 항구 도시로서 누렸던 무역을 통해 유럽에서 가장 번영한 도시로 성장했다.

02 우림의 생물 다양성에도 불구하고, / 숲 바닥의 토양은 / (그것이) 지탱하는 / 나무를 / 사실상 꽤 좋지 않다

Despite the biodiversity of the rainforest, / the soil of the forest floor / that supports / the trees / is actually quite poor.

우림의 생물 다양성에도 불구하고, 나무를 지탱하는 숲 바닥의 토양은 사실상 꽤 좋지 않다.

03 더듬이를 제외하고 / 모든 곤충들이 / 가지는 / 외부의 감각 기관들은 / 보통 털이다 / 그들이 / 사용하는 것은 / 감지하기 위해 / 다양한 것들을 / 소리, 냄새, 바람을 포함하여

Apart from the antennae / that all insects / have, / external sensory organs / are often hairs / that they / use / to detect / a variety of things, / including sounds, odors, and wind.

모든 곤충들이 가지는 더듬이를 제외하고, 외부의 감각 기관들은 소리, 냄새, 바람을 포함하여 다양한 것들을 감지하기 위해 그들이 사용하는 것은 보통 털이다.

04 플로린은 / 금 동전인 / (그것이) 처음으로 주조된 / 1252년에, / 인정받고 / 신뢰받았다 / 유럽 전역에서, / (그것이) 허용했다 / 그것(= 플로린)이 / 되도록 / 지배적인 통화가 / 국제 교역을 위한

The florin, / a gold coin / that was first minted / in 1252, / was recognized / and trusted / throughout Europe, / which allowed / it / to become / the dominant currency / for international trade.

1252년에 처음으로 주조된 금 동전인 플로린은 유럽 전역에서 인정받고 신뢰받아 그것이 국제 교역을 위한 지배적인 통화가 되도록 허용했다.

05 찾는 대신에 / 식물이나 동물의 재배[사육]에 대한 직접적인 증거를 / 과학자들은 / 찾을 수 있다 / 유물들을 / 연관된 / 음식을 저장하고 가공하는 것과

Instead of finding / direct evidence of plant or animal domestication, / scientists / can find / artifacts / associated / with storing and processing food.

식물이나 동물의 재배[사육]에 대한 직접적인 증거를 찾는 대신에, 과학자들은 음식을 저장하고 가공하는 것과 연관된 유물들을 찾을 수 있다.

Practice

01 언어들 사이의 관계는 / 과거 이주 패턴들에 대한 유익한 반영이다 / 그리고 그들은 / 또한 알려준다 / 우리에게 많은 것을 / 어떻게 사람들이 / 살았는지를

The relationships between languages / are informative reflections of past migration patterns, / and they / also tell / us much / about how the people / lived.

언어들 사이의 관계는 과거 이주 패턴들에 대한 유익한 반영이고 어떻게 사람들이 살았는지를 또한 우리에게 많은 것을 알려준다.

02 15세기에 이르러, / 영국은 / 되었다 / 완성된 양모의 주요 생산국이 / 그리고 그것(= 영국)은 / 경쟁했다 / 이탈리아의 길드들과 / 원모를 두고 / (그것이) 나왔던 / 스페인에서

By the 15th century, / England / had become / a primary producer of finished wool, / and it / competed / with the Italian guilds / for the raw wool / that was coming / out of Spain.

15세기에 이르러, 영국은 완성된 양모의 주요 생산국이 되었고 스페인에서 나왔던 원모를 두고 이탈리아의 길드들과 경쟁했다.

03 중세 시대 동안, / 이탈리아의 Tuscany, Lombardy, 그리고 Venetia 지역은 / 고급 양모 기반 직물들의 가장 중요한 생산지들 중의 일부였다 / 유럽에서 / 저지대와 영국과 더불어

During the Middle Ages, / the Italian regions of Tuscany, Lombardy, and Venetia / were some of the most important producers of high-quality wool-based textiles / in Europe, / along with the Low Countries and England.

중세 시대 동안, 이탈리아의 Tuscany, Lombardy, 그리고 Venetia 지역은 저지대와 영국과 더불어 유럽에서 고급 양모 기반 직물들의 가장 중요한 생산지들 중의 일부였다.

04 비활성 상태는 / 시기인 / 많은 생물들이 / 중단하는 / 성장하는 것을, 발달하는 것을, 그리고 신체적으로 활동적인 것을 / 짧은 시간 동안 / 에너지를 절약하기 위해, / 보통 야기된다 / 환경적 요인들에 의해 / 극심한 온도 변화 / 그리고 이용 가능한 음식의 결핍과 같은

Dormancy, / a period / when many organisms / stop / growing, developing, and being physically active / for a short time / to save energy, / is typically brought about / by environmental factors / such as extreme temperature change and a lack of available food.

에너지를 절약하기 위해 짧은 시간 동안 많은 생물들이 성장, 발달, 그리고 신체적으로 활동적인 것을 중단하는 시기인 비활성 상태는 극심한 온도 변화와 이용 가능한 음식의 결핍과 같은 환경적 요인들에 의해 보통 야기된다.

05 20세기 전에, / 열대 지방은 / 남아 있었다 / 비교적 손대지 않은 상태로 / 인간 손에 의해, / 하지만 벌목 / 그리고 땅을 개간하는 것이 / 농업을 위한 / 황폐화해왔다 / 열대 우림들을 / 1950년대 이래로

Prior to the 20th century, / the tropics / remained / relatively untouched / by human hands, / but timber cutting and clearing land / for agriculture / have ravaged / the rainforests / since the 1950s.

20세기 전에, 열대 지방은 인간 손에 의해 비교적 손대지 않은 상태로 남아 있었지만, 농업을 위한 벌목과 땅을 개간하는 것이 1950년대 이래로 열대 우림들을 황폐화해왔다.

II. Question Types

Lesson 01 Vocabulary

Practice

| 01 C | 02 A | 03 C | 04 B | 05 D | 06 D | 07 B | 08 C | 09 A | 10 C |

Test

Passage 1   1. B   2. A

Practice

01 후기 구석기 시대에, 초기의 인간 예술가들이 단순한 기하학적 모양들 혹은 점들이나 선들의 패턴들을 그렸다고 생각될 수 있지만, 일부 동굴 벽화들은 그들이 뚜렷한 회화 기술의 솜씨로 만들어졌다는 것을 보여준다.

지문의 단어 'marked(뚜렷한)'와 의미상 가장 가까운 것은

Ⓐ 놀라운   Ⓑ 유용한   Ⓒ 뚜렷한   Ⓓ 제한된

해설 **Step 1** 출제 단어의 사전적 의미를 파악한다.
marked 뚜렷한

Step 2 각 보기 단어의 사전적 의미를 파악한다.
Ⓐ 놀라운 Ⓑ 유용한 Ⓒ 뚜렷한 Ⓓ 제한된

Step 3 출제 단어와 사전적 의미가 일치하는 정답 보기를 선택한다.
정답: Ⓒ pronounced 뚜렷한

어휘 Upper Paleolithic 후기 구석기 시대의 I geometrical **adj** 기하학적인 I cave **n** 동굴 I demonstrate **v** 보여주다, 입증하다 I marked **adj** 뚜렷한 I degree **n** 정도

---

02 만약 폭풍이 산호초들을 파괴하고 음식 부족을 야기하면, 성체 불가사리들은 모여들고 남아있는 산호 부분들을 마구 먹는다.

지문의 단어 'converge(모여들다)'와 의미상 가장 가까운 것은

Ⓐ 모여들다   Ⓑ 쌓다   Ⓒ 의존하다   Ⓓ 통제하다

해설 **Step 1** 출제 단어의 사전적 의미를 파악한다.
converge 모여들다

Step 2 각 보기 단어의 사전적 의미를 파악한다.
Ⓐ 모여들다 Ⓑ 쌓다 Ⓒ 의존하다 Ⓓ 통제하다

Step 3 출제 단어와 사전적 의미가 일치하는 정답 보기를 선택한다.
정답: Ⓐ come together 모여들다

어휘 storm **n** 폭풍 I devastate **v** 파괴하다 I coral reef 산호초 I result in (결과적으로) 야기하다 I insufficient **adj** 불충분한 I starfish **n** 불가사리 I converge **v** 모여들다 I voraciously **adv** 게걸스럽게 I consume **v** 먹다

---

03 토양은 박테리아보다 더 큰 다양한 유기체들의 서식지이며, 토양의 두께는 기반암 위에 얇은 먼지층에서 수 미터에 이르기까지 크게 다르며, 심지어 그것은 환경 변화에 영향을 받을 수 있다.

지문의 구 'is subject to(~에 영향을 받을 수 있다)'와 의미상 가장 가까운 것은

Ⓐ ~와 비슷하다   Ⓑ ~보다 우월하다   Ⓒ ~에 취약하다   Ⓓ ~에 도움이 된다

해설 **Step 1** 출제 단어의 사전적 의미를 파악한다.
is subject to ~에 영향을 받을 수 있다

Step 2 각 보기 단어의 사전적 의미를 파악한다.
Ⓐ ~와 비슷하다 Ⓑ ~보다 우월하다 Ⓒ ~에 취약하다 Ⓓ ~에 도움이 된다

Step 3 출제 단어와 사전적 의미가 일치하는 정답 보기를 선택한다.
정답: Ⓒ is susceptible to ~에 취약하다

어휘 soil **n** 토양 I various **adj** 다양한 I thickness **n** 두께 I greatly **adv** 크게 I layer **n** 층 I dust **n** 먼지 I bedrock **n** 기반암 I subject to ~에 영향을 받기 쉬운, ~에 취약한 I susceptible to ~에 취약한 I conducive to ~에 도움이 되는, ~에 좋은

---

04 그 후에, 영국의 양모 노동자들은 젖은 천을 나무망치로 두드리는 기계들을 작동시키기 위해 수력을 이용하는 축융기들을 발달시켰다.

지문의 단어 'harnessed(이용했다)'와 의미상 가장 가까운 것은

Ⓐ 알았다   Ⓑ 이용했다   Ⓒ 의존했다   Ⓓ 필요로 했다

해설 **Step 1** 출제 단어의 사전적 의미를 파악한다.
harnessed 이용했다

Step 2 각 보기 단어의 사전적 의미를 파악한다.
Ⓐ 알았다 Ⓑ 이용했다 Ⓒ 의존했다 Ⓓ 필요로 했다

Step 3 출제 단어와 사전적 의미가 일치하는 정답 보기를 선택한다.
정답: Ⓑ utilized 이용했다

어휘 later **adv** 나중에, 그 후에 I wool **n** 양모, 모직 I fulling mill 축융기 (모직물을 축융하는 기계) I harness **v** (동력원 등으로) 이용하다, 활용하다 I run **v** 작동시키다, 운영하다 I beat **v** 때리다, 두드리다 I cloth **n** 옷감, 직물, 천 I utilize **v** 활용하다, 이용하다

---

05 포유류들은 온혈이고 체온을 변함없게 유지할 수 있다; 그들은 또한 생존을 위해 모유에 의존하는 새끼를 낳는다.

지문의 단어 'constant(변함없는)'와 의미상 가장 가까운 것은

Ⓐ 상당한   Ⓑ 예측 불가능한   Ⓒ 특이한   Ⓓ 계속 가는

해설 **Step 1** 출제 단어의 사전적 의미를 파악한다.
constant 변함없는

Step 2 각 보기 단어의 사전적 의미를 파악한다.
Ⓐ 상당한 Ⓑ 예측 불가능한 Ⓒ 특이한 Ⓓ 계속 가는

Step 3 출제 단어와 사전적 의미가 일치하는 정답 보기를 선택한다.
정답: Ⓓ continual 계속 가는

어휘 mammal **n** 포유동물 I warm-blooded **adj** 온혈의 I constant **adj** 변함없는, 끊임없는 I give birth to ~을 낳다 I offspring **n** 자식, 새끼 I considerable **adj** 상당한 I unpredictable **adj** 예측 불가능한 I unusual **adj** 특이한 I continual **adj** 계속 가는

---

06 생물학자들은 자주 다른 과학의 방법들과 발견들을 이용한다; 그들은 살아있는 식물들과 동물들에서 발생하는 자연적 과정들을 이해하기 위해 물리학과 화학에 크게 의존한다.

지문의 단어 'occur(발생하다)'와 의미상 가장 가까운 것은

Ⓐ 도착하다   Ⓑ 성공하다   Ⓒ 결과로 생기다   Ⓓ 발생하다

해설 **Step 1** 출제 단어의 사전적 의미를 파악한다.
occur 발생하다

Step 2 각 보기 단어의 사전적 의미를 파악한다.
Ⓐ 도착하다 Ⓑ 성공하다 Ⓒ 결과로 생기다 Ⓓ 발생하다

Step 3 출제 단어와 사전적 의미가 일치하는 정답 보기를 선택한다.
정답: Ⓓ take place 발생하다

어휘 biologist **n** 생물학자 I technique **n** 기법, 기술 I findings **n** 발견, 결과 I significantly **adv** 상당히, 크게 I depend on 의존하다, ~에 달려 있다 I physics **n** 물리학 I chemistry **n** 화학 I process **n** 과정, 절차 I take place 발생하다

---

07 결론을 도출할 수 있는 남겨진 것들이 거의 없기 때문에 크로마뇽인들의 다른 신체적 특징들을 평가하는 것은 어렵다; 그럼에도 불구하고, 크로마뇽인들은 다른 인간에게 비교하여 꽤 키가 큰 것으로 여겨진다.

지문의 단어 'remains(남겨진 것들)'와 의미상 가장 가까운 것은

Ⓐ 장소들   Ⓑ 남겨진 것들   Ⓒ 결과들   Ⓓ 상기시키는 것들

해설 **Step 1** 출제 단어의 사전적 의미를 파악한다.
　remains 남겨진 것들

Step 2 각 보기 단어의 사전적 의미를 파악한다.
　Ⓐ 장소들　Ⓑ 남겨진 것들　Ⓒ 결과들　Ⓓ 상기시키는 것들

Step 3 출제 단어와 사전적 의미가 일치하는 정답 보기를 선택한다.
　정답: Ⓑ remnants 남겨진 것들

어휘 assess Ⓥ 평가하다 I physical adj 신체의 I attribute n 속성, 특성 I remains n 남은 것, 유적, 유해 I draw a conclusion 결론을 내리다 I nonetheless adv 그렇더라도, 그럼에도 불구하고 I fairly adv 꽤, 상당히 I in comparison to ~와 비교하여 I remnant n 나머지, 남겨진 것 I reminder n 상기시키는 것

---

08 동면은 동물의 신진대사가 주위의 온도보다 높은 온도를 유지하기 위해 열을 생성하는 대신 저장된 에너지를 활용할 수 있을 만큼 충분히 느려질 때 발생한다.

지문의 단어 'ambient(주위의)'와 의미상 가장 가까운 것은

　Ⓐ 보통의　　Ⓑ 적절한　　Ⓒ 주위의　　Ⓓ 유리한

해설 **Step 1** 출제 단어의 사전적 의미를 파악한다.
　ambient 주위의

Step 2 각 보기 단어의 사전적 의미를 파악한다.
　Ⓐ 보통의　Ⓑ 적절한　Ⓒ 주위의　Ⓓ 유리한

Step 3 출제 단어와 사전적 의미가 일치하는 정답 보기를 선택한다.
　정답: Ⓒ surrounding 주위의

어휘 hibernation n 동면 I happen Ⓥ 발생하다 I metabolism n 신진대사 I instead of ~대신에 I sustain Ⓥ 지탱하다, 지속시키다 I ambient adj 주위의 I suitable adj 적절한, 알맞은, 적합한 I surrounding adj 주위의 I favorable adj 유리한, 우호적

---

09 치즈는 중요한 건강상의 이점들을 제공하는 것으로 보여 왔다; 그것은 튼튼한 뼈에 기여하는 높은 칼슘 함량을 가졌을 뿐만 아니라, 필수 단백질과 아미노산을 포함한다.

지문의 구 'contributes to(~에 기여하다)'와 의미상 가장 가까운 것은

　Ⓐ ~을 증가시키다　　Ⓑ ~에 의존하다　　Ⓒ ~을 이용하다　　Ⓓ 속도를 높이다

해설 **Step 1** 출제 단어의 사전적 의미를 파악한다.
　contributes to ~에 기여하다

Step 2 각 보기 단어의 사전적 의미를 파악한다.
　Ⓐ ~을 증가시키다　Ⓑ ~에 의존하다　Ⓒ ~을 이용하다　Ⓓ 속도를 높이다

Step 3 출제 단어와 사전적 의미가 일치하는 정답 보기를 선택한다.
　정답: Ⓐ adds to ~을 증가시키다

어휘 content n 함량, 내용물 I contribute to ~에 기여하다 I essential adj 필수적인, 본질적인 I protein n 단백질 I amino acid 아미노산 I add to ~을 늘리다, 증가시키다 I take advantage of ~을 이용하다

---

10 약 6,500만 년 전 공룡들의 멸종을 설명하기 위해 거대한 소행성이나 혜성이 지구와 충돌하여, 먼지구름을 방출하여 수년 동안 태양을 차단하고 장기간의 추위와 어둠을 만들어 냈다고 많은 연구자들이 제안했다.

지문의 단어 'proposed(제안했다)'와 의미상 가장 가까운 것은

　Ⓐ 강요하다　　Ⓑ 이의를 제기하다　　Ⓒ 제시하다　　Ⓓ 증명하다

해설 **Step 1** 출제 단어의 사전적 의미를 파악한다.
　proposed 제안하다

어휘　account for 설명하다 ┃ extinction ⓝ 멸종 ┃ roughly 【adv】 대략, 거의 ┃ propose 【v】 제안하다 ┃ giant 【adj】 거대한 ┃ asteroid ⓝ 소행성 ┃ comet ⓝ 혜성 ┃ impact 【v】 충돌하다 ┃ release 【v】 방출하다 ┃ block 【v】 차단하다, 막다 ┃ extended 【adj】 길어진, 늘어난 ┃ put forward 제시하다

Passage 1

Type: Vocabulary

1. 지문의 단어 'induce(유발하다)'와 의미상 가장 가까운 것은

　Ⓐ 증가시키다

　Ⓑ 유발하다

　Ⓒ 통제하다

　Ⓓ 설명하다

Type: Vocabulary

2. 지문의 단어 'mitigated(경감시켰다)'와 의미상 가장 가까운 것은

　Ⓐ 줄였다

　Ⓑ 자극했다

　Ⓒ 제한했다

　Ⓓ 생산했다

기근의 원인들

기근의 주요 원인들은 자연적 원인들과 인간적 원인들의 두 가지가 있다. 자연적인 원인들 중에는, 장기간의 가뭄, 곤충의 침입, 홍수 등이 있다. 이러한 변수들은 미국과 같은 대국에서 식량 부족과 높은 비용을 발생시킬 수 있지만 식량이 국가의 한 부분에서 다른 지역으로 수입되거나 수송할 수 있기 때문에 그들은 절대 원인이 되지 않아 왔다. 반면에, 자연재해들은 더 작고 덜 다양화된 지역사회에서 엄청난 어려움을 유발할 수 있다. 예를 들어, 아일랜드에서는 1840년대 감자 농사 실패가 최소 100만 명이 사망하고 수천 명이 추가로 이주하는 것을 야기했다. 1700년 이래로, 인구 과잉의 직접적인 결과로 중국과 인도에서 여러 차례 기근이 발생했는데, 이는 자연적 원인으로 간주할 수 있다. 1876년에서 1879년 사이에, 중국에서는 약 1,100만 명이 기아로 사망했다. 종종 녹색 혁명으로 알려진 20세기의 농업 발전은 이 문제의 심각성을 경감시켰다.

어휘　primary 【adj】 주요한 ┃ cause ⓝ 원인 ┃ famine ⓝ 기아, 기근 ┃ prolonged 【adj】 장기적인 ┃ invasion ⓝ 침입 ┃ variable ⓝ 변수 ┃ generate 【v】 발생시키다, 만들어 내다 ┃ scarcity ⓝ 부족, 결핍 ┃ responsible for ~의 원인이 되는 ┃ import 【v】 수입하다 ┃ calamity ⓝ 재난, 재앙 ┃ induce 【v】 유발하다 ┃ tremendous 【adj】 엄청난, 대단한 ┃ hardship ⓝ 어려움 ┃ diversified 【adj】 여러 가지의, 다양화된 ┃ failure ⓝ 실패 ┃ at least 적어도 ┃ emigration ⓝ 이민 ┃ overpopulation ⓝ 인구 과잉 ┃ starvation ⓝ 굶주림 ┃ mitigate 【v】 경감시키다 ┃ severity ⓝ 혹독함 ┃ bring about ~을 유발하다 ┃ stimulate 【v】 자극시키다, 활발하게 하다, 고무시키다

Passage 2

Type: Vocabulary

1. 지문의 단어 'equivalent(맞먹는)'와 의미상 가장 가까운 것은

　Ⓐ 필수적인

　Ⓑ 효과적인

　Ⓒ 구체적인

　Ⓓ 비슷한

Type: Vocabulary

2. 지문의 단어 'unearth(밝혀내다)'와 의미상 가장 가까운 것은

　Ⓐ 연결하다

　Ⓑ 예측하다

　Ⓒ 활용하다

　Ⓓ 밝혀내다

우주에 대한 이해

인간의 일생에 맞먹는 시간 동안, 우주가 어떻게 만들어졌고 어떻게 다양한 현상들이 발생했는지에 대한 인류의 이해는 급속히 발전했다. 이러한 엄청난 발전에도 불구하고, 여전히 해결되지 않은 근본적인 질문들이 많이 있다. 최초의 은하는 우주에 언제 나타났으며 어떻게 형성되었을까? 우주의 모든 것이 어디에서 왔는지 이해하는 우리의 능력은 직접적인 관찰의 부재로 인해 방해받는다. 기본적으로, 천문학자들은 탁자 아래에서 발견된 몇몇 조각들로 1만개 조각의 직소 퍼즐을 조립하려고 하는 것이다. 고고학자들처럼, 그들은 은하가 어떻게 형성되었는지에 대한 증거를 밝혀내기 위해 시간의 층을 제거해야 한다. 더 큰 망원경들의 개발을 통해, 우리는 새로운 은하에서 우주를 더 자세히 볼 수 있었고 시간을 되돌아볼 수 있었다. 천문학자들은 우주가 아직 아주 어렸을 때 존재했던 것들을 조사하면서 최근 몇 년 동안 엄청난 발전을 이뤄왔다.

어휘 in a span of ~의 기간 동안에 | equivalent **adj** 맞먹는 | humanity **n** 인류, 인간 | understanding **n** 이해 | cosmos **n** 우주 | phenomena **n** (phenomenon의 복수형) 현상, 경이로운 것 | emerge **v** 나타나다, 생겨나다 | evolve **v** 발달하다, 발달시키다 | despite **prep** ~에도 불구하고 | enormous **adj** 거대한 | breakthrough **n** 돌파구 | fundamental **adj** 핵심적인, 근본적인 | solve **v** 풀다 | galaxy **n** 은하계 | comprehend **v** 이해하다 | hinder **v** 방해하다 | absence **n** 부재, 결핍 | firsthand **adj** 직접의 | observation **n** 관찰 | basically **adv** 근본적으로 | astronomer **n** 천문학자 | attempt **v** 시도하다 | assemble **v** 조립하다 | dozen **n** 12개짜리 한 묶음 | discover **v** 발견하다 | beneath **prep** ~아래, ~밑에 | like **prep** ~처럼, ~와 비슷한 | archaeologist **n** 고고학자 | through **prep** ~을 통해 | telescope **n** 망원경 | stride **n** 진전 | investigate **v** 조사하다, 연구하다 | concrete **adj** 구체적인 | comparable **adj** 비슷한

Lesson **02** Reference

본서 | P. 65

Practice
01 C   02 A   03 D   04 C   05 C

Test
Passage 1   1. A   2. C

Practice

본서 | P. 68

01 해충 방제 전략들은 방법론과 전반적인 효과가 각기 다르다. 예를 들어, 한 지역에 자생하지 않은 해충들은 생물학적 방법들을 사용하여 통제될 수 있다. 화학 살충제들은 표적 종들뿐만 아니라 다양한 비표적 종들에도 영향을 미치기 때문에 의도하지 않은 몇 가지 결과들을 초래하여 보통 그들을 전멸시키고 먹이 사슬들에 문제를 일으킨다.

지문의 단어 'them(그들)'이 가리키는 것은

Ⓐ 살충제들   Ⓑ 결과들   Ⓒ 비표적 종들   Ⓓ 먹이 사슬들

해설 **Step 1** 지시어가 들어 있는 문장의 앞쪽 혹은 바로 앞 문장을 확인한다.

[Chemical insecticides have several unintended consequences since they affect not just the target species but a wide variety of nontarget species, usually wiping] them out

Step 2 지시어와 수가 일치하는 명사를 찾는다.

[Chemical insecticides have several unintended consequences since they affect not just the target species but a wide variety of nontarget species, usually wiping] them out

Step 3 지시어 자리에 직접 대입하여 문법적으로 혹은 의미상으로 어울리는 정답 보기를 선택한다.

usually wiping them out

보통 그들을 전멸시키고

정답: Ⓒ nontarget species 비표적 종들

어휘 insecticide **n** 살충제 | unintended **adj** 의도하지 않은 | wipe out ~을 없애다 | food chain 먹이 사슬

---

02 화성에는 산소가 풍부한 대기가 없기 때문에, 그것은 자외선의 유해한 영향으로부터 표면에 거주하는 생명체를 보호하는 오존 보호막이 없다. 화성의 표면은 치명적인 자외선 수치에 영향 받기 때문에, 거기에 있을 어떠한 생명체든 깊은 지하에 있어야 한다.

지문의 단어 'it(그것)'이 가리키는 것은

Ⓐ 화성   Ⓑ 산소   Ⓒ 대기   Ⓓ 생명체

해설 **Step 1** 지시어가 들어 있는 문장의 앞쪽 혹은 바로 앞 문장을 확인한다.

[Because Mars does not have an oxygen-rich atmosphere,] it does not have ozone shields

Step 2 지시어와 수가 일치하는 명사를 찾는다.

[Because Mars does not have an oxygen-rich atmosphere,] it does not have ozone shields

Step 3 지시어 자리에 직접 대입하여 문법적으로 혹은 의미상으로 어울리는 정답 보기를 선택한다.

it does not have ozone shields

그것은 오존 보호막이 없다

정답: Ⓐ Mars 화성

어휘 Mars **n** 화성 ㅣ oxygen **n** 산소 ㅣ rich **adj** 부유한, 풍부한 ㅣ atmosphere **n** 대기 ㅣ shield **n** 보호막 ㅣ surface **n** 표면, 지면, 수면 ㅣ dwell **v** 거주하다, 살다 ㅣ harmful **adj** 해로운 ㅣ ultraviolet radiation 자외선 ㅣ be subjected to ~를 당하게 되다 ㅣ lethal **adj** 치명적인

---

03 몇 개의 기록된 기호들을 해독하는 것은 최근 몇 년 동안의 메소아메리카 고고학에서 가장 중요한 성과들 중 하나를 결과적으로 생기게 했다. 일반적으로 새겨진 글들은 달력이나 종교적인 것들, 특히 신들의 행동들에 관한 것으로 여겨졌었다. 그러나, 그것들 중 많은 것들이 주로 마야 왕들이 했던 일들에 대한 실제 역사적 사건들을 언급하는 것으로 오늘날 이해될 수 있다.

지문의 단어 'them(그것들)'이 가리키는 것은

Ⓐ 성과들   Ⓑ 종교적인 것들   Ⓒ 행동들   Ⓓ 새겨진 글들

해설 **Step 1** 지시어가 들어 있는 문장의 앞쪽 혹은 바로 앞 문장을 확인한다.

[It was usually considered that the inscriptions were either about the calendar or religious things, most notably the actions of the gods. However, many of] them can today be understood

Step 2 지시어와 수가 일치하는 명사를 찾는다.

[It was usually considered that the inscriptions were either about the calendar or religious things, most notably the actions of the gods. However, many of] them can today be understood

Step 3 지시어 자리에 직접 대입하여 문법적으로 혹은 의미상으로 어울리는 정답 보기를 선택한다.

many of them can today be understood

그것들 중 많은 것들이 오늘날 이해될 수 있다

정답: Ⓓ inscriptions 새겨진 글들

어휘 decipher **v** 해독하다 ㅣ symbol **n** 기호, 부호 ㅣ significant **adj** 중요한, 상당한 ㅣ achievement **n** 성과, 업적, 성취 ㅣ archaeology **n** 고고학 ㅣ inscription **n** 새겨진 글 ㅣ calendar **n** 달력 ㅣ religious **adj** 종교의 ㅣ historical **adj** 역사적인, 역사상의

---

04 연료로 사용되는 대부분의 매장된 석탄층은 약 3억 년 전에 형성되었다. 그 당시, 땅은 습지로 뒤덮여 있었고, 식물들과 나무들은 시들면서 해 저로 빠지고, 그곳에서 분해되어 썩어가는 초목의 층을 형성했다. 모래, 유사 및 기타 파편이 그 식물 물질 위에 퇴적되어, 그 부패하는 식물들 을 숨기고 물을 짜내는 암석 지층을 형성했다. 오랜 시간 후에, 암석의 무게가 그 식물 물질을 누르고 그것을 가열했다. 결과적으로, 이런 방식 으로 생성된 압력과 열은 그 식물 물질을 석탄으로 전환시켰다.

지문의 단어 'it(그것)'이 가리키는 것은

Ⓐ 무게   Ⓑ 암석   Ⓒ 식물 물질   Ⓓ 물

해설 **Step 1** 지시어가 들어 있는 문장의 앞쪽 혹은 바로 앞 문장을 확인한다.

[After a long time, the weight of the rock pressed down on the plant matter and heated] it up

Step 2 지시어와 수가 일치하는 명사를 찾는다.

[After a long time, the weight of the rock pressed down on the plant matter and heated] it up

Step 3 지시어 자리에 직접 대입하여 문법적으로 혹은 의미상으로 어울리는 정답 보기를 선택한다.

the weight of the rock pressed down on the plant matter and heated it up

암석의 무게가 그 식물 물질을 누르고 그것을 가열했다

정답: Ⓒ plant matter 식물 물질

어휘 coal **n** 석탄 ㅣ fuel **n** 연료 ㅣ form **v** 형성되다, 형성시키다 ㅣ marsh **n** 습지 ㅣ wither **v** 시들다 ㅣ seabed **n** 해저 ㅣ decompose **v** 분해되다, 부패되다 ㅣ rot **v** 썩다, 부패시키다 ㅣ vegetation **n** 식물, 초목 ㅣ silt **n** 유사, 토사 ㅣ debris **n** 잔해, 파편 ㅣ deposit **v** 퇴적시키다, ~에 두다, ~에 놓다 ㅣ matter **n** 물질 ㅣ strata **n** (stratum의 복수형) 지층 ㅣ hide **v** 감추다, 가리다, 숨다 ㅣ squeeze **v** 짜다, 짜내다 ㅣ press down 꽉 누르다 ㅣ convert **v** 전환시키다, 바꾸다

---

05 많은 종류의 곤충들은 그들의 종들의 생존을 보장하기 위한 수단으로서 독성 화학 물질들을 가진다. 독이 있는 곤충들은 그들이 완전히 삼켜지 기 전까지 그들을 공격하는 동물들을 죽일 수 없기 때문에, 이러한 방어 전략은 다소 모순적으로 보인다. 생물의 주요한 목표는 그것의 유전자

를 미래 세대에게 전달하는 것이다. 생물이 죽고 나서야 독을 전달할 수 있다면, 독이 있다는 것은 생물에게 거의 유리하지 않다. 이 미스터리는 연구자들이 몇 가지 유독한 곤충들을 먹는 것이 대부분의 포식자들을 죽이지 않는다는 것을 발견했을 때 해결되었다; 오히려 그것은 그들을 아프게 하여 그들에게 이 곤충들이 먹기에 좋지 않으며 앞으로는 피하라고 가르친다.

지문의 단어 'they(그들)'가 가리키는 것은

Ⓐ 동물들　　　　　Ⓑ 생물들　　　　　Ⓒ 독성이 있는 곤충들　　　　　Ⓓ 포식자들

해설　**Step 1**　지시어가 들어 있는 문장의 앞쪽 혹은 바로 앞 문장을 확인한다.

[Since poisonous insects cannot kill the animals that attack them until] they have been completely swallowed

Step 2　지시어와 수가 일치하는 명사를 찾는다.

[Since poisonous insects cannot kill the animals that attack them until] they have been completely swallowed

Step 3　지시어 자리에 직접 대입하여 문법적으로 혹은 의미상으로 어울리는 정답 보기를 선택한다.

until they have been completely swallowed

그들이 완전히 삼켜지기 전까지

정답: Ⓒ poisonous insects 독성이 있는 곤충들

어휘　toxic **adj** 유독성의 ㅣ chemical **n** 화학 물질 ㅣ means **n** 수단, 방법 ㅣ ensure **v** 보장하다 ㅣ survival **n** 생존 ㅣ poisonous **adj** 유독한, 독이 있는 ㅣ completely **adv** 완전히, 전적으로 ㅣ swallow **v** 삼키다 ㅣ defense **n** 방어 ㅣ strategy **n** 전략, 계획 ㅣ rather **adv** 다소, 오히려 ㅣ paradoxical **adj** 모순적인 ㅣ pass on to ~로 전달하다 ㅣ gene **n** 유전자 ㅣ generation **n** 세대 ㅣ hardly **adv** 거의 ~않다 ㅣ advantageous **adj** 유리한, 이로운 ㅣ solve **v** 해결하다 ㅣ ill **adj** 아픈, 병 든 ㅣ avoid **v** 피하다

Lesson 03
Question Types

Test　　　　　본서 ㅣ P. 70

Passage 1

Type: Reference

1. 지문의 단어 'another(다른 것)'가 가리키는 것은

Ⓐ 식물
Ⓑ 꽃가루
Ⓒ 수분 매개자
Ⓓ 꿀

Type: Reference

2. 지문의 단어 'its(그것의)'가 가리키는 것은

Ⓐ 꽃가루
Ⓑ 꿀
Ⓒ 수분 매개자
Ⓓ 암술머리

수분

종자식물들은 식물 종의 수컷이 암컷에게 꽃가루를 옮겨가는 과정인 수분을 통해 번식한다. 거의 모든 종류의 곡물, 채소, 꽃, 나무는 다음 세대의 종자나 과일을 피우기 위해 수분되고 수정되어야 수분 매개자들에는 곤충과 새가 포함되며, 이들은 한 식물에서 다른 것으로 꽃가루를 우연히 운반한다. 이러한 수분 매개자들 중 일부는 에너지가 풍부한 꿀에 끌리는 반면, 다른 것들은 단백질이 풍부하고 많은 비타민을 함유한 식물의 꽃가루에 끌린다. 꿀과 꽃가루는 모두 식물 내에서 발견되기 때문에 수분 매개자는 식물 내에서 먹이를 찾아야 한다. 수분 매개자는 안쪽에서 먹이를 찾는 동안, 암술머리에 그것의 몸을 문질러 우연히 꽃가루를 얻는다. 식물들과 수분 매개자들이 사이의 이러한 관계는, 사실 수분 매개자들이 영양분을 얻고 식물들이 다음 세대를 위해 효과적으로 번식하기 때문에 상호 이익이 된다.

어휘　seed plant 종자식물 ㅣ reproduce **v** 번식하다 ㅣ pollination **n** 수분 (작용) ㅣ pollen **n** 꽃가루 ㅣ grain **n** 곡물, 알갱이 ㅣ pollinate **v** 수분하다 ㅣ fertilize **v** 수정시키다, (땅에) 비료를 주다 ㅣ pollinator **n** 수분 매개자 ㅣ inadvertently **adv** 우연히, 의도하지 않게 ㅣ transport **v** 이동시키다, 수송하다 ㅣ draw **v** 끌어당기다. 끌다 ㅣ nectar **n** (꽃의) 꿀, 과즙 ㅣ forage **v** 먹이를 찾다 ㅣ accidentally **adv** 우연히 ㅣ acquire **v** 얻다, 획득하다 ㅣ rub **v** 문지르다 ㅣ stigma **n** (꽃의) 암술머리 ㅣ mutually **adv** 상호간에 ㅣ beneficial **adj** 이로운, 유익한

Lesson **03** Factual Information　　　　　본서 ㅣ P. 72

Practice

01 D　　　02 B　　　03 B　　　04 A

Test

Passage 1   **1.** B, D   **2.** C

Passage 2   **1.** C   **2.** C

Practice

본서 I P. 76

01   재배[사육]의 고고학

식물들과 동물들의 재배[사육]는 지난 1만 3,000년간 인류 역사에 있어서 가장 중요한 발달이다. 재배[사육]는 사람들이 식물들과 동물들을 그들에게 더 유용하도록 변형시켜, 여전히 같은 종들이라는 사실에도 불구하고, 그들과 그들의 야생 혈통 사이에 형태학적 차이를 초래하는 과정이다. **D** 이 과정은 기원전 8,500년경 유라시아와 동아시아에서 처음 두 가지가 발생하면서, 다른 시간에 다양한 장소에서 독립적으로 발생했다. 대부분의 사회에서 농업의 발달은 문자 언어의 발달보다 앞서기 때문에, 정확하게 언제 그리고 어떻게 재배[사육]가 이루어졌는지에 대한 당대의 설명들이 없다. 따라서, 알려진 것의 대부분은 고고학적 증거에서 생겨났다.

지문에 따르면, 다음 중 재배[사육]에 대해 사실인 것은 무엇인가?

  Ⓐ 그것은 1만 3,000년 전에 처음으로 발생했다.   Ⓑ 그것에 대한 많은 기록된 설명들이 있다.

  Ⓒ 그것은 불가피하게 새로운 종들을 생산한다.   Ⓓ 그것은 여러 장소에서 독립적으로 시작되었다.

해설   **Step 1**   문제에서 근거 문장의 위치를 알려 주는 정보와 문제가 요구하는 정보를 각각 파악한다.

      According to the passage, which of the following is true of domestication?

      ⋯▸ 근거 문장의 위치를 알려 주는 정보: domestication

      ⋯▸ 문제가 요구하는 정보: which of the following is true

   Step 2   근거 문장의 의미 파악 후 문제가 요구하는 정보에 해당하는 부분을 정확하게 해석한다.

      This process occurred independently in various locations at different times

      이 과정은 / 발생했다 / 독립적으로 / 다양한 장소에서 / 다른 시간에

   Step 3   문제가 요구하는 해당 부분을 기준으로 각 보기를 소거하며 재진술된 정답 보기를 선택한다.

      Ⓐ 지문에 언급되지 않은 정보

      Ⓑ 지문에 언급되지 않은 정보

      Ⓒ 지문에 언급되지 않은 정보

      Ⓓ 정답

어휘   domestication **n** 재배, 사육, 길들이기 I useful **adj** 유용한 I morphological **adj** 형태학상의 I kin **n** 동족, 친족 I independently **adv** 독립적으로 I predate **v** ~보다 앞서다 I contemporary **adj** 동시대의, 현대의 I account **n** 설명, 이야기 I therefore **adv** 그러므로 I the bulk of ~의 대부분 I come from ~에서 생겨나다 I archaeological **adj** 고고학적인, 고고학의 I inevitably **adv** 필연적으로, 불가피하게

---

02   실버백들의 특징들

실버백으로 알려진 성체 수컷 고릴라들의 등에 발견될 수 있는 독특한 은색 털 패치는 종종 12세 이상의 고릴라들에 나타난다. 실버백들은 자라면서 큰 송곳니가 생겨, 위협적인 모습을 더한다. 이러한 더 나이가 든 수컷들은 고릴라 무리에서 가장 강력하고 가장 지배적이며, 무리 지도자들이다. 그들은 모든 결정을 내리고, 무리 구성원들 사이의 문제를 해결하고, 무리가 어디로 갈지 결정하고, 무리를 음식을 얻을 수 있는 곳으로 인도하고, 그들의 통제하에 있는 개체들의 보안과 전반적인 복지에 대한 책임을 진다. 때때로, 더 어린 수컷들은 이 주도권을 가진 수컷의 지휘권에 도전한다. **B** 그러면 그 우세한 실버백은 비명을 지르며, 자신의 가슴을 때리고, 이를 드러내고, 나뭇가지를 부러뜨리며 그 도전자를 향해 달려들어 공격한다.

지문에 따르면, 주도적인 실버백은 위협을 받을 때 어떻게 자신의 위치를 보호하는가?

  Ⓐ 그것은 도전자가 쓰러질 때까지 반복적으로 가슴을 때린다.

  Ⓑ 그것은 도전자에게 달려들어 그를 공격한다.

  Ⓒ 그것은 무리에서 가장 가까이 있는 어린 수컷들을 겨냥한다.

  Ⓓ 그것은 도전자를 물기 위해 그것의 큰 송곳니를 사용한다

해설 **Step 1** 문제에서 근거 문장의 위치를 알려 주는 정보와 문제가 요구하는 정보를 각각 파악한다.

According to the passage, how does the dominating silverback protect its position when threatened?

⋯▸ 근거 문장의 위치를 알려 주는 정보: the dominating silverback protect its position when threatened

⋯▸ 문제가 요구하는 정보: how

Step 2 근거 문장의 의미 파악 후 문제가 요구하는 정보에 해당하는 부분을 정확하게 해석한다.

The dominating silverback then charges at the challenger, screaming, beating his own chest, showing his teeth, and breaking branches.

그 우세한 실버백은 / 그러면 / 달려들어 공격한다 / 그 도전자를 향해, / 비명을 지르며, / 자신의 가슴을 때리며, / 이를 드러내며, / 그리고 나뭇가지를 부러뜨리며

Step 3 문제가 요구하는 해당 부분을 기준으로 각 보기를 소거하며 재진술된 정답 보기를 선택한다.

Ⓐ 지문에 언급되지 않은 정보

Ⓑ 정답

Ⓒ 지문에 언급되지 않은 정보

Ⓓ 지문에 언급되지 않은 정보

어휘 patch ⓝ 부분 | canine teeth 송곳니 | mature ⓥ 어른이 되다, 다 자라다 | intimidating ⓐⓓⓙ 위협적인, 겁을 주는 | troop ⓝ 무리, 군대, 부대 | dominating ⓐⓓⓙ 지배하는, 우세한 | assume ⓥ (책임 등을) 맡다 | security ⓝ 보안, 안보 | overall ⓐⓓⓙ 전체의 | occasionally ⓐⓓⓥ 때때로, 가끔 | right ⓝ 권리, 권한 | dominant ⓐⓓⓙ 주도권을 가진, 지배적인 | challenge ⓥ 도전하다 | charge ⓥ 돌격하다, 공격하다 | scream ⓥ 소리치다 | chest ⓝ 가슴 | branch ⓝ 나뭇가지 | repeatedly ⓐⓓⓥ 반복적으로 | strike ⓥ 치다, 때리다, 공격하다 | collapse ⓥ 쓰러지다 | rush forward 돌진하다 | assault ⓥ 공격하다 | target ⓥ 대상으로 삼다, 겨냥하다 | bite ⓥ 물다

---

03   **보호로 쓰이는 독**

곤충들은 자기방어를 위해 그들이 사용할 수 있는 독성 화학 물질들이 있다. 독성이 있는 곤충들은 그들을 먹는 동물들에게 독성이 있는 독소를 가진다. 어떤 곤충들은 그들만의 독을 생산하지만, **B**대부분의 곤충들은 그들이 먹는 식물들에서 얻은 독소를 저장한다. 예를 들어, 모나크나비들이 어릴 때, 모나크나비들은 카르데놀라이드라 불리는 화학 물질들을 만들어내는 밀크위드 식물들을 먹고 산다. 이러한 화학 물질들은 정상적인 심장 기능을 방해하고, 많은 생물에게 치명적일 수 있다. 많은 다른 독성이 있는 생물들처럼, 모나크나비들은 몸에 밝은 대조 색상을 가지고 있어 경고 색상으로 작용하여, 다른 동물에게 이를 먹는 것이 현명하지 못함을 알려준다. 새들과 같은 포식자들은 그러한 경고를 한 번 종종 무시하지만, 실수를 거의 반복하지 않는다. 그들이 보통 받는 독의 양은 치명적이지 않고, 오직 그들이 토하도록 야기시켜, 이는 잊을 수 없는 제지 효과를 낳는 것으로 작용한다.

지문에 따르면, 모나크나비들은 어떻게 그들의 독을 얻는가?

Ⓐ 그들 자신의 독소를 생산함으로써

Ⓑ 특정 식물들을 섭취함으로써

Ⓒ 그들을 잡아먹으려는 동물들로부터 그들 자신을 보호함으로써

Ⓓ 그것을 얻는 새로운 방법들을 개발함으로써

해설 **Step 1** 문제에서 근거 문장의 위치를 알려 주는 정보와 문제가 요구하는 정보를 각각 파악한다.

According to the passage, how do monarch butterflies get their poison?

⋯▸ 근거 문장의 위치를 알려 주는 정보: monarch butterflies get their poison

⋯▸ 문제가 요구하는 정보: how

Step 2 근거 문장의 의미 파악 후 문제가 요구하는 정보에 해당하는 부분을 정확하게 해석한다.

but most store toxins that they obtain from the plants that they consume. For example, when they are young, monarch butterflies feed upon milkweed plants that generate chemicals called cardenolides.

그러나 대부분의 곤충들은 / 저장한다 / 독소를 / 그들이 / 얻은 / 식물들에서 / 그들이 먹는. / 예를 들어, / 모나크나비들이 / 어릴 때 / 모나크나비들은 / 먹고 산다 / 밀크위드 식물들을 / (그것들이) 만들어내는 / 화학 물질들을 / 카르데놀라이드라 불리는

Step 3 문제가 요구하는 해당 부분을 기준으로 각 보기를 소거하며 재진술된 정답 보기를 선택한다.

Ⓐ 문제와 관련 없는 정보

Ⓑ 정답

Ⓒ 문제와 관련 없는 정보

Ⓓ 지문에 언급되지 않은 정보

어휘 venomous **adj** 독성이 있는 | toxin **n** 독소 | store **v** 저장하다 | feed upon ~을 먹고 살다 | interfere with ~을 방해하다 | lethal **adj** 치명적인 | contrasting **adj** 대조적인 | serve as ~의 역할을 하다 | coloration **n** (생물의) 천연색 | warning coloration 경계색 | inform **v** 알리다 | unwise **adj** 어리석은 | predator **n** 포식자 | ignore **v** 무시하다 | warning **n** 경고 | rarely **adv** 드물게, 거의 ~하지 않는 | vomit **v** 토하다 | act **v** 작용하다 | memorable **adj** 기억할 만한, 잊을 수 없는 | deterrent **n** 제지하는 것 | prey on ~을 잡아먹다 | mechanism **n** 방법

---

04 농업이 종들의 멸종에 미치는 영향들

인류가 동물의 멸종에 끼친 명백한 영향은 약 1만 년 전 농업의 채택으로 시작되었다. 이 시기 이전에는, 모든 인류 사회는 계절에 따라 식량 공급이 달라지는 수렵 채집가로 이루어져 있었다. 농업은 사람들이 그들의 농작물들을 돌보기 위해 한 장소에 머물도록 하고, 비옥하며 물이 잘 들어오는 넓은 땅을 사용한다. 이는 인간들이 한곳에 머물러 살아야 하게 되었고 주변의 땅을 크게 개조하기 시작했다는 것을 의미했다. 그들에게 필요한 농지를 얻기 위해 숲들을 제거하고, 늪지들에서 물을 빼내고, 강들의 물줄기를 바꾸는 일은 많은 종들의 서식지들을 파괴했고, 이들은 멸종되기 시작했다. **A**농업에 의한 멸종 증거의 대부분은 농업에 자리를 주기 위해 울창한 숲들이 개간된 지중해 지역에서 발견된다. 그러나, 인간들에 의해 지형이 변형된 정도는 유럽과 아시아, 그리고 아프리카의 일부 지역에서도 분명히 관측 가능하며, 많은 생물들이 멸종되었을 것이다.

지문에 따르면, 농업의 어떠한 측면이 지중해 지역에 가장 뚜렷한 징후를 남겼는가?

(A) 숲들의 개간 　　　　(B) 작물들의 재배 　　　　(C) 밭들의 관개 　　　　(D) 늪지들의 배수

해설 **Step 1** 문제에서 근거 문장의 위치를 알려 주는 정보와 문제가 요구하는 정보를 각각 파악한다.

According to the passage, what aspect of agriculture has left the most visible signs in the Mediterranean?

⟶ 근거 문장의 위치를 알려 주는 정보: has left the most visible signs in the Mediterranean

⟶ 문제가 요구하는 정보: what aspect of agriculture

Step 2 근거 문장의 의미 파악 후 문제가 요구하는 정보에 해당하는 부분을 정확하게 해석한다.

Most of the evidence of extinction due to agriculture is found in the Mediterranean region, where dense forests were cleared to make way for agriculture.

멸종 증거의 대부분은 / 농업에 의한 / 발견된다 / 지중해 지역에서, / (거기에서) 울창한 숲들이 / 개간되었다 / 자리를 주기 위해 / 농업에

Step 3 문제가 요구하는 해당 부분을 기준으로 각 보기를 소거하며 재진술된 정답 보기를 선택한다.

(A) 정답
(B) 문제와 관련 없는 정보
(C) 문제와 관련 없는 정보
(D) 문제와 관련 없는 정보

어휘 indisputable **adj** 명백한, 반론의 여지가 없는 | adoption **n** 채택 | expanse **n** 넓게 트인 지역 | fertile **adj** 비옥한, 생식력 있는 | irrigate **v** (땅에) 물을 대다, 관개하다 | sedentary **adj** 한곳에 머물러 사는 | heavily **adv** 심하게, 아주 많이 | drain **v** 물을 빼내다 | drainage **n** 배수 | redirect **v** 다른 방향으로 보내다 | disrupt **v** 파괴하다 | go extinct 멸종되다 | Mediterranean **adj** 지중해의 | clear **v** 개간하다 | make way for ~에게 자리를 내주다 | clearly **adv** 분명히 | observable **adj** 관찰 가능한 | visible **adj** 보이는, 뚜렷한

Test 　　본서 | P 78

Passage 1

Type: Factual Information

1. 지문에 따르면, 유전적 부동에 대해 설명하는 두 개의 정답을 고르시오. *점수를 얻기 위해서는 두 개의 정답을 선택해야 한다.*

(A) 그것은 자연 선택보다 더 중요한 역할을 한다. (➡ 지문에 언급되지 않은 정보)

(B) 그것은 집단의 유전적 다양성과 관련이 있다.

(C) 그것은 오직 이익이 되는 특성들만 집단에서 생존하도록 한다. (➡ 지문에 언급되지 않은 정보)

(D) 그것은 모집단이 갑작스럽게 감소할 때 발생한다.

새로운 종들의 형성

종 분화는 원래의 모집단 하나에게서 새로운 종들이 형성되는 것이다. 모든 종들은 자연 선택과 유전적 부동이라고 불리는 두 가지 과정들을 통해 진화한다. 자연 선택에서 생물들은 서식지의 변화하는 환경에서 그들이 생존하기 더 알맞게 해주는 변이를 통해 특성들을 발달시킨다. 반면에, **1D**유전적 부동은 유전자들의 무작위의 선택으로 인해 모집단 크기의 갑작스러운 감소에 의해 야기되며, **1B**새 집단의 유전적 다양성을 심각하게 제한한다. 후자에서 새 집단에서도

Type: Reference

2. 지문의 구 'the latter(후자)'가 가리키는 것은

Ⓐ 자연 선택
Ⓑ 생물들의 특정한 세트
Ⓒ 유전적 부동
Ⓓ 새 집단의 유전적 다양성

계속 이어지는 특성들은 유리할 수도 있고, 또는 미래 세대의 번식 성공에 부정적인 영향들을 미칠 수도 있다. 자연 선택은 적자생존의 전형적인 발상인 반면, 유전적 부동은 순전한 우연이다. 이 두 과정들 중 어느 것이 종 분화에 더 중요한 역할을 하는지는 여전히 불확실하지만, 두 과정들의 무수한 예는 자연에서 찾아볼 수 있다.

어휘 natural selection 자연 선택 | genetic drift 유전적 부동 | trait n 특성 | mutation n 변이 | suit v 적합하다, 알맞다 | condition n 상태, 환경, 조건 | habitat n 서식지 | sudden adj 갑작스러운 | reduction n 감소, 축소 | random adj 무작위 | severely adv 심하게 | limit v 제한하다 | diversity n 다양성 | the latter (둘 중) 후자 | reproductive adj 번식의, 생식의 | classic adj 전형적인 | survival of the fittest 적자생존 | pure adj 순전한 | chance n 우연 | remain v ~한 상태로 남아 있다 | unclear adj 불확실한 | speciation n 종 형성 | myriad adj 무수한 | abruptly adv 갑자기

Passage 2

Type: Factual Information

1. 지문은 불포화대에 관하여 다음 진술들 중 어느 것을 뒷받침하는가?

Ⓐ 그것은 대부분의 지역들에서 지하수면 아래에 있다. (➡ 지문에 언급되지 않은 정보)
Ⓑ 그것은 보통 물이 많은 지역들 근처에서 가장 두껍다. (➡ 지문에 언급되지 않은 정보)
Ⓒ 그것은 지역의 환경에 따라 깊이가 달라진다.
Ⓓ 그것은 사막들과 다른 건조한 지역들에서 지표면 가까이 솟아 오른다. (➡ 지문에 언급되지 않은 정보)

Type: Vocabulary

2. 지문의 단어 'accordingly(그에 따라)'와 의미상 가장 가까운 것은

Ⓐ 자주
Ⓑ 흥미롭게
Ⓒ 그에 따라
Ⓓ 서서히

불포화대

땅에 비가 내리면, 대부분의 물이 지표면을 따라 흘러넘쳐 결국 강들과 호수들에 모이지만, 높은 비율은 또한 땅속으로 스며들기도 한다. 이 물은 지하 수면에 도달할 때까지 계속 아래로 내려가며, 그곳에서 토양이 완전히 흠뻑 젖을 때까지 이용 가능한 공간을 모두 채울 것이다. 그러나, 모든 물이 지하수면에 도달하는 것은 아니다; 일부는 지하 지표면에서부터 지하수면까지 뻗은 불포화대 또는 젖지 않는 지대라고 불리는 구역에 남아 있다. **3C** 일부 지역들에서는 불포화대가 없고 지하수면이 실제로 지표면까지 닿아 있으며, 이는 습지대들나 호수들에서 흔히 볼 수 있다. 다른 곳에서는, 지하수면이 지표면 아래 매우 깊이 있기 때문에 불포화대가 수백 미터 두께가 될 수도 있고, 이는 사막들과 같은 건조한 지역들에서 발견될 수 있다. 지하수면이 불포화대에 의해 지표면과 분리되어 있을 때, 그것은 여전히 지표면의 윤곽을 따르기 때문에 지하수면은 평평하지 않다. 대신에, 그것은 지표면의 지형을 위아래로 따르는데, 이는 중력이 지하수면 내의 물의 움직임과 그에 따른 불포화대의 두께에 영향을 미친다는 것을 의미한다.

어휘 rain v 비가 오다, 쏟아 붓다 | run off 흘러 넘치다 | eventually adv 결국 | collect v 모이다 | lake n 호수 | proportion n 비율 | penetrate v 침투하다, 스며들다 | reach v 도달하다, ~에 미치다 | water table 지하 수면 | empty adj 비어 있는 | saturate v 흠뻑 적시다 | extend v 뻗다 | actually adv 실제로 | common adj 흔한 | marshland n 습지대 | arid adj 건조한 | desert n 사막 | separate v 분리하다, 나누다 | contour n 윤곽 | flat adj 평평한 | topography n 지형, 지형학 | gravity n 중력 | accordingly adv 그에 따라, 부응해서 | lie v 있다, 위치해 있다 | correspondingly adv 그에 따라

Lesson 04 Negative Factual Information

본서 | P. 80

Practice

01 C　02 B　03 A　04 D

Test

Passage 1　1. B　2. A
Passage 2　1. B　2. A

01   콜라주

B콜라주는 다양한 형태들을 조합하고 혼합하여 결합한 요소들로 구성된 새로운 작품을 생성하는 일종의 정식 예술 방법이다. 많은 콜라주 자료들을 쉽게 이용 가능한 것이다; 예를 들어, 콜라주는 다채로운 종이나 그림 조각들, 신문 스크랩 또는 다른 예술가들의 작품으로 구성될 수 있다. **A**작가는 종이나 캔버스에 별개의, 때로는 어울리지 않는 모양을 붙임으로써 자신이 선택한 방식으로 자신을 보여줄 수 있다. **D**이러한 종류의 시각 예술이 수백 년 동안 존재했음에도 불구하고, 이것은 20세기 초반에 엄청난 인기를 얻었다.

지문에 따르면, 다음 중 콜라주에 대해 언급되지 않은 것은 무엇인가?

Ⓐ 종이나 캔버스는 다양한 사물들을 접착하여 예술가의 창의적인 표현을 위한 매체로 사용할 수 있다.
Ⓑ 그것은 다양한 형태들을 결합하여 새로운 예술 작품을 만드는 예술 방법이다.
Ⓒ 그것의 대부분은 다른 전통 예술 작품에서 가져온 독특한 조각들로 구성되어 있다.
Ⓓ 그것은 아주 오래전부터 존재했지만, 20세기 초반에 엄청난 인기를 얻었다.

해설 **Step 1** 문제가 출제되는 범위(한 단락 혹은 그 이상)를 읽는다.

Step 2 문제가 요구하는 정보에 대해 지문에 언급되고 재진술된 보기 3개를 찾아 소거한다.
BCollage is a type of formal art method that assembles a variety of shapes and mixes them, resulting in the creation of a new work that comprises the combined elements.
AThe artist can show himself or herself in whichever way he or she chooses by adhering distinct, sometimes mismatched shapes to a sheet of paper or a canvas.
DDespite the fact that this kind of visual art has been present for hundreds of years, it underwent a great upsurge in popularity in the early 20th century.

Step 3 지문에 언급되지 않거나 문제와 관련 없는 정보가 담긴 정답 보기를 선택한다.
정답: Ⓒ 지문에 언급되지 않은 정보

어휘 formal **adj** 정식의 ㅣ comprise **v** ~으로 구성되다, 구성하다 ㅣ element **n** 요소 ㅣ readily **adv** 손쉽게, 선뜻 ㅣ compose **v** 구성하다 ㅣ fragment **n** 조각 ㅣ clipping **n** 잘라낸 조각 ㅣ adhere **v** 붙이다 ㅣ mismatch **v** 어울리지 않다 ㅣ present **adj** 있는, 현재의 ㅣ undergo **v** 겪다 ㅣ upsurge **n** 급증 ㅣ popularity **n** 인기 ㅣ medium **n** 수단, 도구 ㅣ glue **v** 붙이다 ㅣ peculiar **adj** 독특한 ㅣ surge **n** 급증

02   Bessemer 공정과 그 영향

Henry Bessemer는 강철을 대량 생산하기 위한 최초의 값싼 산업 공정을 개발했다. Bessemer 공정은 용광로에서 용해된 금속의 온도를 올릴 때 공기를 사용하여 철을 산화시키고 불순물들을 제거한다. **A**이는 철강의 생산을 훨씬 저렴하게 만들고, **D**따라서 이 공정의 도입은 철도 산업에 즉각적인 영향을 주었다. **C**기차 트랙들의 오래된 레일들은 연철로 만들어져 있었는데, 이는 강철보다 내구성이 훨씬 떨어졌다. **D**강철 레일들은 10배나 오래 지속되었으므로, 그렇게 자주 교체될 필요가 없었다. 증가한 생산량은 또한 강철이 조선과 큰 규모의 건설에도 사용될 수 있게 하였다. 다른 혁신들은 화학 비료들, 합성염료들, 석유정제, 그리고 전자기 발전기들의 개발을 포함한다. 전기 발전기는 전기가 조명, 공장의 자동화, 그리고 특히 중요한 통신을 포함하는 많은 산업 용도들에 사용되는 것을 가능하게 했다.

지문에 따르면, 철강에 대해 사실이 아닌 것은:

Ⓐ 강철은 훨씬 저렴한 비용으로 생산될 수 있다.
Ⓑ 강철은 Bessemer 공정 이전에 종종 건설에 사용되었다.
Ⓒ 연철 레일들은 강철 레일들만큼 오래 가지 않는다.
Ⓓ 철도 산업은 대량 생산된 철강으로 이익을 보았다.

해설 **Step 1** 문제가 출제되는 범위(한 단락 혹은 그 이상)를 읽는다.

Step 2 문제가 요구하는 정보에 대해 지문에 언급되고 재진술된 보기 3개를 찾아 소거한다.
AThis makes steel much cheaper to produce,
Dso the introduction of the process had an immediate effect on the railroad industry.
COlder rails for train tracks had been made from wrought iron, which was far less durable than steel.
DSteel rails lasted ten times as long, so they didn't need to be replaced as often.

Step 3 지문에 언급되지 않거나 문제와 관련 없는 정보가 담긴 정답 보기를 선택한다.
정답: Ⓑ 지문에 언급되지 않은 정보

어휘 inexpensive **adj** 비싸지 않은 | industrial **adj** 산업의 | steel **n** 강철 | oxidize **v** 산화시키다 | impurity **n** 불순물 | molten **adj** (금속, 암석 따위가) 용해된, 녹은 | furnace **n** 용광로 | wrought iron 연철 | durable **adj** 내구성 있는, 오래 가는 | scale **n** 규모, 범위 | innovation **n** 혁신, 획기적인 것 | fertilizer **n** 비료 | synthetic **adj** 합성한 | dye **n** 염료 | petroleum **n** 석유 | refinement **n** 정제 | electromagnetic **adj** 전자기의 | generator **n** 발전기 | application **n** 적용 | lighting **n** 조명 | automation **n** 자동화 | communication **n** 통신 | benefit from ~로부터 이익을 얻다

03 가내 수공업들의 성장

15세기까지 길드들은 이탈리아 양모 산업을 지배하여, 양모 생산의 모든 부분을 통제했다. 그러나, 여러 가지 요인들로 그들은 양모 사업에 대한 통제력을 상실했고, 다시는 되찾지 못했다. 길드들에 영향을 준 주된 추세들 중 하나는 가내 수공업의 점진적인 성장이었다. 길드들은 도시들 내의 양모 가공을 절대적으로 통제했지만, 시골 지역에서는 그들을 위해 양모를 구매해주는 상인들에게 여전히 의존했다. 이 원모 거래 상인들은 도시들 내의 장인들과 계약을 맺었지만, **C**양을 키우는 소작농들 또한 양모를 더 질 낮은 직물로 가공할 수 있다는 사실을 깨닫게 되었다. 농부들과 가족들이 여가에 정기적으로 자신들이 사용하기 위한 양모의 실을 자았고 짜게 되어서, 상인들은 그들이 원하는 곳이면 어디든 가지고 가서 쉽게 팔 수 있는 낮은 품질의 완성 직물을 생산하려고 농부들과 계약하기 시작했다. **D**더 값싼 양모에 대한 수요는 중산층들 사이에서 빠르게 늘어나기 시작했고, **B**길드들은 원재료와 소비자층의 일부 둘 다를 잃었다.

지문에 따르면, 가내 산업 성장의 결과로 언급되지 않은 것은

Ⓐ 길드들이 시골의 경쟁자들을 제거하려고 했다
Ⓑ 가내 산업이 길드들의 생존에 필요한 자원들을 소비했다
Ⓒ 원모 상인들이 양을 기르는 소작농들과 함께 일하기 시작했다
Ⓓ 중산층들 사이에서 값싼 양모의 인기가 빠르게 퍼졌다

해설 **Step 1** 문제가 출제되는 범위(한 단락 혹은 그 이상)를 읽는다.

Step 2 문제가 요구하는 정보에 대해 지문에 언급되고 재진술된 보기 3개를 찾아 소거한다.

Cbut they learned that the peasants who raised the sheep were also capable of processing wool into low-grade textiles. The farmers and their family members regularly spun and wove wool for their own use in their free time, so the merchants began to make contracts with the farmers to produce low-quality finished cloth that the merchants could then take wherever they wanted and easily sell.

DThe demand for this cheaper wool quickly grew among the middle classes, and

Bthe guilds lost both raw materials and part of their consumer base.

Step 3 지문에 언급되지 않거나 문제와 관련 없는 정보가 담긴 정답 보기를 선택한다.

정답: Ⓐ 지문에 언급되지 않은 정보

어휘 regulate **v** 규제하다, 조절하다 | gradual **adj** 점진적인 | growth **n** 성장 | cottage industry 가내 수공업 | absolute **adj** 절대적인 | rely **v** 의존하다 | merchant **n** 상인 | purchase **v** 구매하다 | countryside **n** 시골 지역 | raw **adj** 원자재의 | wool **n** 양모, 양털 | contract **n** 계약 | artisan **n** 장인 | peasant **n** 소작농 | regularly **adv** 정기적으로 | spin **v** 실을 잣다 | weave **v** 짜다, 엮다 | demand **n** 수요, 요구사항 | middle class 중산층 | consumer **n** 소비자 | eliminate **v** 제거하다, 없애다

04 새들이 자신들을 보호하는 방법

1 ➡ 새들은 포식자들로부터 자신들과 새끼를 보호해야 한다. 그들 대부분은 주변 환경과 더 쉽게 섞일 수 있는 색상이나 표시를 가지고 있다. **B**이 새들은 움직이지 않고 포식자의 주의를 피함으로써 자신들을 방어할 수 있다. '보호색'이라는 용어는 이 자연적으로 발생하는 은폐 메커니즘을 말한다. 다른 상황에서는, 새가 어쩔 수 없이 도망치거나, 숨거나, 이 두 가지를 모두 할 수 있다. 이러한 전술 중 어느 것도 성공하지 못하면, 새는 생존을 위해 싸워야 할 수도 있다.

2 ➡ **A**새들은 종에 따라, 싸우기 위해서 부리들, 다리들, 날개들 또는 이 세 가지를 조합하여 사용한다. 새는 둥지를 보호할 때, 큰 소리를 내면서 침입자의 머리 쪽으로 보통 날아간다. 하지만 새들은 자신들보다 큰 포식자들과의 싸움에서 거의 승리하지 못한다. **C**땅에 둥지를 튼 취약한 새는 잠재적인 포식자를 둥지로부터 주위를 다른 데로 돌리기 위해 날개가 손상된 것처럼 끌 수 있다. 포식자는 '몸을 다친' 새가 더욱 잡기 쉽다는 것을 알고 있기 때문에, 새가 날아가기 전에 둥지에서 멀리 떨어진 새를 따라갈 수 있다.

1단락과 2단락에 따르면, 다음 중 새들이 자신들을 보호하는 방법이 아닌 것은 무엇인가?

Ⓐ 신체의 각각 다른 부분으로 포식자들과 싸우는 것
Ⓑ 포식자들의 탐지를 피하도록 가만히 있는 것

ⓒ 포식자들이 둥지 근처에 오는 것을 막는 것

ⓓ 죽은 듯이 행동하는 것

해설 **Step 1** 문제가 출제되는 범위(한 단락 혹은 그 이상)를 읽는다

Step 2 문제가 요구하는 정보에 대해 지문에 언급되고 재진술된 보기 3개를 찾아 소거한다.

B These birds may defend themselves by remaining motionless and evading the predator's attention.

A Birds use their beaks, legs, wings, or any combination of all three to fight, depending on the species.

C A vulnerable ground-nesting bird may drag a wing as if it were damaged in order to distract a potential predator from its nest. Because the predator knows that a "crippled" bird is easy to catch, it may follow the bird far away from the nest before it flies away.

Step 3 지문에 언급되지 않거나 문제와 관련 없는 정보가 담긴 정답 보기를 선택한다.

정답: ⓓ 지문에 언급되지 않은 정보

어휘 blend in with ~와 조화를 이루다 | surroundings **n** 환경 | defend **v** 방어하다 | motionless **adj** 가만히 있는, 움직임이 없는 | evade **v** 피하다 | attention **n** 주의 | term **n** 용어 | refer to 지칭하다 | circumstance **n** 상황 | tactic **n** 전술 | beak **n** 부리 | depending on ~에 따라 | intruder **n** 침입자 | seldom **adv** 좀처럼 ~하지 않는 | drag **v** (힘들여) 끌다, 끌고 가다 | distract **v** 주의를 딴 데로 돌리다, 산만하게 하다 | nest **n** 둥지 | crippled **adj** 불구의, 절름발이의, 몸을 다친 | still **adj** 가만히 있는 | detection **n** 탐지, 발견

Test

본서 | P. 88

Passage 1

Type: Negative Factual Information

1. 지문에 따르면, 다음 중 언어들 사이의 관계에 대해 사실이 아닌 것은 무엇인가?

ⓐ 그것들은 고대인들의 이주 패턴들을 알아내는 데 도움을 줄 수 있다.

ⓑ 그것들은 많은 다양한 나라의 문화 발전에 기여했다. (➡ 지문에 언급되지 않은 정보)

ⓒ 그것들은 과거의 사람들에 관한 귀중한 정보를 제공할 수 있다.

ⓓ 그것들은 지역들 간의 뚜렷한 차이점들을 보여준다.

Type: Factual Information

2. 지문에 따르면, 다음 중 어휘들이 갖는 차이점에 대해 사실인 것은 무엇인가?

ⓐ 삶의 환경들이 언어들 사이의 차이점을 만들어내는 데 가장 중요한 역할을 한다.

ⓑ 두 문화가 더 많은 단어를 공유할수록 서로의 언어도 더 느리게 변화한다. (➡ 지문에 언급되지 않은 정보)

ⓒ 사람들은 다른 곳으로 이동하면 옛 단어를 새 단어로 빠르게 대체한다. (➡ 지문에 언급되지 않은 정보)

ⓓ 단어 발음의 변화는 중요한 역사적 사건이 있을 때 일어나는 경향이 있다. (➡ 지문에 언급되지 않은 정보)

역사적 자료로서의 언어

1A/1C 언어들 사이의 관계는 과거의 이주 패턴에 대한 유익한 반영이며, 사람들이 어떻게 살았는지를 많이 알려준다. 이동 과정 동안 일어난 발음의 변화는 사람들의 삶에 대해 그다지 알려주지 못하지만, **1C** 어휘의 차이는 사람들이 어떻게 생각하고 무엇에 가치를 두었는지를 많이 알려줄 수 있다. 예를 들어, 남아메리카의 한 부족은 바다의 색을 묘사하는 12개의 다른 단어를 가졌지만, 다른 부족은 라마의 털 변화를 묘사하는 20개의 단어를 가졌을 수 있다. **1D** 이 정보로부터 첫 번째 부족은 바다 가까이 사는 문화였고, 두 번째 부족은 라마를 가축으로 키웠던 산에 살았다고 추측하는 것이 타당하다. **2A** 만약 이 두 문화가 숫자나 '형제' 같은 더 기본적인 단어를 공유했다면, 이들이 한때 같은 언어를 사용했으나, 한 부족의 특정 지역으로의 이주로 인해 그들의 새로운 지역에서 일부 단어가 대체되거나 그 부족의 삶에 더 중요한 부가적 용어들이 만들어졌다고 볼 수 있을 것이다.

어휘 language **n** 언어 | relationship **n** 관계 | informative **adj** 유익한 | reflection **n** 반영 | migration **n** 이동 | pronunciation **n** 발음 | lexicon **n** 어휘 | value **v** 소중하게 여기다 | tribe **n** 부족 | culture **n** 문화 | whereas **conj** 반면에 | variance **n** 변화 | reasonable **adj** 타당한, 합리적인 | livestock **n** 가축 | replace **v** 대체하다 | determine **v** 알아내다 | regarding **prep** ~에 관하여 | distinct **adj** 뚜렷한 | relocate **v** 이동하다 | term **n** 단어, 말 | tend to ~하는 경향이 있다

24 **II** Question Types

Passage 2

Type: Factual Information

1. 1단락에 따르면, 더 높은 염분 농도가 발견되는 곳은 어디인가?

   Ⓐ 해안 지역들 (➡ 지문에 언급되지 않은 정보)
   Ⓑ 열대 지역들
   Ⓒ 비가 많이 오는 지역들 (➡ 지문에 언급되지 않은 정보)
   Ⓓ 폭풍우 지역들 (➡ 지문에 언급되지 않은 정보)

Type: Negative Factual Information

2. 지문에 따르면, 다음 중 염도를 낮추는 과정들이 아닌 것은

   Ⓐ 증발 (➡ 문제와 관련없는 정보)
   Ⓑ 강수
   Ⓒ 강물
   Ⓓ 해빙이 녹는 것

해양 염도에 영향을 미치는 세 가지 기본 과정들

1 ➡ 염분이라고 불리는 바닷물의 염도는 장소에 따라 변하며, 바다의 염도 변동들은 세 가지 기본 과정들에 의해 발생한다는 것이 밝혀졌다. 첫 번째는 액체 상태인 물에서 수증기로의 변화인 **2A**증발에 의해, 바다에서 물을 제거하는 것이다. 결과적으로, 물에 염분이 남아있기 때문에 염도가 높아진다. **1B**바다의 염도는 증발량이 적은 세계의 다른 지역들에 비해 햇빛의 양이 많은 열대 지방들에서 종종 더 높다.

2 ➡ **2B**강수는 증발의 반대이다. 여기서, 바닷물이 희석되어 결국 염도가 낮아진다. 이는 강우량이 많은 지역이나 **2C**강이 바다로 흘러드는 해안 지역들에서 발생한다. 강이 염분을 희석하는 데 도움이 된다는 사실 때문에 바다의 염분은 해안 지역들에서 농도가 더 낮다. 해빙의 생성과 녹는 것은 염분이 변경될 수 있는 세 번째 과정이다. 바닷물이 얼 때, 바닷물에 용해된 물질들이 남는다. 따라서, 새로 생성된 해빙 바로 아래에 있는 물의 염도는 해빙의 형성 전보다 더 높다. **2D**분명히, 이 얼음이 녹으면서 주변 물의 염도는 감소한다.

어휘 saltiness ⓝ 소금기, 염도 ｜ salinity ⓝ 염분 ｜ fluctuation ⓝ 변동 ｜ fundamental ⓐⓓⓙ 기본적인, 근본적인 ｜ removal ⓝ 제거 ｜ evaporation ⓝ 증발 ｜ transformation ⓝ 변화 ｜ vapor ⓝ 증기 ｜ tropic ⓝ 열대 지방 ｜ precipitation ⓝ 강수 ｜ opposite ⓝ 반대되는 것 ｜ dilute ⓥ 희석하다 ｜ coastal ⓐⓓⓙ 해안의 ｜ slightly ⓐⓓⓥ 약간, 조금 ｜ concentrate ⓥ 농축시키다 ｜ melt ⓥ 녹다, 녹이다 ｜ substance ⓝ 물질 ｜ dissolve ⓥ 녹다, 용해되다, 용해시키다 ｜ freeze ⓥ 얼다, 얼리다 ｜ situate ⓥ 위치시키다, 두다 ｜ obviously ⓐⓓⓥ 분명히 ｜ concentration ⓝ 농도 ｜ region ⓝ 지역 ｜ stormy ⓐⓓⓙ 폭풍우가 몰아치는

Lesson 05 Inference

본서 ｜ P. 90

Practice

01 D	02 B	03 C	04 D

Test

Passage 1	1. A	2. C
Passage 2	1. B	2. D

Practice

본서 ｜ P. 94

01

초기 의사소통 방법들

D수메르와 이집트 문명에서 가장 초기의 문자가 발달하기 이전에, 사람들은 다양한 수단을 통해 서로 의사소통했다. 선사 시대 인류는, 현대인과 마찬가지로, 말과 몸짓을 통해 자신의 생각과 감정들을 전달할 수 있었다. 또한, 그들은 연기, 불, 휘파람, 북을 사용하여 서로 의사소통을 할 수 있었다. **D**이러한 초기 의사소통 방식에는 두 가지 주요 단점들이 있었다. 첫째, 그것들은 의사소통이 발생한 바로 그 순간에 국한되었다. 말을 하자 마자, 행동을 하자 마자, 그리고 연기가 뿜어져 나오자마자, 그것들은 사라졌다. 따라서, 메시지가 처음에 이해되지 않으면 그것을 반복하는 것이 필수적이었다. 두 번째 제한은 이러한 방법이 공간의 제약으로 인해 서로 상대적으로 가까운 사람들 사이에서만 사용할 수 있다는 것이었다.

지문에서 수메르인들과 이집트인들에 대해 추론 가능한 것은 무엇인가?

Ⓐ 그들은 배운 모든 것을 암기할 필요가 없었다.
Ⓑ 그들은 특정 기호들을 자신들의 힘을 입증하는 방법으로 이용했다.
Ⓒ 그들의 의사소통 시스템은 소리 및 불꽃 신호에 한정되었다.
Ⓓ 그들의 의사소통 방법은 오직 그 의사소통이 발생한 시점에만 국한되지 않았다.

해설 **Step 1** 문제 속 시그널로 문제 유형 확인 후 문제가 요구하는 정보가 무엇인지 파악한다.

What can be inferred from the passage about the Sumerians and Egyptians?

⋯→ 문제 속 유형 시그널: inferred

⋯→ 문제가 요구하는 정보: the Sumerians and Egyptians

Step 2 지문의 사실 정보를 객관적으로 이해하며, 근거 문장을 정확히 해석한다.

Prior to the development of the earliest forms of writing in the Sumerian and Egyptian civilizations, people communicated with each other through a variety of means.

초기의 문자가 발달하기 이전에 / 수메르와 이집트 문명에서, / 사람들은 / 의사소통했다 / 서로 / 다양한 수단을 통해

There were two major drawbacks to these early communication methods. First, they were confined to the exact moment when the communication occurred.

두 가지 주요 단점들이 있었다 / 이러한 초기 의사소통 방식에는. / 첫째, 그것들은 / 국한되었다 / 바로 그 순간에 / 의사소통이 / 발생한

Step 3 지문의 해당 내용을 기준으로 각 보기를 소거하며 재진술된 정답 보기를 선택한다.

(A) 지문에 언급되지 않은 정보

(B) 지문에 언급되지 않은 정보

(C) 지문에 언급되지 않은 정보

(D) 정답 (수메르와 이집트 문명의 초기 문자 발달이 있기 전 사람들의 초기 통신 방식은 의사소통이 이루어지는 바로 그 순간에만 가능하다는 한계를 가지는 사실로부터 문자를 가지고 있던 수메르인들과 이집트인들의 의사소통은 오직 그 의사소통이 발생한 시점에만 국한되지 않는다는 암시된 정보를 파악할 수 있다.)

어휘 prior to ~에 앞서, ~전에 | writing **n** 문자 | civilization **n** 문명 | communicate with ~와 의사소통하다 | prehistoric **adj** 선사 시대의 | convey **v** 전달하다 | speech **n** 말 | one another 서로 | employ **v** 이용하다 | whistle **n** 휘파람소리 | drawback **n** 문제점 | confine **v** 국한시키다 | expel **v** 배출하다 | comprehend **v** 이해하다 | constraint **n** 제한 | relatively **adv** 비교적 | restriction **n** 제한 | memorize **v** 암기하다 | particular **adj** 특정한 | signal **v** 신호를 보내다 | flame **n** 불꽃 | point **n** 시점

··

02 **맹그로브 나무들의 특징들**

열대 또는 아열대 지역에서는 맹그로브로 알려진 나무와 관목이 해안, 강둑, 감조 습지를 따라 밀집된 무리로 자라는 것을 볼 수 있다. 그들은 해안선 침식을 방지하고 오염 물질을 흡수하는 데 중요한 역할을 한다. 맹그로브는 20개의 다른 과학적 계열로 분류되며, 60개 이상의 다른 종들에서 발견된다. **B**다양한 종들의 맹그로브는 바다 소금물 흡수에 대처하기 위한 각각 다른 전략을 쓴다. 일부 맹그로브는 뿌리를 통해 여과하여 스스로부터 소금을 제거한다; 다른 것들은 맹그로브에서 소금을 빠르게 제거하는 특정한 분비선을 그들의 잎들에 가진다; 그리고 또 다른 것들은 곧 떨어지려고 하는 나무껍질이나 오래된 잎에 소금이 쌓이도록 한다. 그들이 발견되는 생태계에서, 맹그로브는 먹이 사슬의 필수 구성 요소이다. 작은 유기체들은 나무에서 떨어진 잎과 꽃을 먹는다. 이 작은 생물들을 포함하고 있는 썩어가는 식물 조각은 조수에 의해 바다로 옮겨져, 물고기와 다른 동물들이 잡아먹는다.

지문이 맹그로브에 소금물이 미치는 영향에 대해 암시하는 것은 무엇인가?

(A) 맹그로브에 고농도의 소금이 저장되어 있다.

(B) 소금물은 맹그로브가 잘 자라는 것을 막지 못한다.

(C) 맹그로브는 소금물의 양 조절을 돕는 잎에 특수한 분비선이 있다.

(D) 대부분의 맹그로브는 바닷물에 살기 때문에, 그들은 해양 생태계를 유지하는 데 있어서 중요하다.

해설 **Step 1** 문제 속 시그널로 문제 유형 확인 후 문제가 요구하는 정보가 무엇인지 파악한다.

The passage suggests which of the following about the effect of salt water on mangroves?

⋯→ 문제 속 유형 시그널: suggests

⋯→ 문제가 요구하는 정보: the effect of salt water on mangroves

Step 2 지문의 사실 정보를 객관적으로 이해하며, 근거 문장을 정확히 해석한다.

Diverse species of mangroves have different strategies for coping with ocean saltwater absorption. Some mangroves remove salt from themselves by filtering it via their roots; others have specific glands on their leaves that rapidly remove salt from the mangrove; and still others allow salt to accumulate in bark or old leaves that are about to fall off.

다양한 종들의 맹그로브는 / 쓴다 / 각각 다른 전략을 / 대처하기 위한 / 바다 소금물 흡수에. / 일부 맹그로브는 / 제거한다 소금을 / 스스로부터 / 여과하여 / 그것(= 소금)을 / 그들의 뿌리를 통해; / 다른 것들은 / 가진다 / 특정한 분비선을 / 그들의 잎들에 / (그것들은)

빠르게 제거하는 / 소금을 / 맹그로브에서; / 그리고 또 다른 것들은 / 허용한다 / 소금이 쌓이도록 / 나무껍질이나 오래된 잎들에 / 곧 떨어지려고 하는

Step 3 해당 부분을 기준으로 각 보기를 소거하며 재진술된 정답 보기를 선택한다.

Ⓐ 지문에 언급되지 않은 정보
Ⓑ 정답 (각각 다른 맹그로브가 소금물을 처리하는 여러 가지 방법이 있다는 사실로부터 소금물은 맹그로브 식물의 성장을 방해하는 요소가 되지 않는다는 암시된 정보를 파악할 수 있다.)
Ⓒ 지문에 언급되지 않은 정보
Ⓓ 지문에 언급되지 않은 정보

어휘 tropical **adj** 열대의, 열대 지방의 l shrub **n** 관목 l cluster **n** 무리 l seashore **n** 해안 l tidal **adj** 조수의 l coastline **n** 해안가 l erosion **n** 침식 l assist **v** 돕다 l soak up 빨아들이다, 흡수하다 l pollutant **n** 오염 물질 l diverse **adj** 다양한 l cope with ~을 처리하다 l absorption **n** 흡수 l gland **n** 분비선, 분비샘 l bark **n** 나무껍질 l be about to 막~하려고 하다 l fall off 떨어지다 l ecosystem **n** 생태계 l component **n** 성분 l bit **n** 일부, 부분 l decay **v** 부패하다, 부패시키다 l tide **n** 조수 l maintain **v** 유지하다

---

03 산업 혁명의 영향들

산업 혁명 초기에, 산업 발전에 필수적인 철을 생성하기 위해 풍부한 에너지원이 필요했다. 수요를 충족시키기 위해, 과학자들은 석탄을 실행 가능한 자원으로 만들고 그 사용을 향상하기 위한 새로운 발명품을 개발하는 데 더 많은 노력을 기울이기 시작했다. 이러한 기술 발전들로 석탄을 사용하여 난로들과 용광로들을 가열할 수 있게 되었을 뿐만 아니라 더 크고 효율적인 용광로들을 만들어, 가정과 산업의 열원으로 석탄을 널리 사용할 수 있는 기반을 마련했다. 또한, 산업 혁명은 새로 개발된 기술이 대중에게 더 이용 가능할 수 있도록 도왔다. **C** 기술적으로 발달한 하수 처리, 가스 분배, 그리고 수도 공급은 주요 전보와 철도망을 따라 자리 잡고 있던 일부 도시들에만 집중되어 있었다. 그러나 그 시기 생산의 편리성은 그러한 서비스가 크게 확장하도록 하였다.

지문에서 하수 처리와 수도 공급들과 같은 공공 서비스들에 대해 추론 가능한 것은 무엇인가?

Ⓐ 발명가들은 산업 혁명 이전에 공공 서비스들을 구축하려는 시도에서 실패했다.
Ⓑ 공공 서비스들이 확장됨에 따라 용광로들의 효율성을 개선하는 것이 중요했다.
Ⓒ 산업 혁명 이전에는 대부분의 도시들에서 공공 서비스들을 이용할 수 없었다.
Ⓓ 사람들은 생산성 향상의 결과로 공공 서비스들에 더 많은 돈을 쓸 수 있었다.

해설 **Step 1** 문제 속 시그널로 문제 유형 확인 후 문제가 요구하는 정보가 무엇인지 파악한다.

What can be inferred from the passage about public services such as sewage removal and water supplies?

⋯⋯ 문제 속 유형 시그널: inferred
⋯⋯ 문제가 요구하는 정보: public services such as sewage removal and water supplies

Step 2 지문의 사실 정보를 객관적으로 이해하며, 근거 문장을 정확히 해석한다.

Technologically-advanced sewage removal, gas distribution, and water supply had been concentrated in only a few cities that were located along the main telegraph and railroad networks. The ease of production at that time, however, allowed those services to expand significantly.

기술적으로 발달한 하수 처리, 가스 분배, 그리고 수도 공급은 / 집중되어 있었다 / 일부 도시들에만 / (그것들이) 자리 잡고 있던 / 주요 전보와 철도망을 따라. / 생산의 편리성은 / 그 시기에 / 그러나 / 허용했다 / 그러한 서비스가 / 크게 확장하도록

Step 3 해당 부분을 기준으로 각 보기를 소거하며 재진술된 정답 보기를 선택한다.

Ⓐ 지문에 언급되지 않은 정보
Ⓑ 지문에 언급되지 않은 정보
Ⓒ 정답 (공공 서비스들은 일부 도시에만 집중되어 있었지만 산업 혁명 시기 생산의 편리성으로 그러한 서비스가 크게 확장되었다는 사실로부터 산업 혁명 전에 대부분의 도시들에서는 하수 처리와 같은 공공 서비스들의 혜택을 받지 못했다는 암시된 정보를 파악할 수 있다.)
Ⓓ 지문에 언급되지 않은 정보

어휘 Industrial Revolution 산업 혁명 l abundant **adj** 풍부한 l essential **adj** 필수적인 l in response to ~에 대응하여 l viable **adj** 실현 가능한 l enhance **v** 향상시키다 l advance **n** 발전 l efficient **adj** 효율적인 l pave the way for ~에 대해 준비하다, 기반을 닦다 l household **n** 가정 l public **n** 대중, 일반인 l sewage **n** 하수 l locate **v** ~에 위치하고 있다 l telegraph **n** 전신 l ease **n** 용이함, 편의 l expand **v** 확장시키다, 확장되다 l critical **adj** 중요한 l lack **v** 부족하다 l access **n** 접근 l productivity **n** 생산성

불포화대

불포화대는 지하수면과 토양 사이에 종종 존재하는 땅의 젖지 않은 부분이다. 불포화대는 물을 포함하고 있지만, 인간의 소비를 위해 쉽게 이용될 수는 없으므로, 식수와 관개, 산업을 위해 인간에 의해 이용되는 물은 일반적으로 지표면에 있는 물이나 지하수면에서 끌어올려진 물에서 온다. 그러나 불포화대의 물은 자연 발생적이거나 경작된 식물들 둘 다에 물과 양분을 제공하기 때문에 여전히 매우 중요하다. 이 층은 또한 사람들이 건설하는 많은 건물들을 지지하며, 쓰레기 처리에 이용되기도 한다. **D**물은 지하수면에 닿기 위해 불포화대를 지나 스며들기 때문에, 불포화대는 종종 바람직하지 않고 잠재적으로 해로운 물질들을 제거하는 거름 장치로 여겨진다. 이는 어느 정도까지는 맞는 말이며, 특히 불포화대에 석회석 같은 퇴적암이 포함된 경우 그러하다. 그러나, 그것이 하는 일을 설명하는 더 나은 방법은 흐름 속도와 화학 반응들을 통해 이러한 물질들이 어디에, 그리고 얼마나 빨리 지하수면으로 들어길 수 있는지를 제어한다고 말하는 것이다.

지문에서 석회석에 대해 추론 가능한 것은 무엇인가?

Ⓐ 그것은 건축 자재로 사용된다.

Ⓑ 그것은 계속해서 제거되고 교체된다.

Ⓒ 그것은 물이 통과할 수 없다.

Ⓓ 그것은 효과적인 천연 거름 장치로 기능할 수 있다.

해설 **Step 1** 문제 속 시그널로 문제 유형 확인 후 문제가 요구하는 정보가 무엇인지 파악한다.

Which of the following can be inferred from the passage about limestone?

⋯→ 문제 속 유형 시그널: inferred

⋯→ 문제가 요구하는 정보: limestone

Step 2 지문의 사실 정보를 객관적으로 이해하며, 근거 문장을 정확히 해석한다.

Since water percolates through the vadose zone to reach the water table, it is often seen as a filter that removes undesirable and potentially harmful substances. To a certain extent, this is true, particularly when the vadose zone contains sedimentary rocks like limestone.

물이 스며들기 때문에 / 불포화대를 지나 / 닿기 위해 / 지하수면에, / 그것은 종종 여겨진다 / 거름 장치로 / (그것이) 제거하는 / 바람직하지 않고 잠재적으로 해로운 물질들을. / 어느 정도까지는, / 이것은 맞는 말이며, / 특히 불포화대가 / 포함하고 있을 때 / 퇴적암을 / 석회석 같은

Step 3 해당 부분을 기준으로 각 보기를 소거하며 재진술된 정답 보기를 선택한다.

Ⓐ 지문에 언급되지 않은 정보

Ⓑ 지문에 언급되지 않은 정보

Ⓒ 지문에 언급되지 않은 정보

Ⓓ 정답 (불포화대는 바람직하지 않고 잠재적으로 위험할 수 있는 물질을 제거하는 거름 장치로 여겨지며 특히 석회석 같은 퇴적암이 포함되어 있는 경우 그러하다는 사실로부터 석회석은 효과적인 천연 거름 장치의 기능을 할 수 있다는 암시된 정보를 파악할 수 있다.)

어휘 vadose zone 불포화대 l unsaturated `adj` 포화되지 않은 l portion `n` 부분, 일부 l tap `v` 이용하다 l consumption `n` 소비 l irrigation `n` 관개 l pump up 퍼올리다 l vitally `adv` 필수적으로 l cultivated `adj` 재배된, 경작된 l construct `v` 공사하다, 짓다 l disposal `n` 처리 l waste `adj` 쓸모가 없어진, 폐허의 l percolate `v` 스며들다 l remove `v` 제거하다, 없애다 l potentially `adv` 잠재적으로 l extent `n` 정도 l sedimentary rock 퇴적암 l limestone `n` 석회석(암) l flow rate 흐름 속도 l chemical reaction 화학 반응 l constantly `adv` 끊임 없이 l permeable `adj` 침투할 수 있는, 투과성의 l function `v` 기능하다

Test
본서 / P. 98

Passage 1

Type: Negative Factual Information

1. 다음 중 지문에서 나무의 나이테 성장에 영향들을 끼치는 요인으로 언급되지 않은 것은 무엇인가?

Ⓐ 성숙함 (➡ 지문에 언급되지 않은 정보)

Ⓑ 장소

Ⓒ 수분

Ⓓ 날씨

연륜 연대학

연륜 연대학은 한 지역의 기후 조건이 어떻게 변화했는지에 대한 상세한 기록을 만들기 위한 나무들의 나이테에 대한 과학적 연구이다. 이 자료는 나무로 만들어진 건물들이나 다른 유물들의 연대를 알아내는 것을 포함해, 다양한 목적으로 이용될 수 있으며, 또한 다른 과학 분야, 특히 고고학에도, 꽤 유용하다. 매년 나무는 키가 자랄 뿐 아니라 나무껍질 아래의 형성층에 새로운 세포로 이루어진 동심원의

Type: Inference

2. 지문에서 열대 지역의 나무들이 연륜 연대학에 적합하지 않은 이유에 대해 추론할 수 있는 것은

Ⓐ 열대 지방은 토양 질이 나쁜 경향이 있기 때문에 (➡ 지문에 언급되지 않은 정보)

Ⓑ 그 지역은 비가 너무 많이 오기 때문에 (➡ 지문에 언급되지 않은 정보)

Ⓒ 온도가 1년 내내 상당히 일정하기 때문에 (➡ 기온에 있어 뚜렷한 계절적 변화가 발생하는 온대 지역에 있는 나무들은 연구에 널리 이용되지만 열대 지역은 나이테가 불규칙하게 형성되거나 전혀 형성되지 않는다는 사실로부터 열대 지역은 뚜렷한 계절적 변화가 없다는 암시된 정보를 파악할 수 있다.)

Ⓓ 그들은 온대 지역 나무들보다 식별하기 더 어렵기 때문에 (➡ 지문에 언급되지 않은 정보)

원을 만들어 지름 역시 커진다. **1C/1D**그해 동안의 지역 환경 조건이 온도와 강우, 토양 화학, 및 공기 질의 변화들을 통해 어떻게 테가 형성되는지에 영향을 준다. 이러한 요인들의 조합에 따라, 나무의 밀도와 구조, 화학적 흔적, 그리고 가장 명백하게도 테의 너비가 달라질 것이다. **1C/1D**기본적으로, 날씨가 혹독하고 강수량이 적은 년도가 기후가 온화하고 강수량이 더 많은 해보다 더 얇은 나이테를 만든다. **1B/2C**모든 나무들이 이 과정에 적합한 것은 아닌데, 그 이유는, 특히 열대 지역에서, 그들이 불규칙적으로 테를 형성하거나 전혀 형성하지 않기 때문이다. 대조적으로, 기온에 있어 뚜렷한 계절적 변화가 발생하는 온대 지역에 있는 나무들은 수천 년을 아우르는 자세한 역사를 창조하는 데 이용되고 있다.

어휘 dendrochronology ⓝ 연륜 연대학 | growth ring 나이테 | climatic ⓐⓓⓙ 기후의 | purpose ⓝ 목적 | age ⓝ 나이 | artifact ⓝ 인공물, 인공 유물 | quite ⓐⓓⓥ 꽤 | discipline ⓝ 지식 분야 | archaeology ⓝ 고고학 | in particular 특히 | diameter ⓝ 지름 | concentric ⓐⓓⓙ 동심원의 | cambium layer 형성층 | density ⓝ 밀도 | structure ⓝ 구조 | trace ⓝ 흔적 | width ⓝ 너비, 폭 | essentially ⓐⓓⓥ 기본적으로, 근본적으로 | harsh ⓐⓓⓙ 가혹한, 혹독한 | precipitation ⓝ 강수 | irregularly ⓐⓓⓥ 불규칙적으로 | in contrast 대조적으로, 그에 반해서 | temperate ⓐⓓⓙ (기후, 지역) 온화한 | variation ⓝ 변화 | constant ⓐⓓⓙ 변함없는

Passage 2

Type: Inference

1. 지문에서 많은 장인들이 계속 일을 하는 데 어려움이 있던 이유에 대해 추론할 수 있는 것은

Ⓐ 새로 개발된 기계들은 운영에 사람을 덜 필요로 했기 때문에 (➡ 지문에 언급되지 않은 정보)

Ⓑ 그들은 경쟁을 계속하기 위해 필요한 기계들을 구입할 수가 없었기 때문에 (➡ 16세기 유럽 장인들이 몰락하게 된 원인 중 하나인 기술 발달로 새로운 기계들이 출현했는데 이런 기계들과 그 기계를 설치하는 건물에는 막대한 투자가 필요로 했으며 그것은 장인들 각자나 길드 전체가 부담하기 어려울 정도로 설치와 운영에 비용이 든다는 사실로부터 장인들은 경쟁을 계속하기 위해 필요한 기계들을 구입할 여건이 되지 않았다는 암시된 정보를 파악할 수 있다.)

Ⓒ 그들의 길드들이 새 장비 사용법을 배우는 것을 허락하지 않았기 때문에 (➡ 지문에 언급되지 않은 정보)

Ⓓ 그들은 새 기계를 들이거나 운영할 기반 시설이 없었기 때문에 (➡ 지문에 언급되지 않은 정보)

Type: Vocabulary

2. 지문에서 단어 'Besides(~외에도)'와 의미상 가장 가까운 것은

Ⓐ ~에 따라

Ⓑ ~에 관하여

Ⓒ ~와 함께

Ⓓ ~외에도

16세기 유럽 장인들의 몰락

1B유럽 길드들의 장인들은 16세기에 여러 발전으로 인해 쇠퇴를 경험했다. 기술적 혁신들은 제조 과정을 개선하고 신속히 한 많은 산업에서 일어났지만, 종종 장인들 각자나 길드 전체가 부담하기 어려울 정도로 설치와 운영에 비용이 더 드는 새로운 기계를 포함했다. 예를 들어, 제철업에는 용광로들과 신선기들, 그리고 다양한 종류의 셰이퍼 기계들과 같은 전문화된 장비가 도입되었다. 이 장비가 더 흔해지면서, 생산은 빠르게 증가했다. **1B**장인들은 이 장비 없이는 경쟁할 수 없어졌지만, 기계와 이 기계들을 설치하는 건물에도 엄청난 돈 투자가 필요했다. 이 고정 자본 외에도 생산 증대는 동력을 위한 물, 상품 보관 창고와 고객들에게 물건 수송을 제공하는 데 요구되는 시설들이 필요했다. 16세기 후반의 Antwerp에서, 한 기술 좋은 철공은 1년에 250플로린(Florence의 금화이며 당시의 기준 통화)을 벌 수 있었으나, 용광로 하나는 3,000플로린이었으며, 다른 장비들 역시 마찬가지로 비쌌다.

어휘 refine **v** 개선하다 ㅣ speed up 속도를 높이다 ㅣ manufacturing **n** 제조업 ㅣ involve **v** 포함하다, 관련시키다 ㅣ machinery **n** 기계 ㅣ cost **v** (값, 비용이) ~들다 ㅣ install **v** 설치하다 ㅣ operate **v** 작동되다, 가동하다 ㅣ entire **adj** 전체의 ㅣ iron **n** 철, 철분 ㅣ see **v** 겪다 ㅣ specialized **adj** 전문화된, 전문적인 ㅣ equipment **n** 장비 ㅣ blast furnace 용광로 ㅣ wire-drawing machine 신선기 ㅣ huge **adj** 거대한, 엄청난 ㅣ investment **n** 투자 ㅣ house **v** 수용하다 ㅣ besides **prep** ~외에도 ㅣ fixed capital 고정 자본 ㅣ output **n** 생산량, 산출량 ㅣ facility **n** 시설 ㅣ power **n** 동력 ㅣ storage **n** 저장, 저장고, 보관소 ㅣ goods **n** 상품, 제품 ㅣ customer **n** 고객, 손님 ㅣ skilled **adj** 숙련된 ㅣ currency **n** 통화 ㅣ earn **v** (돈을) 벌다, (수익을) 받다, 얻다 ㅣ similarly **adv** 비슷하게, 마찬가지로 ㅣ competitive **adj** 경쟁력 있는, 경쟁을 하는 ㅣ with respect to ~에 관하여

Lesson 06 Sentence Simplification

본서 ㅣ P. 100

Practice
01 A   02 C   03 B   04 C

Test
Passage 1   **1.** C   **2.** B
Passage 2   **1.** B   **2.** D

| Practice | 본서 ㅣ P. 104 |

01

동물들의 색깔 변화

많은 동물들은 여러 가지 방법으로 자신들의 색깔을 바꿀 수 있는 타고난 능력을 갖춘다. 수중 거북이들에서 볼 수 있는 것과 같은 일부 색상 변화는, 단순히 성인으로 발달하는 하나의 단계다. 어린 것들은 밝은 녹색이지만, 나이가 들면서, 짙은 녹색 또는 갈색으로 변한다. 다른 색상 변화는 번식 또는 변화하는 기후 환경과 관련된 계절적 주기의 일부다. 예를 들어, 추운 지역에 서식하는 수많은 포유동물들은 눈이 내리기 시작할 때 하얗게 변한다. 색상의 변화는 한 색상의 머리카락, 피부 또는 깃털이 다른 색상의 머리카락, 피부 또는 깃털로 대체될 때 발생한다. 이 과정을 '탈피'라고 한다. 포유류와 조류의 경우, 털이나 깃털 때문에 빠른 색상 변화가 거의 보이지 않는다; 그러나, 얼굴 피부가 더 많이 노출된 일부 동물들은 얼굴을 붉힐 수 있다.

다음 중 지문에 음영 표시된 문장의 핵심 정보를 가장 잘 표현한 문장은 무엇인가? 오답은 의미를 크게 왜곡하거나 핵심 정보를 누락하고 있다.

ⓐ 털이나 깃털로 덮이지 않은 동물들을 제외하고는, 포유류와 조류에서 급격한 색상 변화를 식별하기 어렵다.
ⓑ 일부 포유류와 조류는 얼굴에 맨살이 있기 때문에, 빠른 색상 변경이 필요하다.
ⓒ 털이나 깃털이 몸을 덮고 있는 포유류와 조류는 급격한 색상 변화가 필요하지 않다.
ⓓ 그들은 얼굴을 붉힐 수 없기 때문에, 오직 조류와 포유류만이 그들의 천연색을 유지할 수 있다.

해설 | **Step 0** 지문에 음영 표시된 문장의 앞 내용을 읽는다.

Step 1 음영 표시된 문장의 구조(주어, 동사, 접속사 등)를 파악한다.
In N, S + V + because of + N; however, S + V.

Step 2 음영 표시된 문장의 핵심 정보에 해당하는 내용을 노트테이킹(요약 및 정리)한다.

> **노트**
>
> In 포유/조류, 빠른 색 변화 = rarely seen
> because of 털/깃털
> (however) 일부 동물 w/ uncovered → blush 가능

Step 3 노트테이킹한 내용을 기준으로 오답을 소거하며, 핵심 정보가 모두 재진술된 정답 보기를 선택한다.
ⓐ 정답
ⓑ 언급되지 않은 정보
ⓒ 언급되지 않은 정보
ⓓ 언급되지 않은 정보

어휘 innate adj 타고난, 선천적인 | capacity n 능력 | aquatic adj 물에서 사는, 수생의, 물과 관련된 | simply adv 그저, 간단히 | stage n 단계 | seasonal cycle 계절 주기 | associate v 연관 짓다 | reproduction n 번식 | numerous adj 많은 | native adj (동식물이) ~원산의, 태어난 곳의 | snowfall n 강설, 강설량 | feather n 깃털 | replace v 대체하다, 교체하다 | molting n 털갈이, 탈피 | fur n 털 | uncovered adj 아무것도 덮여 있지 않은 | blush v 얼굴을 붉히다 | discern v 식별하다, 알아차리다 | exception n 예외 | bare adj 맨 | necessitate v ~을 필요로 하다 | retain v 유지하다

---

02   빙하들

빙하들은 많은 양의 강설량을 받고 시원한 여름을 가지는 높은 고산과 극지방에서 발견될 수 있는 큰 얼음 강이다. 빙하들은, 강들과 마찬가지로, 끊임없이 흐르고 변화한다. 기후 변화로 인해 시간이 지남에 따라 빙하는 커지기도 줄어들기도 한다. 폭설과 함께 일련의 혹독한 겨울 후에 빙하는 커지는 반면, 일련의 온난한 겨울 이후 길고 더운 여름이 지나면 빙하들은 줄어든다. 얼음 결정 사이의 미세한 공기 공간이 압축되어 밀도가 높은 얼음이 생성되기 때문에, 빙하 얼음은 종종 파란색으로 보인다. 이 단단한 얼음은 주로 청색광을 반사한다. 빙하가 하얗게 보이면, 얼음 안에 여전히 수많은 기포들이 있음을 나타낸다. 빙하들은 아래의 암석을 닳게 만들어 독특한 높은 벽으로 둘러싸인 계곡들을 생성하기 때문에, 주변 환경에 상당한 영향을 미친다.

다음 중 지문에 음영 표시된 문장의 핵심 정보를 가장 잘 표현한 문장은 무엇인가? 오답은 의미를 크게 왜곡하거나 핵심 정보를 누락하고 있다.

  Ⓐ 대부분의 빙하들은 주변의 땅을 침식시키기 때문에 높은 계곡들에 있다.
  Ⓑ 빙하들은 한때 가파른 벽이 있었던 계곡들을 평평하게 하여 주변 지형을 변형시킨다.
  Ⓒ 빙하들은 높은 벽으로 둘러싸인 계곡들을 조각함으로써 주변 지형에 영향을 미친다.
  Ⓓ 빙하들은 그 아래의 암석을 침식하여, 종종 독특한 풍경들을 형성한다.

해설 **Step 0**   지문에 음영 표시된 문장의 앞 내용을 읽는다.

  Step 1   음영 표시된 문장의 구조(주어, 동사, 접속사 등)를 파악한다.
      S + V + O + because + S + V + O, resulting in ~.

  Step 2   음영 표시된 문장의 핵심 정보에 해당하는 내용을 노트테이킹(요약 및 정리)한다.

> **노트**
>
> 빙하: 엄청난 영향 on 주변
> (because) 빙하가 wear away 암석 (빙하 아래)
> → resulting in unique 높은 벽 valley

  Step 3   노트테이킹한 내용을 기준으로 오답을 소거하며, 핵심 정보가 모두 재진술된 정답 보기를 선택한다.
    Ⓐ 언급되지 않은 정보
    Ⓑ 언급되지 않은 정보
    Ⓒ 정답
    Ⓓ 핵심 정보 누락

어휘 glacier n 빙하 | alpine adj 고산의, 높은 산의 | polar adj 극지의, 북극의, 남극의 | receive v 받다, 받아들이다 | continually adv 지속적으로, 계속해서 | flow v 흐르다 | retreat v 물러나다 | a series of 일련의 | harsh adj 혹독한 | shrink v 줄어들다 | mild adj 온화한 | lengthy adj 긴 | microscopic adj 미세한 | ice crystals 얼음 결정 | compress v 압축하다 | dense adj 빽빽한 | primarily adv 주로 | reflect v 반사하다 | indicate v 나타내다 | within prep ~안에 | wear away 닳게 만들다 | valley n 계곡 | erode v 침식시키다 | terrain n 지형, 지역 | level v 평평하게 하다 | sculpt v 조각하다, 형태를 만들다

---

03   언어의 진화를 추적하기

언어가 어떻게 확산하였는지의 역사를 도식화하는 일은 만약 그 언어가 오래 기술된 역사를 가졌다면 꽤 간단하지만, 최근에서야 만들어진 문자 체계를 가졌거나, 아예 그러한 체계가 없는 언어들에 대해 그렇게 하는 것은 유례없이 도전적인 일이 될 수 있다. 알맞은 사례는 바로 반투어족이다. 중앙아프리카와 남아프리카에서 쓰이는 언어들은 놀라울 정도의 유사성을 보이지만, 이 언어들의 정확한 확장 경로를 추적하려는 시도는 절망스럽게도 성공적이지 못했다. 반투어족은 오늘날의 카메룬과 나이지리아를 포함하는 지역에서 약 3,000년 전에 유래했으며 아(亞)적도대 아프리카의 많은 지역에 걸쳐 수천 년간 확산되었고, 서기 300년경 남아프리카에 이르렀다. 고고학자들은 반투어를 사용하는 이들의 확산이 기술 발전에 의해 시작되었으므로 물리적 유물들이 이들의 확산을 도식화하게 해줄 것으로 추측했지만, 결과는 결정적이지 못했다. 반면, 언어학자들은 현대 언어들을 분류하고 이 언어들의 상대적 유사성을 비교하는 일이 반투어족 확산 족보를 만들게 해줄 거라고 믿었다.

다음 중 지문에 음영 표시된 문장의 핵심 정보를 가장 잘 표현한 문장은 무엇인가? 오답은 의미를 크게 왜곡하거나 핵심 정보를 누락하고 있다.

Ⓐ 고고학자들은 물리적 유물들이 일부만 있었음에도 불구하고 반투어의 기원과 그 확장의 원인을 알아냈다.

Ⓑ 기술적 진보가 그 배후의 원동력이었을 가능성이 높기 때문에 물리적 유물이 고고학자들이 반투어를 사용하는 사람들의 확산을 추적하는 데 도움이 될 것으로 생각했지만, 명확하게 입증되지는 않았다.

Ⓒ 기술적 발전은 반투어를 사용하는 이들이 대륙으로 확장해 나가게 했고, 그들이 자신의 언어를 확산할 수 있도록 했다.

Ⓓ 물리적인 유물들과 같은 현재의 증거는 반투어를 썼던 사람들이 기술을 통해 언어를 발전시켰다는 주장을 뒷받침하기에 충분하다.

해설 **Step 0** 지문에 음영 표시된 문장의 앞 내용을 읽는다.

Step 1 음영 표시된 문장의 구조(주어, 동사, 접속사 등)를 파악한다.

S + V + (that) S + V + O + to V + O + since + S + V, but + S + V.

Step 2 음영 표시된 문장의 핵심 정보에 해당하는 내용을 노트테이킹(요약 및 정리)한다.

> **노트**
>
> 고고학자들 가정: 물리적 artifact allow: plot out 반투어 확장
>
> (since 기술 발달로 driven)
>
> (but)결과: inconclusive

Step 3 노트테이킹한 내용을 기준으로 오답을 소거하며, 핵심 정보가 모두 재진술된 정답 보기를 선택한다.

Ⓐ 언급되지 않은 정보

Ⓑ 정답

Ⓒ 핵심 정보 누락

Ⓓ 언급되지 않은 정보

어휘 plot out 도식화하다, 나타내다 | straightforward adj 간단한 | challenging adj 도전적인 | in point 적절한 | remarkable adj 주목할 만한 | similarity n 유사성 | exact adj 정확한 | route n 길, 경로 | frustratingly adv 절망스럽게도 | originate v 유래하다 | span v 걸치다 | sub-equatorial adj 아적도의 | millenia n (millenium의 복수형) 천 년 | expansion n 확장, 확산 | drive v ~하도록 만들다 | inconclusive adj 결정적이 아닌 | linguist n 언어학자 | classify v 분류하다, 구분하다 | compare v 비교하다 | genealogical adj 족보상으로 | figure out 알아내다, 이해하다 | tangible adj 실재하는 | progress n 진보, 진전, 진행 | driving force 추진력 | sufficient adj 충분한

---

04   **인간들에 의한 종들의 멸종**

15세기 초반에, 유럽의 탐험가들은 새로운 무역로를 찾고 통치자를 위하여 영토를 차지하기 위해 고국에서 출항했지만, 많은 멸종을 야기하기도 했다. 항해하는 동안, 그들은 그들이 정복하게 된 새로운 땅과 사람들을 발견했다. 많은 사람들이 유럽인을 전혀 만나본 적이 없었기 때문에, 그들은 유럽인의 무기들과 질병들 둘 다에 대해 무방비 상태였다. 탐험가들이 발견한 많은 더 작은 섬들에는 인간이라곤 전혀 없었기에, 그곳에 살던 동물들은 마찬가지로 취약했고, 도도새와 같은 종들은 남획과 탐험가들이 도입한 동물들의 영향의 결합으로 수십 년 안에 사라져버렸다. 돼지 등의 일부 동물들은 미래의 방문객들에게 음식을 공급하기 위해 의도적으로 남겨졌지만, 쥐와 같은 동물들은 의도치 않았다. 이 동물들은 빠르게 퍼져서, 많은 종들을 쓸어버리며 대혼란을 일으켰다.

다음 중 지문에 음영 표시된 문장의 핵심 정보를 가장 잘 표현한 문장은 무엇인가? 오답은 의미를 크게 왜곡하거나 핵심 정보를 누락하고 있다.

Ⓐ 작은 섬들에 살던 많은 종들은 한 번도 인간을 만나본 적이 없었으며, 이들을 도입한 사람들에 의해 새로운 서식지로 옮겨졌다.

Ⓑ 도도새들은 인간이 없는 작은 섬에 살았기 때문에, 탐험가들과 그들과 함께 온 동물들에게 취약했다.

Ⓒ 작은 섬의 동물들은 인간과 접촉한 적이 없었고, 그 결과, 많은 무방비한 종들이 탐험가들과 그들이 데려온 동물에 의해 멸종되었다.

Ⓓ 작은 섬들에 살던 많은 종들은 원주민과 탐험가들 모두의 사냥을 둘 다 견딜 수 없었고 멸종했다.

해설 **Step 0** 지문에 음영 표시된 문장의 앞 내용을 읽는다.

Step 1 음영 표시된 문장의 구조(주어, 동사, 접속사 등)를 파악한다.

S + V + O, so + S + V, and + S + V + (that) S + V.

Step 2 음영 표시된 문장의 핵심 정보에 해당하는 내용을 노트테이킹(요약 및 정리)한다.

Step 3 노트테이킹한 내용을 기준으로 오답을 소거하며, 핵심 정보가 모두 재진술된 정답 보기를 선택한다.

- Ⓐ 언급되지 않은 정보
- Ⓑ 핵심 정보 누락
- Ⓒ 정답
- Ⓓ 언급되지 않은 정보

어휘 explorer 🔟 탐험가 | sail 🔟 항해하다 | claim 🔟 차지하다, 얻다 | territory 🔟 영토, 지역 | voyage 🔟 여행 | conquer 🔟 정복하다 | defenseless 🔟 무방비의 | weapon 🔟 무기 | disease 🔟 질병 | whatsoever 🔟 전혀~하지 않다 | kill off ~을 제거하다, 없애다 | combination 🔟 조합 | deliberately 🔟 의도적으로 | leave behind 두고 가다 | invasive 🔟 급속히 퍼지는 | wreak 🔟 (피해를) 입히다, 가하다 | havoc 🔟 대파괴, 큰 혼란

Passage 1

Type: Sentence Simplification

종 형성

1. 다음 중 지문에 음영 표시된 문장의 핵심 정보를 가장 잘 표현한 문장은 무엇인가? 오답은 의미를 크게 왜곡하거나 핵심 정보를 누락하고 있다.

- Ⓐ 종 형성은 한 개체군이 여러 세대에 걸쳐 분리된 더 작은 집단들로 분열되어 일어나며, 생물들이 서로 다르게 발달하여 서로 다른 종이 되도록 한다. (➡ 언급되지 않은 정보)
- Ⓑ 종 형성은 보통 크기가 크고 안정된 생물 개체군들에게는 일어나지 않는데, 그 이유는 그들이 분리되지 않고 각각의 새로운 세대가 유사하게 남아있기 때문이다. (➡ 언급되지 않은 정보)
- Ⓒ 종 형성은 크기가 크고 안정된 개체군에는 거의 영향을 미치지 않지만, 어떤 개체군이 분할되어 오랫동안 분리되어 있으면 생물들이 점차 달라진다.
- Ⓓ 종 형성은 크기가 크고 안정적인 집단이 서로 짝짓기할 수 없는 더 작은 집단들로 나누어져 유전적으로 다양한 집단을 만들 때 발생한다. (➡ 언급되지 않은 정보)

Type: Negative Factual Information

2. 지문에 따르면, 다음 중 갈라진 종들이 서로 짝짓기한 결과로 언급되지 않은 것은 무엇인가?

- Ⓐ 그들은 아예 번식을 못 하게 될 수도 있다.
- Ⓑ 그 생물들은 정상적인 자손을 낳게 될 수도 있다. (➡ 언급되지 않은 정보)
- Ⓒ 그들의 자손이 불임이 될 수도 있다.
- Ⓓ 그들이 낳은 자손은 건강하지 않을 수도 있다.

종 형성은 생물의 단일 모집단에서 두 개의 새로운 종을 형성하는 것이다. 이것은 안정된 서식지에 있는 큰 개체군에서는 일어날 확률이 낮지만, 한 개체군이 여러 세대에 걸쳐 서로 떨어져 있는 별개의 두 집단으로 나뉘게 되면 두 개체군이 점차 유전적으로 달라지면서 종 분화의 가능성이 더욱 뚜렷해진다. 두 개체군이 새로운 종이 되었는지를 결정하는 요인은 현세대가 함께 생식 능력이 있고 건강한 자손을 생산할 수 있는지 없는지이다. 두 개체군이 다시 만날 때, **2A**그들은 완전히 번식할 수 없을 수도 있고, **2C**혹은 불임이거나 **2D**짝을 찾으려고 경쟁할 만큼 적당히 건강하지 못한 자손을 낳을 수도 있다. 어떤 경우이든, 이전의 분리 때문에 두 개의 새로운 별개의 종이 발달한 것이다.

어휘 formation n 형성 | unlikely adj ~일 것 같지 않은, 아닐 것 같은 | stable adj 안정적인, 안정된 | keep apart 떨어져 있게 하다 | current adj 현재의 | vigorous adj 활발한, 건강한 | reunite v 재결합하다 | entirely adv 완전히, 전적으로 | sterile adj 불임의 | mate v 짝짓기를 하다 n 짝 | previous adj 이전의 | isolation n 고립, 분리 | diverge v 나뉘다, 갈라지다 | at all (부정문에서) 전혀

Passage 2

<table>
<tr><td>

Type: Factual Information

1. 1단락에 따르면, 장기 침체는 왜 최초의 진정한 국제 문제로 여겨지는가?

   Ⓐ 세계 경제가 장기 침체로 파괴되었다. (➡ 지문에 언급되지 않은 정보)

   Ⓑ 철도 회사들이 파산하자 외국 은행들도 함께 무너졌다.

   Ⓒ 농작물 가격 하락은 미 대륙에서 수입해 온 작물들 때문에 더욱 그 속도가 빨라졌다. (➡ 문제와 관련 없는 정보)

   Ⓓ 더 값싼 운송은 각 나라의 경제 연결을 더욱 강하게 만들었다. (➡ 지문에 언급되지 않은 정보)

Type: Sentence Simplification

2. 다음 중 지문에 음영 표시된 문장의 핵심 정보를 가장 잘 표현한 문장은 무엇인가? 오답은 의미를 크게 왜곡하거나 핵심 정보를 누락하고 있다.

   Ⓐ 제1차 산업 혁명의 새롭고 독특한 기술이 결과적으로 '작은 발명'을 특징으로 하는 제2차 산업 혁명을 야기시켰다. (➡ 언급되지 않는 정보)

   Ⓑ 새롭고 독특한 기술을 통해, 대규모의 발명이 이루어졌고, 이것이 제1차 산업 혁명을 야기했다. (➡ 핵심 정보 누락)

   Ⓒ 제1차와 2차 산업 혁명에 생겨난 발명들은 사람들이 국제 무역에 진출할 수 있도록 해주었다. (➡ 언급되지 않는 정보)

   Ⓓ 비록 대규모의 발명이 제1차 산업 혁명의 발발을 가능하게 했지만, 제2차 산업 혁명을 특징지은 발전들은 훨씬 더 실용적이었다.

</td><td>

장기 대침체 시대

1 ➡ 19세기 후반에, 유럽과 아메리카는 장기 대침체 시대라 이름 붙여진 심각한 경제적 하락을 경험했다. 장기 대침체 시대의 원인들에는 여러 가지가 있으며, **1B**그 원인들간의 상호 연결성이 경제하락이 그렇게 오래 지속되고 최초의 진정한 국제적 위기로 여겨지는 이유이다. 주요한 원인들 중 하나는 사실 산업 혁명이었는데, 이는 다른 모든 것들 중에서도 운송을 싸게 만들었다. 이는 미국이나 우크라이나로부터 곡물과 같은 작물을 수입하는 절차를 용이하게 만들었고, 농산물 가격을 무너뜨렸다. 게다가, 그러한 운송을 가능하게 했던 철도 건설 붐은 버블이 되었고, 많은 철도 회사가 투자한 자금을 반납하지 못하자 터지고 말았다. 그 자금의 상당량은 외국 투자가들에게서 왔기 때문에, 철도 회사들이 붕괴되었을 때, 미국 은행과 유럽 주식 시장도 붕괴했다.

2 ➡ 이 시기에 일어난 기술의 진보는 제2차 산업 혁명 혹은 기술혁명이라 불린다. 제1차 산업 혁명은 새롭고 독창적인 기술의 '거대 발명들'에 의해 추진된 반면, 제2차 산업 혁명은 제조와 생산 기술의 발전에 의해 일반화되며, 이는 새로운 기술이 빠르게 생산하는 것을 더 쉽게 만들고, 대중에게는 더 다가가기 쉽게 만들었다.

</td></tr>
</table>

어휘 downturn n 하락, 침체 | label v 분류하다 | depression n 불경기, 불황 | interconnectedness n 상호 연결됨, 상관됨 | last v 계속되다, 지속되다 | constitute v ~을 구성하다 | truly adv 정말로, 진정으로 | crisis n 위기 | chief adj 주된 | facilitate v 가능하게 하다, 용이하게 하다 | boom n 호황, 대유행 | railroad n 철도 | construction n 건설, 공사 | bubble n 거품, 버블 | pop v 터지다, 터뜨리다 | invest v 투자하다 | foreign adj 외국의 | bring v 가져오다, 데려오다, ~하게 하다 | stock market 주식 시장 | refer to A as B A를 B라고 언급하다 | macro- adj 큰, 대규모의 | typify v 특징이다 | consequently adv 결과적으로, 따라서 | feature v ~을 특징으로 삼다 | micro- adj 작은, 소규모의 | characterize v 특징 짓다, ~의 특징으로 나타내다 | practical adj 실용적인, 유용한

Lesson 07 Rhetorical Purpose

본서 | P. 110

Practice
01 D   02 B   03 A   04 A

Test
Passage 1   1. C   2. D
Passage 2   1. C   2. A

01   **꿀벌들**

꿀벌들은 다른 꿀벌들과 함께 군집의 일부일 때만 번성할 수 있는 사회적 곤충이다. **D**그 공동체에 사는 모든 꿀벌들은 생존에 필수적인 다양한 특수 작업을 수행한다. 예를 들어, 여왕벌은 성적으로 번식할 수 있는 유일한 암컷이다; 모든 일벌들, 수벌들 및 잠재적인 미래의 여왕이 그녀에게서 태어난다. **D**일벌들은 짝짓기와 번식이 불가능하지만, 밀랍을 만들고, 벌집을 만들고, 먹이를 모으고, 꽃의 꿀을 벌꿀로 바꾸고, 필요할 때 벌통을 보호하고, 그리고 벌집의 온도를 조절할 수 있다. 벌집이 너무 뜨거워지면, 일벌들은 날개를 사용하여 공기를 식힌다. 일벌들과 달리 수벌들의 목적은 여왕벌과 교미하는 것뿐이다. 수벌은 항상 비행 중에 발생하는 짝짓기 직후 죽는다; 그는 자신의 단일 목적을 달성했으며, 그 그룹에서 더 이상 필요하지 않다.

글쓴이가 '벌집의 온도를 조절한다'를 언급하는 이유는 무엇인가?

Ⓐ 일벌들이 여왕벌들만큼 중요하다는 생각에 이의를 제기하기 위해
Ⓑ 일벌들이 군집에서 수행하는 독특한 역할을 강조하기 위해
Ⓒ 어떻게 꿀벌들이 벌집 내부의 일정한 온도를 유지하는지에 대한 예를 들기 위해
Ⓓ 일벌들이 꿀벌들의 생존을 돕는 방법을 나타내기 위해

해설 **Step 1** 문제 속 시그널로 문제 유형 확인 후 문제가 요구하는 정보가 무엇인지 파악한다.

Why does the author state control the hive's temperature?
⋯ 문제 속 유형 시그널: Why-author
⋯ 문제가 요구하는 정보: control the hive's temperature의 기능 파악

Step 2 글의 흐름을 파악한다.

지문의 첫 번째 문장 꿀벌=사회적 곤충 only thrive when 군집 일부일 때
지문의 두 번째 문장 모든 꿀벌들 perform 다양한 일 → 그들 생존에 필수적인
지문의 세 번째 문장 for instance 여왕벌: 번식
지문의 네 번째 문장 일벌은 짝짓기/번식 불가능하지만, 여러 가지 일 ~ control the hive's temperature

Step 3 오답을 소거하며 지문 속 근거 문장을 재진술한 정답 보기를 선택한다.

Ⓐ 지문에 언급되지 않은 정보
Ⓑ 지문에 언급되지 않은 정보
Ⓒ 문제와 관련 없는 정보
Ⓓ 정답

어휘 thrive Ⓥ 번창하다 ｜ perform Ⓥ 수행하다 ｜ task ⓝ 일, 과업 ｜ drone ⓝ (꿀벌의) 수벌 ｜ wax ⓝ 밀랍 ｜ honeycomb ⓝ (6각형 모양의) 벌집 ｜ hive ⓝ 벌집, 꿀벌통 ｜ cool Ⓥ 차가워지다, 식히다 ｜ instantly ⓐⓓⓥ 즉시 ｜ fulfill Ⓥ 이행하다, 수행하다, 실현시키다, 달성하다 ｜ unique ⓐⓓⓙ 유일무이한, 독특한, 특별한 ｜ manage to ～해내다 ｜ steady ⓐⓓⓙ 꾸준한

---

02   **소행성들**

소행성들은 행성들처럼 태양 주위를 돈다. 그들 중 대다수는 화성과 목성 궤도 사이에서 발견되는 궤도로 이동한다. 그러나, 그들 중 몇 개는 태양에 더 가까운 궤도를 돈다. Apollo 소행성들은 궤도가 지구의 궤도를 가로지르는 소행성들이다. **B**이 소행성들의 궤도가 우리 행성 부근을 가로질러 이동하기 때문에 이러한 소행성들과 지구의 충돌은 실현 가능하다. 1937년, Hermes 소행성이 지구로부터 46만 5,000마일 이내에 왔다. **B**일부 전문가들은 심지어 더 가까이 다가온 소행성들이 몇 개 있다고 생각한다. 한 이론은 6,500만 년 전에 지구와 충돌하는 소행성이나 혜성이 먼지구름을 만들어 수년 동안 태양을 가리고, 모든 공룡들이 죽는 장기간의 암흑과 추위를 촉발했다고 제시한다. 1991년 탐사선 Galileo가 Gaspra 소행성에 접근했을 때가 우주선이 소행성과 접촉해 사진을 찍은 첫 번째다. 그때까지 과학자들은 지구에서 망원경을 이용해서만 소행성들을 관찰할 수 있었다.

글쓴이가 공룡들의 멸종을 논하는 이유는

Ⓐ 공룡들이 백악기 말에 갑자기 멸종되었음을 나타내기 위해
Ⓑ 지구와 소행성들의 충돌 가능성을 뒷받침하기 위해
Ⓒ 화성과 목성의 강력한 중력을 강조하기 위해
Ⓓ Hermes 소행성이 지구에 가장 가까이 접근했다는 것을 입증하기 위해

Step 1 문제 속 시그널로 문제 유형 확인 후 문제가 요구하는 정보가 무엇인지 파악한다.

The author discusses the extinction of dinosaurs in order to

⋯› 문제 속 유형 시그널: author-in order to

⋯› 문제가 요구하는 정보: 공룡 멸종이라는 내용의 기능 파악

Step 2 글의 흐름을 파악한다.

지문의 첫 번째 문장 소행성 태양 주변 회전

지문의 두 번째 문장 다수 travel in 궤도: 화성과 목성 사이

지문의 세 번째 문장 However, 일부 closer to 태양

지문의 네 번째 문장 Apollo 소행성 궤도: 지구 궤도 가로지른다

지문의 다섯 번째 문장 지구와 충돌 가능 since 궤도가 지구 근처 가로지르니까

지문의 여섯 번째 문장 Hermes 소행성: came within 465,000 마일 of 지구

지문의 일곱 번째 문장 일부 과학자들: 일부 소행성 come even closer

지문의 여덟 번째 문장 한 이론 제시: 소행성/혜성이 지구와 충돌 → 먼지 구름 → 태양빛 차단 → 장기간 어둠/cold 초래: 공룡 died

Step 3 오답을 소거하며 지문 속 근거 문장을 재진술한 정답 보기를 선택한다.

Ⓐ 문제와 관련 없는 정보

Ⓑ 정답

Ⓒ 지문에 언급되지 않은 정보

Ⓓ 지문에 언급되지 않은 정보

어휘 planet �🅝 행성 ǀ rotate ⓥ 돌다, 회전하다 ǀ travel ⓥ 이동하다 ǀ Jupiter �🅝 목성 ǀ a handful of 소수의 ǀ intersect ⓥ 가로지르다 ǀ feasible adj 실현가능한 ǀ collide with ~와 충돌하다 ǀ vicinity �🅝 인근, 부근 ǀ obscure ⓥ 가리다 ǀ trigger ⓥ 촉발시키다 ǀ probe �🅝 무인 우주 탐사선 ǀ approach ⓥ 접근하다, 다가가다, 다가오다 ǀ spacecraft �🅝 우주선 ǀ observe ⓥ 관찰하다 ǀ Cretaceous Period 백악기 ǀ collision �🅝 충돌 ǀ pull �🅝 끌기, 끌어당기는 힘

03　　　　　　　　　　　　　　　　　　북아메리카 거대 동물 멸종

인간의 활동과 연관이 있을지도 모르는 최초의 멸종은 1만 3,000년에서 9,000년 전 사이에 일어났던 거대 동물 멸종이다. 거대 동물은 가장 최근의 빙하기 동안 엄청난 크기로 자랐고, 많은 현대 육지 동물의 조상이었다. 이 생물들은 자신들의 서식지에서 잘 살아가고 있었지만, 빙하기가 쇠퇴하기 시작하자, 그 숫자가 줄어들기 시작했다. 거대 동물 멸종의 주된 요인은 기후 변화인 것으로 보이지만, 아프리카에서 나와 유럽과 아시아, 그리고 궁극적으로 오세아니아와 아메리카까지 퍼지기 시작한 인류가 각 지역에 있던 거대 동물의 마지막 쇠퇴와 맞아떨어지는 듯하다. **A**화석 기록은 인간들이 거대 동물 종들의 다수를 지속 불가능한 방법으로 사냥했다는 충분한 증거를 제공한다. 털북숭이 매머드와 같이 거대한 동물을 사냥하는 흔한 방법의 하나는 매머드 떼가 겁에 질리게 해서 절벽으로 가게끔 하는 것이다. 인류가 이 동물들을 멸종시키지는 않았지만, 확실히 매머드가 사라지는 데 일조했으며 사라지는 과정을 더 빠르게 만들었을 수도 있다.

글쓴이가 '털북숭이 매머드'를 언급하는 이유는 무엇인가?

Ⓐ 사용되었던 지속 불가능한 사냥 방법에 대해 설명하기 위해

Ⓑ 널리 퍼졌던 거대 동물 종들의 예를 들기 위해

Ⓒ 거대 동물 종들이 얼마나 커질 수 있는지 보여주기 위해

Ⓓ 동물들이 아프리카에서 다른 지역으로 어떻게 퍼져나갔는지 보이기 위해

Step 1 문제 속 시그널로 문제 유형 확인 후 문제가 요구하는 정보가 무엇인지 파악한다.

Why does the author mention wooly mammoths?

⋯› 문제 속 유형 시그널: Why-author

⋯› 문제가 요구하는 정보: wooly mammoths의 기능 파악

Step 2 글의 흐름을 파악한다.

지문의 첫 번째 문장 인간 활동과 연관된 첫 번째 멸종 = 거대 동물 멸종

지문의 두 번째 문장 거대 동물 grew to 엄청난 크기 during 빙하기 & 조상 of 많은 현대 동물

지문의 세 번째 문장 well suit to 서식지 but 빙하기 쇠퇴 → 그들의 수 감소

지문의 네 번째 문장 멸종 주된 요인: 기후 변화 but 인간 확산 correspond to 거대 동물의 마지막 쇠퇴

지문의 다섯 번째 문장 화석 기록 제공: 충분한 증거 → 인간이 사냥: 거대 동물들 in unsustainable 방법

지문의 여섯 번째 문장 wooly mammoths 같은 큰 동물 사냥의 한 가지 흔한 방법: panic herds ~

Step 3 오답을 소거하며 지문 속 근거 문장을 재진술한 정답 보기를 선택한다.

  Ⓐ 정답

  Ⓑ 지문에 언급되지 않은 정보

  Ⓒ 지문에 언급되지 않은 정보

  Ⓓ 지문에 언급되지 않은 정보

어휘 megafauna **n** 거대 동물 ǀ immense **adj** 엄청난, 어마어마한 ǀ ancestor **n** 조상, 선조 ǀ decline **v** 감소하다 ǀ appear **v** ~인 것 같다 ǀ spread **n** 확산 ǀ ultimately **adv** 궁극적으로, 결국 ǀ correspond to ~에 일치하다, ~에 상응하다 ǀ fossil **n** 화석 ǀ ample **adj** 충분한, 많은 ǀ unsustainable **adj** 지속 불가능한 ǀ wooly **adj** 털북숭이의 ǀ panic A into V~ing A를 겁에 질리게 해 ~하게 하다 ǀ certainly **adv** 확실히, 분명히 ǀ disappearance **n** 사라짐 ǀ technique **n** 기술 ǀ widespread **adj** 널리 퍼진, 광범위한

04
재배[사육]의 증거

재배[사육]는 인류 역사에서 일어난 가장 중요한 발전이지만, 그 기원은 알아내기 어렵다. 식물이나 동물의 재배[사육]에 대한 직접적인 증거를 찾는 대신, 과학자들은 음식의 저장이나 가공과 관련된 유물들을 찾을 수 있다. 농업 생산물은 계절적이기 때문에, 보관 용기나 구덩이 또는 곡물 저장고와 같은 구조물은 이후의 사용을 위해 식량을 비축하는 데 이용되었다. 마찬가지로, 도자기 역시 음식을 오랫동안 저장해야 하는 사람들에 의해 만들어졌다. **A**비록 도자기는 그것을 제작한 사회에 대해 많은 것을 알려줄 수 있지만, 여전히 주의해서 해석되어야 한다. 서남아시아 사람들이 도자기를 만들기 시작하기 직전에 보리를 재배했다는 증거가 있으며, **A**식물이나 동물을 재배[사육]하기 전 도기를 제작하기 시작했다고 알려진 문명도 있다. 예를 들어, 일본의 조몬 사람들은, 기원전 1만 4,000년경, 도기를 최초로 제작한 문화 중 하나이다. 그러나, 비슷한 수준의 정교함을 갖춘 대부분의 다른 문명들과는 반대로, 조몬 사람들은 그들만이 고유하게 재배한 작물을 발전시키지 못했다. 이들은 근본적으로 기원전 900년경 한반도 출신 농부들에 의해 일본에 벼농사가 도입되기 전까지 수렵-채집인으로 남아 있었다.

글쓴이가 '조몬 사람들'을 언급하는 이유는 무엇인가?

  Ⓐ 일반적인 원칙에 대해 예외를 주기 위해

  Ⓑ 농사를 지은 초기 문화들 중 하나의 이름을 밝히기 위해

  Ⓒ 그들의 문화가 얼마나 정교했는지를 설명하기 위해

  Ⓓ 농업이 어떻게 섬나라들에 도달했는지를 설명하기 위해

해설 **Step 1** 문제 속 시그널로 문제 유형 확인 후 문제가 요구하는 정보가 무엇인지 파악한다.

  Why does the author mention the Jomon people?

  ···▸ 문제 속 유형 시그널: Why-author

  ···▸ 문제가 요구하는 정보: the Jomon people의 기능 파악

Step 2 글의 흐름을 파악한다.

  [지문의 첫 번째 문장] 재배[사육]: 가장 중요한 발달 but 기원 알아내기 어렵다

  [지문의 두 번째 문장] 직접 증거 찾는 것 대신에, 과학자들 look for artifact (음식 저장/가공과 관련된)

  [지문의 세 번째 문장] 농업 생산물은 계절적 so 보관 용기/pits/granaries 같은 구조들 사용: 음식 저장

  [지문의 네 번째 문장] Similarly 도자기 to 저장

  [지문의 다섯 번째 문장] Although 도자기 reveal 많은 것 about 사회, should be interpreted w/주의

  [지문의 여섯 번째 문장] 증거: people 보리 재배 only shortly before 도자기 제작 and 문명: 도자기 제작 before 재배[사육]

  [지문의 일곱 번째 문장] For example, the Jomon people: 최초 문화 중 하나 to make pottery

Step 3 오답을 소거하며 지문 속 근거 문장을 재진술한 정답 보기를 선택한다.

  Ⓐ 정답

  Ⓑ 지문에 언급되지 않은 정보

  Ⓒ 문제와 관련 없는 정보

  Ⓓ 문제와 관련 없는 정보

어휘 produce **v** 생산하다 **n** 생산물 ǀ seasonal **adj** 계절적인 ǀ pit **n** 구덩이 ǀ granary **n** 곡물 저장고 ǀ stockpile **v** 비축하다 ǀ pottery **n** 도자기 ǀ reveal **v** 드러내다, 밝히다 ǀ interpret **v** 해석하다 ǀ with caution 주의하여, 신중하게 ǀ barley **n** 보리 ǀ craft **v** 공예품을 만들다 ǀ sophistication **n** 정교함 ǀ peninsula **n** 반도 ǀ exception **n** 예외

Test

Passage 1

Type: Rhetorical Purpose

1. 글쓴이가 '무기 제조'를 언급하는 이유는 무엇인가?

Ⓐ Terry의 생산 라인이 얼마나 효율적이었는지를 보여주기 위해 (➡ 문제와 관련 없는 정보)

Ⓑ Terry가 수력을 사용하는 것에 대한 영감을 얻은 곳을 묘사하기 위해 (➡ 지문에 언급되지 않은 정보)

Ⓒ Terry가 표준화된 시계 부품을 생산하는 아이디어를 어디서 얻었는지 설명하기 위해

Ⓓ Terry가 그의 직원들에게 얼마나 엄격했는지를 보여주기 위해 (➡ 지문에 언급되지 않은 정보)

Type: Factual Information

2. 지문에 따르면, 다음 중 Eli Terry에 대해 사실인 것은 무엇인가?

Ⓐ 그는 사업가 Seth Thomas와 Silas Hoadley의 시계들을 제작하기 위해 Edward 그리고 Levi Porter와 동업했다.

Ⓑ 그는 약속했던 3년 안에 4,000개의 시계들을 제작할 수 없었다. (➡ 지문에 언급되지 않은 정보)

Ⓒ 그는 나무를 정확한 모양으로 자르기 위해 고압의 물을 사용하는 기계들을 만들었다. (➡ 지문에 언급되지 않은 정보)

Ⓓ 그는 시계들이 대량 생산될 수 있다는 것을 증명하여, 그것들이 더 많은 사람들이 살 수 있도록 만들었다.

기계 시계들의 생산

1C 무기 제조에서 영감을 받아, Eli Terry는 표준화된 시계 부품들을 만드는 데 사용할 자신만의 전문적인 톱, 드릴, 선반을 디자인했다. 표준화는 부품들을 만드는 데 요구되는 기술이 덜 필요하다는 것을 의미했고, 부품들을 교체할 수 있게 되었기 때문에 Terry의 시계는 경쟁자들이 만든 것보다 훨씬 쉽게 수리할 수 있었다. 1803년, 그는 공장 기계를 가동하기 위해 수력을 이용하는 법을 알아냈고, 생산성은 빠르게 증가했다. 그의 시스템의 효과적임을 입증하기 위해, Terry는 Seth Thomas와 Silas Hoadley와 파트너십을 체결하고 사업가인 Edward와 Levi Porter에게 4,000개의 시계 장치들을 제조해주었다. 이 숫자는 대부분의 시계 제조공이 평생 만들고 싶어 할 수 있는 것보다 많은 숫자였지만, Terry는 이들에게 단 3년 안에 제작해 주겠다고 약속했다. **2D** 그 업적을 달성함으로써, Terry는 시계 제조 산업을 완전히 변화시켰고, 시계를 그 어떤 중산층이라도 살 수 있는 실내 장식품으로 만들었다.

어휘 inspire ⓥ 고무하다, 영감을 주다 | saw ⓝ 톱 | lathe ⓝ 선반 (나무[쇠붙이] 절단용 기계) | standardize ⓥ 표준화하다 | part ⓝ 부품 | interchangeable ⓐⓓⓙ 교체할 수 있는 | repair ⓥ 수리하다 | competitor ⓝ 경쟁자 | prove ⓥ 입증하다, 증명하다 | effectiveness ⓝ 효과적임 | accomplish ⓥ 성취하다, 해내다 | feat ⓝ 성취, 위업 | utterly ⓐⓓⓥ 완전히, 순전히 | inspiration ⓝ 영감, 영감[자극]을 주는 것 | precise ⓐⓓⓙ 정확한, 정밀한 | mass-produce ⓥ 대량 생산하다 | affordable ⓐⓓⓙ (가격이) 알맞은

Passage 2

Type: Rhetorical Purpose

1. 글쓴이가 '암벽 등반 기법들'을 언급하는 이유는 무엇인가?

Ⓐ 열대 우림에서 나무들이 얼마나 높은지 설명하기 위해 (➡ 문제와 관련 없는 정보)

Ⓑ 어떻게 연구자들이 초고목층에 도달할 수 있었는지 설명하기 위해 (➡ 지문에 언급되지 않은 정보)

Ⓒ 임관층을 연구하는 가장 효과적인 방법을 나타내기 위해

Ⓓ 얼마나 임관층 환경이 위험한지를 보여주기 위해 (➡ 지문에 언급되지 않은 정보)

Type: Negative Factual Information

2. 다음 중 지문에서 우림들의 특성으로 언급되지 않은 것은 무엇인가?

Ⓐ 그것들은 장마보다 훨씬 긴 건기를 가지고 있다. (➡ 지문에 언급되지 않은 정보)

열대 우림들

열대 우림들은 건기가 없고 **2D** 1년 중 매달 최소 평균 60밀리미터의 비가 오는 지역들에서 볼 수 있다. **2B** 대부분이 미 대륙, 아프리카, 아시아, 오세아니아의 적도에서 남북 10도 이내의 지역에 놓여 있다. **2C** 이 우림들은 매우 높은 수준의 생물 다양성을 보여주며, 육지 생물의 대다수가 그곳에 산다. 우림들은 네 개의 수직층으로 나뉜다: 숲의 바닥, 하층, 임관층, 그리고 초고목층. 가장 활동적인 층은 가장 큰 나무들로 이루어진 임관층인데, 이것은 30에서 45미터 높이로 서 있다. **2C** 임관층의 높이는 그곳의 식물군과 동물군을 연구하는 것을 상당히 어렵게 만들기 때문에, 연구원들은 임관층에 닿기 위해 몇 가지 흥미로운 방법들에 의존해왔다. 여기에는 나무들을 통째로 잘라내기, 엽총을 쏴서 나뭇가지 떨어뜨리기, 열기구 사용하기 등이 있었다. 보르네오의 어떤 과학자는 실제로 원숭이들을 나무들에 올라 꽃과 과일 표본을 가져오도록 훈련했다. **1C** 1970년대에는 암벽 등반 기법이 채택되었고, 통로로 연결된 단이 나무들 사이에 지어졌

Ⓑ 그것들은 대부분 적도 북쪽 또는 남쪽 10도 이내에 위치한다.

Ⓒ 그들은 생물학적으로 가장 다양한 생태계지만 연구하기가 어려웠다.

Ⓓ 그것들은 한 달에 최소 60밀리미터의 비가 온다.

다. 이 방법은 가장 효과적이었지만, 임관층에 사는 많은 생물들과 이들의 상호 관계는 아직 수수께끼로 남아 있다.

어휘 rainforest ⓝ (열대) 우림 | biodiversity ⓝ 생물 다양성 | majority ⓝ 대부분 | equator ⓝ 적도 | extremely 𝐚𝐝𝐯 극도로, 극히 | divide ⓥ 나누다, 나뉘다 | vertical 𝐚𝐝𝐣 수직의 | understory ⓝ 하층, 하층 식생 | canopy ⓝ 임관층 (나뭇가지와 잎 등으로 우거진 숲 상층 부분) | height ⓝ 높이, 높은 곳 | researcher ⓝ 연구원 | resort to (다른 대안이 없어서) ~에 기대다. 의지하다 | method ⓝ 방법 | train ⓥ 훈련하다. 훈련시키다 | adopt ⓥ 채택하다 | walkway ⓝ 통로, 보도 | organism ⓝ 생물 | interrelationship ⓝ 연관성, 상호 관계 | biologically 𝐚𝐝𝐯 생물학적으로 | ecosystem ⓝ 생태계 | at least 적어도

Lesson 08 Insert Text

본서 | P. 120

Practice
01 C　　02 B　　03 D　　04 D

Test
Passage 1　　1. B　　2. D
Passage 2　　1. C　　2. B

Practice　　　　　　　　　　　　　　　　　　　　　　　本서 | P. 124

01　　　　　　　　　　　　　　　　　**동물의 겨울잠**

동면은 겨울 동안 일부 동물들의 활동 감소를 말한다. 추운 날씨에. 동물들은 신체가 정상적으로 작동하는 데 필요한 에너지를 얻기 위해서 많은 양의 먹이를 먹어야 한다. 그러나, 겨울에는 보통 먹이가 드물기 때문에 그들은 생존을 위해 동면한다. 동면 동안, 동물들은 정상적인 생리 기능을 많이 감소시킨다. 동물의 신진대사가 느려지면, 저장된 에너지를 사용하고, 체온을 주변 온도보다 높게 유지하는데 필요한 열 생성을 중단한다. [■A] 동물들은 동굴이나 속이 빈 나무 몸통들을 포함할 수 있는 동면자기에, 가장 안전하고 가장 보호받는 장소를 찾는다. [■B] 곰이나 다람쥐와 같은 포유동물들은 겨울 동안 먹이를 찾기 위해 때때로 잠에서 깨어날 수 있다. [■C] **그러나, 그들의 냉혈 생리로 인해 파충류와 양서류들은 보통 겨울 내내 잔다.** 봄이 오자마자. 동물들은 일어나서 그들의 신체 기능을 회복하기 위해 먹이를 찾는다. [■D]

지문에 다음 문장이 들어갈 수 있는 위치를 나타내는 네 개의 사각형[■]을 확인하시오.

그러나, 그들의 냉혈 생리로 인해 파충류와 양서류들은 보통 겨울 내내 잔다.

이 문장이 들어가기에 가장 적합한 곳은? [■C]

해설　**Step 1**　제시된 삽입 문장을 정확하게 해석한다.

Due to their cold-blooded physiology, reptiles and amphibians, however, usually sleep all winter.

그들의 냉혈 생리로 인해. / 파충류와 양서류는, / 그러나, / 보통 잔다 / 겨울 내내

Step 2　삽입 문장에서 객관적 힌트(① 지시어 ② 연결어 ③ 포괄적 정보-G 및 구체적 정보-S)를 파악한다.

① **지시어** their

their가 지칭하는 명사는 제시된 삽입 문장 속 reptiles and amphibians이기 때문에 힌트의 기능을 하지 않는다.

② **연결어** however

삽입 문장 앞은 제시 문장의 내용과 반대되는 정보가 있어야 한다.

Step 3　지문 속 각 사각형 [■]을 기준으로 앞 혹은 뒤를 확인하여 정답 보기를 선택한다.

정답: [■C]

Ⓒ 앞: '곰이나 다람쥐 같은 포유동물들은 겨울 동안 먹이를 찾기 위해 때때로 잠에서 깨어날 수 있다.(Mammals, like bears or squirrels, may occasionally wake up to search for food during the winter.)'는 내용으로 제시 문장의 내용과 반대되는 정보로 연결 가능하다.

어휘 a great deal of 많은, 다량의 | sparse **adj** 드문, 희박한 | hibernate **v** 동면하다 | physiological **adj** 생리적인, 생리학의 | cavern **n** 동굴 | hollow **adj** 속이 텅 빈 | tree trunk 나무 몸통 | squirrel **n** 다람쥐 | search for ~을 찾다 | restore **v** 회복시키다 | cold-blooded **adj** 냉혈의 | physiology **n** 생리, 생리학 | reptile **n** 파충류 | amphibian **n** 양서류

---

02 15세기 영국의 양모업

[■A] 15세기에 영국은 결국 유럽의 주된 고급 양모 가공 직물 생산국으로서, 이탈리아의 도시 국가들을 대신하였고, London은 양모 산업의 중심지가 되었다. [■B] London은 영국의 산업 중심지가 되기에 이상적인 위치에 있었다. 섬의 안전한 동쪽 부분에 위치한 이곳은, Thames 강에 걸쳐 있었고, 배로 접근 가능했다. [■C] 수출을 위한 양모 제품의 80퍼센트 이상이 London 상인들의 손안에 있었다. 이미 영국의 행정 중심지라는 사실과 결부되어, 양모 산업의 발전은 London을 소비 중심지로도 변화시켰다. [■D] 영국의 정치 영향력과 교역이 18세기 내내, 확장하며 London은 서유럽에서 가장 거대하고 번성한 도시가 되었다.

지문에 다음 문장이 들어갈 수 있는 위치를 나타내는 네 개의 사각형[■]을 확인하시오.

London은 영국의 산업 중심지가 되기에 이상적인 위치에 있었다.

이 문장이 들어가기에 가장 적합한 곳은? [■B]

해설 **Step 1** 제시된 삽입 문장을 정확하게 해석한다.
London was ideally situated to become the industrial hub of England.
London은 / 이상적인 위치에 있었다 / 되기에 / 영국의 산업 중심지가

Step 2 삽입 문장에서 객관적 힌트(① 지시어 ② 연결어 ③ 포괄적 정보-G 및 구체적 정보-S)를 파악한다.
① **지시어** 해당 사항 없음
② **연결어** 해당 사항 없음
③ **포괄적 정보-G 및 구체적 정보-S** 삽입 문장과 같은 주제가 담긴 지문 속 해당 부분을 찾아 G(포괄적 정보 = 앞), S(구체적 정보 = 뒤)를 파악한다.

Step 3 지문 속 각 사각형 [■]을 기준으로 앞 혹은 뒤를 확인하여 정답 보기를 선택한다.
정답: [■B]
ⓑ 뒤: '섬의 안전한 동쪽 부분에 위치한 이곳은 Thames 강에 걸쳐 있었고, 배로 접근 가능했다(Located on the safer eastern part of the island, it spanned the Thames River and was accessible by ship.)'는 London이 어떻게 이상적인 위치에 있었는지에 대한 부연 설명(= S)로 연결 가능하다.

어휘 woolen **adj** 양모의, 모직의 | accessible **adj** 접근 가능한 | export **n** 수출, 수출품 | in the hands of ~의 손에[관리에 있는] | coupled with ~와 결부된 | administrative **adj** 행정상의 | consumption **n** 소비 | political **adj** 정치적인 | influence **n** 영향 | throughout **prep** ~동안 내내 | prosperous **adj** 번영한, 번창한 | ideally **adv** 이상적으로 | hub **n** 중심지

---

03 장기 대침체 시대의 농업

19세기 후반 세계, 경제는 장기 불황으로 심각한 영향을 받았다. [■A] 국가별로 그 영향의 정도에 큰 차이가 있었지만, 1873년과 1894년 사이에는 물가와 경제 성장이 전반적으로 하락하는 경향이 있었는데, 둘 다 그 전과 그 후보다 낮았다. [■B] 많은 산업이 영향을 받았고 농업이 가장 큰 타격을 입은 것 중 하나였다. 불황의 첫 5년 동안, 목화 가격은 거의 50퍼센트나 떨어졌고, 1894년에는 곡물 가격이 거의 30년 전의 3분의 1에 불과했다. [■C] 이러한 급격한 농산물 가격 하락은 많은 국가에서 보호주의적 대응을 촉발했다. [■D] 일부는 외국 작물들의 수입을 금지함으로써 농민들을 보호했던 관세를 부과하여, 시장이 국내 상품만을 독점적으로 거래하도록 요구했다. 다른 나라들은 수입을 금지하지 않았지만 특정 기간 동안 가져올 수 있는 상품의 양을 엄격하게 통제하는 할당량을 사용했다.

지문에 다음 문장이 들어갈 수 있는 위치를 나타내는 네 개의 사각형[■]을 확인하시오.

일부는 외국 작물들의 수입을 금지함으로써 농민들을 보호했던 관세를 부과하여, 시장이 국내 상품만을 독점적으로 거래하도록 요구했다.

이 문장이 들어가기에 가장 적합한 곳은? [■D]

해설 **Step 1** 제시된 삽입 문장을 정확하게 해석한다.
Some imposed tariffs that protected their own farmers by banning the import of foreign crops, requiring the market to trade exclusively in domestic goods.

일부는 부과했다 / 관세를 / (그것들이) 보호했던 / 그들의 농민들을 / 금지함으로써 / 외국 작물들의 수입을, / 요구하면서 / 시장이 / 거래하도록 / 독점적으로 / 국내 상품만을

Step 2 제시 문장에서 객관적 힌트(① 지시어 ② 연결어 ③ 포괄적 정보-G 및 구체적 정보-S)를 파악한다.

① [지시어] Some

　Some이 지칭하는 것은 제시 문장 앞에 위치해야 한다.

Step 3 지문 속 각 사각형 [■]을 기준으로 앞 혹은 뒤를 확인하여 정답 보기를 선택한다.

정답: [■D]

Ⓓ 앞: '이러한 급격한 농산물 가격의 하락은 많은 국가에서 보호주의적 대응을 촉발했다.(This dramatic collapse of farm prices triggered a protectionist response from many countries.)'는 부분에서 제시 문장 속 Some이 지칭하는 명사가 many countries 라는 것이 연결 가능하다.

어휘 　downward **adj** 아래쪽으로 내려가는, 하강의 Ⅰ tendency **n** 경향, 동향 Ⅰ hit **n** 타격, 강타 Ⅰ depression **n** 불황 Ⅰ cotton **n** 목화, 면직물 Ⅰ plummet **v** 급락하다 Ⅰ protectionist **n** 보호무역주의적인 Ⅰ response **n** 대응, 반응 Ⅰ quota **n** 할당 Ⅰ prohibit **v** 금지하다 Ⅰ strictly **adv** 엄격히 Ⅰ quantity **n** 양, 다량 Ⅰ commodity **n** 상품 Ⅰ impose **v** 도입하다, 부과하다 Ⅰ tariff **n** 관세 Ⅰ ban **v** 금지하다 Ⅰ exclusively **adv** 독점적으로 Ⅰ domestic **adj** 국내의

04　　　　　　　　　　　　　　　**이소성 종 분화**

이소성 종 분화는 하나의 모집단이 지리적 장벽에 의해 두 집단들로 분리될 때 발생한다. [■A] 이소성 종 분화는 모집단으로부터의 모든 형태의 분리를 포괄하는 폭넓은 범주이다. [■B] 많은 경우에, 이것은 한 모집단을 새로운 두 무리들로 나누는 물리적 장벽을 수반한다. 이러한 종류의 분리는 갑작스럽게 일어날 수도 있고 수백만 년에 걸쳐 일어날 수도 있다. [■C] 예를 들어, 새로운 수역(水域)의 존재는 가령 홍수가 발생할 때와 같이 육지 생물들을 완전히 새로운 종으로 분열시키는 결과를 초래할 수 있다. [■D] **마찬가지로, 새로운 육지가 형성될 때나 수위가 줄어들 때, 수중 생물 모집단도 각자 다른 수역으로 분리되면서 나누어질 수 있다.** 만약 두 모집단들의 크기가 거의 같다면, 종 분화는 생물들이 새로운 환경에 적응하면서 자연 선택을 통해 일어난다. 이것의 전형적인 예는 처음에 Darwin이 완전히 다른 종류의 새라고 생각했던 Galapagos Islands에 사는 핀치새들이다. 다른 전문가들이 그에게 이 새들은 모두 다른 종류의 핀치새라고 알려주었지만, 오늘날 이 새들은 공통 조상을 공유하는 것으로 인식되고 있다.

지문에 다음 문장이 들어갈 수 있는 위치를 나타내는 네 개의 사각형[■]을 확인하시오.

마찬가지로, 새로운 육지가 형성될 때나 수위가 줄어들 때, 수중 생물 모집단도 각자 다른 수역으로 분리되면서 나누어질 수 있다.

이 문장이 들어가기에 가장 적합한 곳은? [■D]

해설 **Step 1** 제시된 삽입 문장을 정확하게 해석한다.

Similarly, populations of aquatic organisms may be divided when a new land mass forms or when the water level drops, putting the organisms in different bodies of water.

마찬가지로, / 수중 생물 모집단은 / 나누어질 수 있다 / 새로운 육지가 형성될 때 / 혹은 수위가 / 줄어들 때 / 두면서 / 그 생물들을 / 각자 다른 수역에

Step 2 삽입 문장에서 객관적 힌트(① 지시어 ② 연결어 ③ 포괄적 정보-G 및 구체적 정보-S)를 파악한다.

① [지시어] 해당 사항 없음

② [연결어] Similarly

　제시된 삽입 문장과 유사 주제에 대한 내용이 삽입 문장 앞에 제시되어야 한다.

Step 3 지문 속 각 사각형 [■]을 기준으로 앞 혹은 뒤를 확인하여 정답 보기를 선택한다.

정답: [■D]

Ⓓ 앞: '새로운 수역의 존재는 홍수가 발생할 때와.같이 육지 생물들을 완전히 새로운 종으로 분열시키는 결과를 초래할 수 있다.(The presence of a new body of water, for example as a result of flooding, could result in the division of land and organisms into whole new species.)'는 내용으로 제시 문장과 유사 주제에 대한 정보이므로 연결 가능하다.

어휘 　geographical **adj** 지리적인 Ⅰ barrier **n** 장벽, 장애물 Ⅰ category **n** 범주 Ⅰ encompass **v** 포함하다, 아우르다 Ⅰ isolation **n** 고립, 분리 Ⅰ separate **v** 분리하다 Ⅰ presence **n** 있음, 존재(함) Ⅰ flooding **n** 홍수 Ⅰ organism **n** 생물체 Ⅰ adapt **v** 맞추다, 적응하다 Ⅰ environment **n** 환경 Ⅰ classic **adj** 대표적인 Ⅰ originally **adv** 원래, 처음에 Ⅰ expert **n** 전문가 Ⅰ recognize **v** 인식하다, 알다 Ⅰ ancestor **n** 조상

Passage 1

Type: Negative Factual Information

1. **다음 중 사람과 문화를 정의하는 데 언어가 더 낫다고 만드는 요인들로서 언급되지 않은 것은**

   Ⓐ 사람의 시민권은 딱히 영구적인 것이 아니다
   Ⓑ 사람의 신체적 외모는 계속해서 변화한다 (➡ 지문에 언급되지 않은 정보)
   Ⓒ 유전적 특징들은 문화적 정체성과 관련이 없다
   Ⓓ 다양한 나라에서 온 사람들도 여전히 문화적 유사성들을 공유할 수 있다

Type: Insert Text

2. 지문에 다음 문장이 들어갈 수 있는 위치를 나타내는 네 개의 사각형[■]을 확인하시오.

   그래서 언어들의 역사적 확장과 그것이 오늘날의 형태로 어떻게 진화했는지에 대해 명확한 이해를 가지는 것이 중요하다.

   이 문장이 들어가기에 가장 적합한 곳은? [■D] (➡ 삽입 문장 속 That is why 뒤는 앞 내용에 대한 결과에 해당되는 정보가 제시된다.)

언어의 역사적 가치

언어는 사람들과 그들이 속한 문화를 정의하는 가장 중요한 특징들 중 하나이다. **1A**예를 들어, 국적은 그저 한 개인이 어느 나라에서 태어났는지를 나타낼 뿐이며, 시민권이 변할 수도 있기에 나타내기조차 못할 수 있다. [■A] 마찬가지로, 얼굴의 특징이나 피부색과 같은 신체적 특성들은 개인의 유전적 배경을 추측하게 해주는 정도이며, 이는 개인의 문화적 정체성과 거의 또는 전혀 관련이 없다. [■B] **1C**같은 나라 출신이고 비슷한 외모를 가진 사람들이 여전히 문화적으로 완전히 다를 수 있으며, **1D**다른 나라에 있고 다른 '인종'으로 보이는 사람들이 실제로는 상당한 문화적 관련성을 공유할 수 있다. [■C] 대조적으로, 사람의 모국어는 그 사람이 생각하는 방식에 대한 풍부한 정보를 제공할 수 있다. 따라서 한 사회에서 사용되는 언어는 해당 민족의 역사에 관하여 상당한 양의 정보를 드러낼 수 있다. **[■D] 그래서 언어들의 역사적 확장과 그것이 오늘날의 형태로 어떻게 진화했는지에 대해 명확한 이해를 가지는 것이 중요하다.**

어휘 characteristic n 특징 I culture n 문화 I belong to ~에 속하다 I nationality n 국적, 민족 I merely adv 그저, 단지 I clarify v 명확하게 하다, 분명히 하다 I citizenship n 시민권 I physical trait 신체적 특징 I facial feature 얼굴 특징 I genetic adj 유전의 I have to do with ~와 관련있다 I have nothing to do with ~와 관련없다 I identity n 정체성 I appearance n 외모, 겉모습 I seemingly adv 보아하니 I race n 인종 I affinity n 친밀감, 관련성 I a wealth of 풍부한, 많은 I ethnic adj 민족의, 민족 특유의 I necessarily adv 필연적으로

Passage 2

Type: Factual Information

1. **1단락에 따르면, 식물들이 언제 재배되었는지를 아는 것이 어려운 이유는**

   Ⓐ 그것들의 씨들이 오래 살아남지 못하며 쉽게 파괴되기 때문이다 (➡ 지문에 언급되지 않은 정보)
   Ⓑ 재배된 식물들 씨들과 야생 식물들의 씨를 서로 구별하기 어렵기 때문이다 (➡ 지문에 언급되지 않은 정보)
   Ⓒ 사람들이 농사를 시작하기 전 모아두었던 식물들과 같은 식물이기 때문이다
   Ⓓ 종 분포에 대한 믿을 만한 자료가 없기 때문이다 (➡ 지문에 언급되지 않은 정보)

Type: Insert Text

2. 지문에 다음 문장이 들어갈 수 있는 위치를 나타내는 네 개의 사각형[■]을 확인하시오.

   문제의 그 물질은 음식 생산과 관련이 있는지 알아보기 위해 조사될 수 있다.

재배된 식물들과 사육된 동물들의 징후

1 ➡ 곡물 재배는 땅을 광범위하게 변화시키는 작업이 필요하며, 씨들은 매우 내구성이 있으므로 물리적 증거가 충분하다. 그러나, 문화가 처음으로 이러한 작물들을 재배하기 시작한 시기를 알아내는 것은 더 어렵다. **1C**그들이 길들인 식물들은 이미 채집한 식물들이기 때문에, 과학자들은 그 과정에서 식물들이 어떻게 변했는지 보여주는 샘플을 수집해야 한다. 부유 선별로 알려진 한 가지 방법은 식물 재배 과정에 대한 통찰력을 얻는 데 매우 도움이 되었다. [■A] 이 기법은 발굴에서 얻은 토양 샘플을 먼지와 모래는 가라앉고, 유기물은 수면에 뜨는 물에 놓는 것을 수반한다. **[■B] 문제의 그 물질은 음식 생산과 관련이 있는지 알아보기 위해 조사될 수 있다.**

2 ➡ 인간들이 사용한 동물들의 유해를 찾는 것은 꽤 쉽지만, 동물들이 사육되었는지 아닌지를 알아내는 일은 훨씬 더 어렵다. [■C] 동물들이 길들여질 때, 그들은 종종 조상과 구별되는 특성들을 발달시킨다. [■D] 그러나, 이러한 특징들의 대부분은 살아있는 동물들에서만 관찰할 수 있으며, 뼈에 적용되는 특징들은 대부분 머리와 관련이 있다.

이 문장이 들어가기에 가장 적합한 곳은? [■B] (➡ 삽입 문장 속 The matter가 지칭하는 명사는 제시 문장 앞에 위치해야 한다.)

어휘 cultivation **n** 경작, 재배 | modification **n** 변형, 수정 | domesticate **v** 재배하다, 사육하다 | gather **v** 모으다, 채집하다 | method **n** 방법 | flotation **n** 부유, 물 위에 뜸, 부유 선별법 | helpful **adj** 도움이 되는 | gain **v** 얻다 | insight **n** 통찰력, 이해 | obtain **v** 얻다 | excavation **n** 발굴 | dirt **n** 먼지 | float **v** 뜨다 | distinguish **v** 구별하다 | apply **v** 적용하다, 적용되다 | long-lasting **adj** 오래 가는 | reliable **adj** 믿을 수 있는 | distribution **n** 분포 | in question 문제의, 논의가 되고 있는 | observable **adj** 관찰할 수 있는 | examine **v** 조사하다, 검토하다

Lesson 09 Prose Summary

본서 | P. 128

Practice
01 B, D, E   02 A, C, F

Test
Passage 1   1. A, B, C

| Practice |

본서 | P. 134

01

Eli Terry의 시계들

1 ➡ 18세기 미국에서, 시계들은 개인의 지위를 나타내는 사치품들이지만, 실용적 가치는 없는 것으로 여겨졌다. 대부분의 사람들은 낮에 해의 위치를 보고 밤에는 램프에 담긴 기름의 높이로 시간을 파악했다. 시계 제조 장인들은 놋쇠를 직접 다듬어 기어를 만들었기에 1년에 10개에서 15개의 시계의 동력 장치들은 공들여 제작할 수 있었다. 시계 공예가는 기어를 주조하기 위해 녹은 놋쇠를 주형에 부었고, 단단하게 만들기 위해 망치로 두드린 뒤 서로 잘 맞물리도록 기어의 톱니를 자르고 깎아냈다. 이 때문에 각 시계는 부서진 부분들을 정확히 복제하여 수리해야만 하는 독특한 정밀 기기가 되었다. 구매자는 보통 가구공에게 시계의 동력 장치를 위한 나무 상자를 만들어 달라고 주문했다. 이런 보관장들은 호화로운 상감 장식을 포함하고 가구에 대한 당시의 유행을 따르는 예술 작품일 때가 많았다. 최종 모습은 보통 2미터의 길이에 약 45킬로그램이었고, 종종 부유한 가정에서 가장 값비싼 소유물이었다.

2 ➡ 이러한 현상은 Eli Terry가 1800년대 초반에 시계 제작 과정을 완전히 바꿀 때까지 지속되었다. Terry는 Daniel Burnap의 견습공으로 시계들을 제조하기 시작했으며, 1793년 자신의 가게를 열었고, 시계들을 제조하는 것과 수리하는 것으로 빠르게 명성을 얻었다. Terry는 한동안 전통적인 방식으로 시계들을 제작했지만 1800년경 손님들이 없자 불만을 느꼈다. 독일의 시계공들에게서 영향을 받은 그는 놋쇠를 버리고 시계의 동력 장치들을 전부 나무로 만들기 시작했다. 나무 시계의 동력 장치들은 역시 손으로 만드는 것이었지만 가격이 더 쌌으며 더 빠르게 제작될 수 있었다. 놋쇠로 만들어진 것보다는 덜 정확해서 태엽을 감고 난 후 기존의 8일이 아니라 오직 30시간 동안만 작동했지만, 훨씬 더 가벼웠고 놋쇠 시계의 동력 장치가 있는 시계에 매기던 가격의 절반에 판매할 수 있었다.

3 ➡ Terry는 표준화된 시계 부품들을 만드는 데 사용할 수 있는 자신만의 특수 톱, 드릴, 선반을 만들기 위해 무기 생산에 영감을 받았다. 이 부품들은 이제 상호 교환이 가능했기 때문에, 그것들을 만드는 데 전문성이 덜 필요했고, Terry의 시계들을 그의 경쟁자들이 생산한 시계보다 훨씬 더 쉽게 수리할 수 있게 만들었다. 1803년, 그는 산업 기계를 작동시키기 위해 수력을 이용하는 방법을 발견했고, 그의 생산량은 급증했다. 게다가 Terry는 Seth Thomas와 Silas Hoadley와 협력하여 기업가 Edward와 Levi Porter를 위해 4,000개의 시계 동력 장치를 제작했다. 대부분의 시계 제조업자들은 일생 이렇게 많은 시계를 만들 것이라고 기대하지 않았지만, Terry는 단 3년 안에 그것들을 완성하겠다고 약속했다. 그 업적을 달성함으로써, Terry는 중산층을 위한 저렴한 가격으로 시계들을 제조함으로써 시계 제조 산업에 혁명을 일으켰다.

4 ➡ Terry의 시계들을 놋쇠 동력 장치들보다 훨씬 더 가벼웠으나, 1810년의 표준 모델은 부피가 컸기 때문에 여전히 운반이 어려웠다. 시계 구매자는 시계를 벽에 걸어 놓지 않으려면 여전히 시계를 위한 보관장이 있어야 했으며, 이는 지위의 상징을 구매한 목적을 잃는 것이었다. 이 문제를 해결하기 위해, Terry는 선반이나 벽난로 선반에 올려놓을 수 있는 높이 50센티미터, 길이 35센티미터, 폭 10센티미터밖에 되지 않는 나무 시계를 제작했다. 시계에는 추 대신에, 무게 장치와 도르래 장치가 양쪽에 위치해 시계를 작동하게 했다. 이 시계는 심지어 전보다 더 제조하기 쉬웠기에 Terry는 1년에 1만 2,000개라는 놀라운 숫자를 생산할 수 있었다. 이렇게 대량 생산된 시계들은 집마다 찾아가 물건을 판매하는 '양키 보따리 장수들'에 의해 New England 전역에서 팔렸고, Terry가 막대한 재산을 벌게 해주었다.

5 ➡ Terry는 총 10개의 특허들을 냈지만, 그런데도 모방자들이 특허권을 침해하여 그의 성공을 복제하려고 시도하는 것을 막을 수는 없었다. 특허권 침해로 고소하기도 했지만, 대부분의 에너지를 시계의 스타일에 집중하며 경쟁자들을 따돌리는 데 쏟아 부었다. 선반 시계의 성공 이후, Terry는 Chauncey Jerome이라는 가구공을 고용하여 새 시계들의 틀을 디자인하도록 했다. Jerome은 이전 직장의 디자인을 빌려와 시계 양쪽에 기둥 장식들을 넣었고, 위와 아래쪽에는 섬세한 소용돌이 장식을 넣었다. 시계의 앞면은 그림으로 그린 풍경 위에 고정되어 있었으며, 유리문으로 보호되어 있었다. 이 '기둥과 소용돌이' 디자인은 대충 장식 처리가 된 시계에 불과하다는 비판을 받기도 했지만, 그것이 디자인의 요점이었다. 이 시계는 전동 공구와 값싼 재료들로 쉽게 만들어질 수 있었지만, 당시 New England의 큰 도시에서 유행하던 신고전주의 양식을 포함하고 있었다. Terry는 1833년에 시계 대량 생산에서 은퇴하여 전통적인 놋쇠 시계의 동력 장치 제작으로 돌아갔고, 그의 자식들이 가업을 이어받았다.

지시문: 지문을 간략하게 요약한 글의 첫 문장이 아래 제시되어 있다. 지문의 가장 중요한 내용을 표현하는 세 개의 선택지를 골라 요약문을 완성하시오. 일부 문장들은 지문에 제시되지 않았거나 지문의 지엽적인 내용을 나타내기 때문에 요약문에 포함되지 않는다. *이 문제의 배점은 2점이다.*

Eli Terry는 많은 혁신들을 통해 북미에서 시계 제조업의 혁명을 일으켰다.

> Ⓑ 시계들은 제조의 어려움과 그로 인한 가격 때문에 상류층의 소유물이었다.
> Ⓓ 표준화된 부품의 도입은 시계의 대량 생산을 가능하게 했고, 시계의 초기 비용과 수리 비용을 대폭 감소시켰다.
> Ⓔ 많은 사람들이 Terry의 디자인을 모방했으나, 그는 자신의 시계를 향상하는 데 집중했다.

Ⓐ Terry는 견습생으로 일하며 자신의 시계 장치 전부를 나무로 만들겠다는 영감을 얻었다.
Ⓒ Terry의 시계들은 양키 보따리장수라고 불리는 출장 외판원들에 의해 New England 전역에서 팔렸다.
Ⓕ 표준화된 부품들은 더 생산하기 쉬웠기 때문에, Terry는 기술을 갖추지 않은 공예가들을 자신의 공장에서 일하게 할 수 있었다.

해설 **Step 1** 제시된 도입 문장(Introductory Sentence)을 읽는다.
Eli Terry revolutionized the clock making industry in North America through his many innovations.
Eli Terry는 / 혁명을 일으켰다 / 시계 제조업의 / 북미에서 / 그의 많은 혁신들을 통해

Step 2 각 보기가 ① 지문에 언급되지 않은 정보인지, ② 지엽적인 정보인지를 파악한다.
Ⓐ 지문에 언급되지 않은 정보
Ⓑ 해당 사항 없음
Ⓒ 지엽적인 정보
Ⓓ 해당 사항 없음
Ⓔ 해당 사항 없음
Ⓕ 지문에 언급되지 않은 정보

Step 3 해당 보기들을 소거 후, 나머지 정답 보기를 선택한다.
정답: Ⓑ, Ⓓ, Ⓔ

어휘 luxury **adj** 사치(품), 호화로움 | status **n** 지위, 신분 | note **v** ~에 주목하다 | position **n** 위치 | lamp **n** 램프 | movement **n** 시계의 동력 장치 | painstakingly **adv** 공들여, 힘들여 | gear **n** 기어 | brass **n** 놋쇠, 황동 | craftsman **n** 공예가 | pour **v** 붓다 | mold **n** 틀, 거푸집 | cast **v** ~을 주조하다 | hammer **v** 망치로 두드리다 | harden **v** 단단하게 하다 | metal **n** 금속 | file **v** 줄로 다듬다 | teeth **n** 톱니 | mesh **v** 맞물리다 | properly **adv** 제대로 | precision **n** 정확성, 정밀성 | instrument **n** 도구, 기구 | purchaser **n** 구매자 | commission **v** 주문하다, 의뢰하다 | cabinet **n** 보관장 | wooden **adj** 나무로 된 | inlay **n** 상감 세공 | conform **v** ~에 따르다 | furniture **n** 가구 | status quo 현재의 상황 | revolutionize **v** 혁명을 일으키다 | apprentice **n** 견습생 | reputation **n** 명성 | traditional **adj** 전통적인 | frustrated **adj** 불만스러운, 좌절한 | abandon **v** 버리다 | fashion **v** (손으로) 만들다, 빚다 | wind **v** 태엽을 감다 | standard **adj** 일반적인, 표준의, 보통의 | drill **n** 드릴 | lathe **n** 선반 (나무, 쇠붙이 절단용 기계) | affordable **adj** (가격) 감당할 수 있는 | bulky **adj** 부피가 큰 | defeat **v** 무산시키다, 좌절시키다 | shelf **n** 선반 | mantelpiece **n** 벽난로 위 선반 | pendulum **n** 추 | weight **n** 무게 장치 | pulley **n** 도르래 장치 | impressive **adj** 인상적인, 대단한 | peddler **n** 보따리 장수, 행상인 | fortune **n** 행운 | patent **n** 특허 **adj** 특허의 | imitator **n** 모방자 | replicate **v** 복제하다 | violate **v** 위반하다 | sue **v** 고소하다 | infringement **n** 침해, 위반 | outcompete **v** ~보다 더 잘 해내다 | focus **v** 집중하다 | pillar **n** 기둥 | delicate **adj** 섬세한 | scrollwork **n** 소용돌이 장식 | mount **v** 고정시키다 | criticize **v** 비판하다 | crude **adj** 날것의, 대충의, 대강의 | decorative **adj** 장식이 된, 장식용의 | treatment **n** 처리 | put together 조립하다, 만들다 | power tool 전동 공구 | incorporate **v** 포함하다 | neoclassical **adj** 신고전주의의 | vogue **n** 유행 | retire **v** 은퇴하다 | corresponding **adj** ~에 상응하는 | drastically **adv** 대폭, 급격히

02

열대 우림의 생물 다양성

1 ➡ 열대 우림들은 건기가 없고 매달 최소 60밀리미터의 비가 내리는 지역들에서 발견된다. 대부분은 아메리카, 아프리카, 아시아, 오세아니아에서 발견되며, 모두 적도로부터 10도 이내에 있다. 이 숲들은 대부분의 육지 종들의 서식처이며 매우 높은 수준의 생물 다양성을 가지고 있다. 숲의 바닥, 하층, 임관층, 그리고 초고목층은 숲을 구성하는 4개의 수직 층들입니다. 임관층의 높이 때문에, 그곳의 동식물을 연구하는 것은 다소 어렵다. 그러므로, 과학자들은 그것에 접근할 수 있는 몇 가지 창의적인 방법들을 생각해냈습니다. 여기에는 나무들 전체를 베는 것, 나뭇가지를 폭파하는 산탄총 사용, 열기구 사용 등이 포함되었다. Borneo의 한 연구원은 원숭이들에게 나무들에 올라가 꽃과 과일 샘플을 가져오라고 가르쳤습니다. 1970년대에 암벽등반 방식이 도입되었고, 나무들 사이에 통로가 있는 단이 건설되었다. 이 접근법은 가장 성공적인 것으로 입증되었지만, 임관층에 사는 많은 생물들과 그들의 상호 작용은 여전히 알려지지 않았다.

2 ➡ 임관층은 열대 우림 대부분의 생물들이 서식하는 곳이며, 이 층에서 발견되는 많은 종들은 다른 층에서는 찾아볼 수 없다. 실제로 어떤 종들은 임관층의 삶에 완전히 적응해서 이 층을 절대 떠나지 않는다. 여기에는 가지에 붙은 죽은 식물에서 생겨난 얼마 없는 토양에 뿌리를 내려 양분을 얻는 브로멜리아드나 이끼 등의 착생 식물들이 포함된다. 더 온화한 지역과 달리, 우림 임관층에 계속되는 햇빛과 강수의 공급은 그곳의 많은 꽃 식물들이 1년 내내 반복해서 꽃을 피울 수 있게 해주며, 이에 따라 생겨나는 과일이 임관층의 많은 동물 종들을 먹여 살린다.

3 ➡ 우림의 생물 다양성은 다른 종류의 숲들을 포함해 다른 육지 서식지들보다 엄청나게 우월하다. 대부분의 온대림은 고도에 따라 달라지는 몇 안 되는 나무 종으로 이루어져 있지만, 1만 제곱미터의 우림은 300종들이 넘는 다양한 나무들을 보유할 수도 있다. 우림의 다양성은 지난 빙하기 동안의 고립 지역들이 살아남은 덕분에 증진되었을 가능성이 있다. 세계 기후가 낮아지면, 우림은 사바나로 알려진 군데군데 나무가 흩어진 초원으로 대체된다. 숲이 줄어들며, 숲의 일부는 하곡과 다른 물기 많은 지역에서 끈질기게 살아남았으며, 그 안의 동식물 역시 보존되었으나 유전적으로 고립되었다. 이러한 고립은 많은 종들이 따로 진화하도록 하여, 다양성의 기반을 제공했다. 날씨가 다시 따뜻해지면, 숲들은 다시 확장하여 연결되고, 새로운 종들은 다른 종들과 경쟁해야만 했다. 이 생물들은 같은 종이라고 해도, 성숙한 나무들 근처에서 새로운 식물들이 자라나는 것을 막는다.

4 ➡ 우림에서 식물들의 다양성을 만들어낸 고립은 우림들에 사는 동물들에게도 비슷한 다양성을 만들어냈다. 이러한 점은 열대 우림에서 발견되는 곤충 종의 집중에서도 뚜렷하게 볼 수 있다. 특히 개미들이 우림들에서 자라는 많은 식물들과 곰팡이들과 가까운 관계를 형성했으며, 이로 인해 많은 종 분화가 이어졌다. 유명한 곤충학자인 Edward O. Wilson은 1987년 페루의 Tambopata 보호 구역을 방문해, 네 종류의 숲에서 40속(屬)에 속하는 135종의 개미들을 수집했다. 그는 심지어 보호 구역 내의 나무 한 그루에서 43개의 다른 종들을 찾아냈다고 보고하기도 했다. 그런데도, 이 종들은 자신들의 식물 숙주와 마찬가지로 아주 좁은 구역의 적소에서 사는 경향이 있고, 그 한 그루의 나무가 없어지면 그 나무에 사는 많은 개미 종들이 사라질 수도 있다.

5 ➡ 우림의 생물 다양성에도 불구하고, 나무를 지탱하는 숲의 바닥 토양은 사실 꽤 좋지 않다. 죽은 식물과 동물이 열기와 습기로 빠르게 부패하여 검고, 영양분이 풍부한 토양이 형성되는 것을 막는다. 많은 강우량 또한 많은 시내와 강으로 무기물을 씻어내 버리거나 지하 깊숙이 침투하게 만든다. 빛 부족과 합쳐져, 이 모든 요인들이 임상의 대부분을 아무것도 없는 상태로 남겨두며, 밀집된 관목은 강둑이나 늪지대, 빈터 근처에서만 발견된다. 이러한 조건을 보완하기 위해, 나무들은 모든 가능한 영양분들을 끌어모으기 위한 넓고 얕은 근계가 있다.

지시문: 지문을 간략하게 요약한 글의 첫 문장이 아래 제시되어 있다. 지문의 가장 중요한 내용을 표현하는 세 개의 선택지를 골라 요약문을 완성하시오. 일부 문장들은 지문에 제시되지 않았거나 지문의 지엽적인 내용을 나타내기 때문에 요약문에 포함되지 않는다. *이 문제의 배점은 2점이다.*

열대 우림들은 육지에서 생물학적으로 가장 다양한 생태계지만, 연구하기 어려웠다.

> Ⓐ 우림의 임관층은 대부분의 종들을 포함하고 있으며, 그곳에 사는 생물들 중 일부는 절대 그곳을 떠나지 않는다.
> Ⓒ 종들의 다양함은 지난 빙하기 때문에 일어난 생태계의 축소와 확장으로 설명될 수 있다.
> Ⓕ 열대 우림들의 토양은 사실 상당히 열악하며, 이 점이 그곳의 식물들 성장에 영향을 주었다.

Ⓑ 열대 우림들의 많은 종들이 식물들과 동물들이 서로를 지탱하는 환경에서 독특한 관계를 발전시켜 왔다.

Ⓓ 페루의 Tambopata 보호 구역은 지구상의 어떤 숲보다 가장 많은 곤충 종들을 보유하고 있다.

Ⓔ 온대 지역의 숲들은 열대 지역에 비해 강수량은 많지만, 햇빛은 적게 받기 때문에, 꽃을 피우지 않는다.

해설 **Step 1** 제시된 도입 문장(Introductory Sentence)을 읽는다.

The tropical rainforests are the most biologically diverse ecosystems on land, but they have been difficult to study.

열대 우림들은 / 가장 생물학적으로 다양한 생태계이다 / 육지에서, / 그러나 / 그들은 / 어려웠다 / 연구하기

Step 2 각 보기가 ① 지문에 언급되지 않은 정보인지, ② 지엽적인 정보인지를 파악한다.

Ⓐ 해당 사항 없음

ⓑ 지문에 언급되지 않은 정보

ⓒ 해당 사항 없음

ⓓ 지문에 언급되지 않은 정보 & 지엽적인 정보

ⓔ 지문에 언급되지 않은 정보

ⓕ 해당 사항 없음

Step 3 해당 보기들을 소거 후, 나머지 정답 보기를 선택한다.

정답: Ⓐ, Ⓒ, Ⓕ

어휘 epiphytes ⑪ 착생 식물 | moss ⑪ 이끼 | scarce 📧 부족한, 드문 | bloom ⒱ 꽃을 피우다 | vastly 📧 엄청나게 | terrestrial 📧 육생의 | elevation ⑪ 고도 | promote ⒱ 증진하다 | pocket ⑪ (주변과 이질적인 작은) 지역 | grassland ⑪ 초원 | scattered 📧 드문 드문 있는, 산재한 | persist ⒱ (없어지지 않고) 지속되다 | sprout ⒱ 싹이 나다. 자라기 시작하다 | evident 📧 분명한 | fungi ⑪ (fungus의 복수형) 균류 | famed 📧 아주 유명한 | entomologist ⑪ 곤충학자 | genera ⑪ (genus의 복수형) (생물 분류상의) 속 | reserve ⑪ 동식물 보호 구역, 비축물 | narrow 📧 좁은 | niche ⑪ 적소 (생물의 성장/유지/발전을 가능하게 해주는 적합한 환경) | humidity ⑪ 습도 | wash away 쓸어버리다 | stream ⑪ 개울 | undergrowth ⑪ 덤불, 관목 | swamp ⑪ 늪, 습지 | clearings ⑪ 숲 속의 빈 터 | shallow 📧 얕은

Test 본서 | P. 138

Passage 1

16세기 유럽 장인들의 몰락

1 ➡ 중세와 르네상스 시대 동안에 직물과 금속 가공과 같은 수공예 사업들에 종사했던 유럽의 장인들은 길드들이라고 불리는 조합을 형성했다. 길드들은 조합원들이 수행하는 교역을 규제했으며 조합원이 아닌 이들은 같은 도시 내에서 같은 일을 하거나 자신의 상품을 판매할 수 없도록 했다. 길드들은 군주나 총독, 혹은 다른 권위 있는 사람에 의해 이러한 권력을 부여받았다. 각 길드는 상품을 제조할 때 사용되는 방법뿐만 아니라 조합원 교육 절차의 전체 과정을 지배하여 조합원들이 허용할 수 있을 만한 상품을 생산하도록 보장했다. 장인들을 보호하기 위한 의도인, 이러한 집착은 길드들이 외부의 혁신에도 불구하고 그들의 전통을 유지했다는 것을 의미했고, 이는 조합원들의 기술과 그들이 생산하는 제품의 품질에 부정적인 영향을 주었다. 장인들은 귀족들과의 오랜 관계에 의해 보호받는 이러한 배타적인 길드들을 수 세기 동안 운영했지만, 전반적인 경제 시스템이 자유 시장 가격 책정, 투자, 그리고 새로운 생산 조직 방법과 함께 더 자본주의적인 유형으로 발달하기 시작하면서 그들의 권력은 16세기에 약화하기 시작했다. 이러한 경제적 변화는 기술의 혁신, 원자재 가용성, 부채, 시장에 대한 접근, 그리고 외부의 경쟁을 포함한 요인들의 결합으로 인해 발생했다.

2 ➡ 제조 공정들의 속도는 많은 산업의 기술 발전 덕분에 크게 향상되었지만, 이러한 발전은 때때로 장인이나 길드들이 감당할 수 있는 것보다 더 비싼 설치와 유지보수를 필요로 했다. 예를 들어, 제철 산업에서는 용광로들, 신선기들, 여러 종류의 셰이퍼 밀들과 같은 전문 기계가 도입되었다. 이 기계가 보급됨에 따라, 생산성은 빠르게 상승하여 예술가들이 그것 없이는 더 이상 경쟁할 수 없게 되었지만, 이것은 장비들과 그것들을 수용하는 구조물들 모두에 상당한 재정적 비용이 필요했다. 이 고정 자본 외에도, 더 높은 생산량은 전력, 상품의 저장 및 고객에게 배달하기 위한 물을 공급할 수 있는 기반 시설이 필요했다. 숙련된 철공이 16세기 말 Antwerp에서 연간 최대 250플로린(당시의 표준 통화인 Florence 금화)을 만들 수 있었지만, 용광로 한 개에 약 3,000플로린으로, 부속 장비의 용광로와 비슷했다.

3 ➡ 신기술이 필요한 장비를 일부 장인들에게 너무 비싸게 만들었지만, 생산에 필요한 원자재가 사실상 대부분의 산업에서 가장 큰 비용을 차지했다. Antwerp에서 일하는 견직공은 12플로린을 내고 베틀을 살 수 있었고 수년간 그 베틀을 산 것에 대한 빚을 천천히 갚아 나갈 수 있었지만, 그는 여전히 옷을 만들기 위해서 6주마다 24플로린을 지불하고 생사(生絲)를 구입해야 했다. 그러므로, 모든 장인들, 그리고 특히 독립적인 장인들에게는 비싸지 않은 원자재에의 접근이 필수적이었기 때문에, 지역 자원의 손실은 치명적일 수 있었다. 스페인의 도시들인 Cordoba와 Toledo는 한때 그들의 고유한 생사를 경작했지만, 경작이 실패하면서 Valencia와 Murcia 같은 다른 지역에서 온 상인들에게 의지하게 되었다. 결국, 생사 수입이 너무 비싸졌고, 이 도시들의 견직물 산업은 붕괴했다.

4 ➡ 기계와 자재의 비용들은 장인에게 신용 거래를 불가피한 것으로 만들었지만, 부채는 그들의 삶을 더 힘겹게 만들었다. 제조된 상품의 가격은 보통 음식이나 다른 원자재들처럼 인플레이션을 따라가지 못했다. 세금이 인상되었을 때, 이 요인들이 합쳐져 장인들이 빚을 갚는 것을 매우 어렵게 만들었다. 주기적인 경기의 침체는 식료품 가격이 상승함에 따라 공산품의 판매를 더욱 감소시켰다. 이러한 시기는 그들 중 다수를 파산으로 내몰았으며, 그들은 대출을 제공한 다른 장인이나 상인들에게 그들의 제품을 팔아야만 탈출할 수 있었다. 이러한 부채의 악순환은 정상적인 시장 변동에서도 충분히 자주 일어났으나, 16세기 후반의 장기화된 경제 공황과 빈번해진 전쟁은 이를 더욱 흔한 일로 만들었고, 길드들의 기반을 약화했다.

5 ➡ 그와 동시에, 교역은 저장과 배급 중심지 근처의 거대 시장들에 집중되었고, 이에 따라 다수의 지역 시장들이 사라졌다. 먼 시내에 위치한 장인들과 길드들은 교역의 중심지로 물품을 운송해주는 상인 중개인에게 의지할 수밖에 없었다. 이들은 자주성을 상실하고 가정 노동자로 전락

해 지역 내에서의 힘 역시 축소되었다. 지역 시장들이 사라졌기에 상인들은 그들이 원하는 누구에게서든 자유롭게 양모를 구입할 수 있었으며, 소작농들에게 양모를 잣는 데 필요한 자재를 공급하기 시작했고, 이익의 몫을 노동자들에게 지불했다. 이러한 가내 수공업의 성장은 마을의 상인들이 구할 수 있는 원자재의 양을 더욱더 감소시켰으며, 길드들은 이러한 많은 경제적 요인들이 결합한 압박으로 인해 해체되기 시작했다.

Type: Prose Summary

1. **지시문:** 지문을 간략하게 요약한 글의 첫 문장이 아래 제시되어 있다. 지문의 가장 중요한 내용을 표현하는 세 개의 선택지를 골라 요약문을 완성하시오. 일부 문장들은 지문에 제시되지 않았거나 지문의 지엽적인 내용을 나타내기 때문에 요약문에 포함되지 않는다. *이 문제의 배점은 2점이다.*

유럽 길드들의 장인들은 그들의 산업들을 지배했지만, 16세기의 경제적 변화들로 인해 힘을 잃기 시작했다.

> Ⓐ 기술적 혁신들이 생산을 증가시킨 발달한 기계들로 이어졌지만, 그것들은 엄청나게 비쌌다.
> Ⓑ 원자재는 계속되는 부담이었으며 지역 자원을 구할 수 없었을 경우 더욱 심했다.
> Ⓒ 많은 장인들이 자재 때문에 상인들에게 의지해야 했지만, 상인들은 자재를 종종 가내 수공업에 종사하는 소작농들에게 주었다.

Ⓓ 견직공은 대출받아 베틀을 살 수 있었으나 실을 짜기 위해서는 생사를 주기적으로 구매해야 했다. (➡ 지엽적인 정보)
Ⓔ 길드들은 조합원들의 훈련과 조합원들이 생산한 물품의 질을 규제했다. (➡ 지엽적인 정보)
Ⓕ 거대한 시장 도시가 성장하면서 외딴 마을의 많은 소규모 길드들은 사라졌다. (➡ 지문에 언급되지 않은 정보)

어휘 Renaissance n 르네상스 | handicraft n 수공예, 수공예품 | organization n 조직 | practice v 행하다, 업으로 삼다 | monarch n 군주 | governor n 총독 | authority n 권위자, 지휘권 | figure n 인물 | acceptable adj 받아들일 수 있는 | preoccupation n 심취, 몰두 | in the face of ~에 직면하여, ~에도 불구하고 | insular adj 배타적인 | long-standing adj 오래된 | aristocracy n 귀족 | wane v 약해지다, 줄어들다 | capitalistic adj 자본주의의 | debt n 빚, 부채 | expense n 돈, 비용 | loom n 베틀, 직기 | disastrous adj 처참한 | necessity n 필요, 필수품 | keep up with (~의 진도, 속도 등을) 따라가다 | inflation n 인플레이션, 물가 상승 | periodic adj 주기적인 | bankruptcy n 파산 | loan n 대출 | spiral n 나선형, 소용돌이 | commonplace adj 아주 흔한 | undermine v 약화시키다 | foundation n 기반 | faraway adj 멀리 떨어진 | middleman n 중간 상인 | autonomy n 자주성, 자율성 | share n 몫, 지분 | profit n 이익, 수익 | prohibitively adv 엄두를 못낼 만큼, 엄청나게 | burden n 부담, 짐 | get worse 악화되다 | remote adj 외딴, 먼

Lesson 10 Fill in a Table

본서 | P. 141

Practice

01 Commercial Photography: C, G / Fine Art Photography: A, D, E

Test

Passage 1   1. Saltwater Fish: A, E, F / Freshwater Fish: B, D

Practice

본서 | P. 146

01

예술로서의 사진

1 ➡ **A**'순수 예술'이란 아름다움을 묘사하거나 사람들의 미적 감각에 호소하는 모든 형태의 예술을 의미한다. 그러나, 일부 비평가들은 사진이 달력, 잡지, 엽서와 같이 대량 생산되는 것들에 널리 사용됨에 따라 예술 작품으로 간주할 수 있는지에 대해 의문을 제기해왔다. 많은 논의 끝에, 상업 사진과 순수 예술 사이의 구분이 마침내 이뤄졌다.

2 ➡ **D**순수 예술 사진은 사진작가의 예술적 비전을 표현하는 높은 품질의 사진 인쇄물들을 일컫는 데 사용되는 용어이다. **E**일반적으로, 이러한 이미지들은 제한된 수량으로 출판되어 큐레이터, 판매업자들 및 수집가들에게 판매된다. 때때로, 이 인쇄물들은 미술관에 전시된다. 순수 예술 사진의 품질은 본질적으로 주관적이다. 순수 예술 사진의 이미지들은 자연스럽게 촬영된 상황과 달리, 의도적으로 배열되고 인공적으로 조명되는 경향이 있다. 또한, 예술 사진 작가는 특정 프로젝트의 막대한 비용을 상쇄하기 위해 자신의 사진이 담긴 책을 만든다. 이 책은 갤러리에서 전시회에 참석하는 수집가들을 대상으로 한다. 한 가지 그러한 예는 사진작가 Yann Arthus-Bertrand가 만든 '하늘에서 보이는 지구'라는 제목의 출판물에서 볼 수 있다.

3 ➡ 반면, 상업 사진의 목적은 예술적 표현이 아니라 대량 생산이나 유통을 통한 상품들의 마케팅이다. 이 사진은 잡지들과 신문들을 포함한 다양한 매체들에 게재된다. 또한 기념품 엽서들, 제품 광고들, 포스터들, 달력들 등의 대량 생산에도 사용된다. 그들은 주로 이익을 얻기 위해 만들어지며 **G**보통 많은 개인들의 협력을 수반한다. **C**상업 사진은 일반적으로 특정 품목이나 장소를 홍보할 목적으로 광고 대행사와 출판사들과 같은 마케팅 회사에서 의뢰한다. 신문들에 실린 사진들의 경우 연출된 이미지들은 눈살을 찌푸리지만, 제품 홍보에 사용되는 사진들은 제품을 가장 잘 표현할 수 있도록 세심하게 준비된다.

1. 지시문: 아래 문장들을 알맞게 넣어 다음 표를 완성하시오. 선택지 중 적절한 문장들을 골라 관계된 개념과 연결하시오. 선택지 두 개는 정답이 될 수 없다. **이 문제의 배점은 3점이다.**

선택지	상업 사진
Ⓐ 아름다움 자체를 위해 아름다움을 표현하는 데 중점을 둔다.	Ⓒ
Ⓑ 이런 종류의 사진 촬영의 목적은 찡그린 사람들의 표정들을 포착하는 것이다.	Ⓖ
Ⓒ 이 사진들은 다양한 비즈니스들을 위해 주문 제작되었다.	**순수 예술 사진**
Ⓓ 사진들은 사진가들의 예술적 관점과 생각을 표현한 것이다.	Ⓐ
Ⓔ 제한된 수의 사진들의 사본들이 만들어진다.	Ⓓ
Ⓕ 이 사진들은 큐레이터들, 딜러들, 수집가들에게 높은 가격에 팔린다.	Ⓔ
Ⓖ 최종 결과는 많은 사람들의 작업의 결과이다.	

해설 **Step 1** Fill in a Table(표 채우기) 유형이 나오면 어떤 범주에 대해서 묻는지 분류 기준을 먼저 확인한다.

분류 기준 Commercial Photography vs. Fine Art Photography

Step 2 지문을 읽으며 주요 내용들을 해당 분류 기준에 따라 노트테이킹한다.

노트

Commercial Photography	Fine Art Photography
purpose: marketing of goods	fine art: depict beauty
a variety of mediums	high-quality → express artistic vision
used in the mass production of ~	limited quantities / sold to curators ~
to bring in a profit	displayed at gallery
entail the collabo	subjective
commissioned by marketing firms	images: deliberately arranged / artificially illuminated
	(opposed to: spontaneously)
	books to offset expenditures
	ex) The Earth from Above

Step 3 오답 보기를 소거하며, 분류에 맞게 정답 보기를 연결한다.

Ⓐ Fine Art Photography
Ⓑ 지문에 언급되지 않은 정보
Ⓒ Commercial Photography
Ⓓ Fine Art Photography
Ⓔ Fine Art Photography
Ⓕ 지문에 언급되지 않은 정보
Ⓖ Commercial Photography

어휘 fine art 순수 미술, 예술 ㅣ depict Ⓥ 묘사하다 ㅣ appeal Ⓥ 관심을 끌다, 매력적이다 ㅣ aesthetic adj 심미적, 미적인 ㅣ critic ⓝ 비평가, 평론가 ㅣ question Ⓥ 이의를 제기하다, 의문을 갖다 ㅣ use ⓝ 사용 ㅣ postcard ⓝ 엽서 ㅣ discussion ⓝ 논의 ㅣ distinction ⓝ 구분, 차이 ㅣ publish Ⓥ 출판하다, 게재하다 ㅣ curator ⓝ 큐레이터 ㅣ collector ⓝ 수집가 ㅣ subjective adj 주관적인 ㅣ arrange Ⓥ 배열하다 ㅣ artificially adv 인위적으로 ㅣ illuminate Ⓥ 불을 비추다, 조명을 설치하다, 빛나게 하다 ㅣ spontaneously adv 자연스럽게 ㅣ offset Ⓥ 상쇄하다 ㅣ expenditure ⓝ 지출, 비용 ㅣ aim Ⓥ ~을 목표로 하다, ~을 대상으로 하다 ㅣ attend Ⓥ 참석하다 ㅣ exhibition ⓝ 전시회 ㅣ souvenir ⓝ 기념품 ㅣ advertisement ⓝ 광고 ㅣ entail Ⓥ 수반하다 ㅣ collaboration ⓝ 공동 작업 ㅣ intention ⓝ 의도, 목적 ㅣ in the case of ~에 경우에 ㅣ staged adj 연출된, 일부러 꾸민 ㅣ frown upon ~에 눈살을 찌푸리다 ㅣ meticulously adv 꼼꼼하게, 세심하게 ㅣ represent Ⓥ 나타내다, 표현하다, 대표하다 ㅣ emphasis ⓝ 강조 ㅣ for the sake of ~을 위해서 ㅣ objective ⓝ 목적, 목표 ㅣ perspective ⓝ 관점, 시각 ㅣ outcome ⓝ 결과

Passage 1

삼투 조절 – 민물고기와 바닷물고기

1 ➡ 물은 반투과성 장벽을 통해 더 높은 농도의 용매가 있는 용액으로 이동해서, 두 용액을 혼합하고 용매 수준을 동일한 수준으로 만드는 경향이 있다. 확산이라고 하는 이러한 경향은, 농도가 높은 분자가 농도가 낮은 부분으로 이동하여 발생한다. 물고기는 삼투 조절 중에 이러한 자연현상을 이용하는데, 이는 물고기의 몸이 체액의 용제 농도를 조절하는 복잡한 과정이다. 물고기의 아가미막은 체내의 혈액과 헤엄치고 있는 물 사이의 물질을 제거하는 반투과성 장벽 역할을 한다. 그들의 신장은 또한 혈액을 여과하여, 과도한 물이나 염분이 소변을 통해 제거되도록 한다. 이 삼투 조절은 체액이 지나치게 묽거나 농축되지 않도록 한다.

2 ➡ 그렇다면, 물고기가 삼투 조절을 이용할 수 있다면 왜 대다수의 물고기가 민물이나 바닷물에만 존재하는 것일까? 민물고기와 바닷물고기는 각각의 환경이 제기하는 어려움을 극복하기 위해 진화된 복잡한 시스템을 가지고 있다. 염분 함량 또는 염도는 분명히 두 서식지 사이에서 가장 눈에 띄는 차이점이다. 민물고기와 바닷물고기의 아가미막은 각각의 서식지에서 염도가 상당히 다르기 때문에 특정 범위의 용매 농도에서 기능하도록 적응해왔다.

3 ➡ 삼투 조절과 관련하여, 민물고기에게는 특별한 어려움이 있다: 물을 너무 많이 마시지 않고 체내에서 적절한 염분 균형을 유지하는 것이다. 이것은 여러 물질이 동시에 아가미 막을 통과할 수 있다는 사실 때문에 복잡하다. 그럼에도 불구하고, 민물고기는 주변 물이 확산을 통해 몸으로부터 계속 염분을 제거하기 때문에, 염분 수준이 더 낮을 가능성이 더 크다. **D**이 작용에 대응하기 위해, 민물고기는 계속 물을 마시며, 이에 따라 아가미에서 나트륨 이온이 추출되어 혈류로 운반된다. **B/D**또한, 이 물고기는 혈류에서 물을 추출하고 과도한 물을 처리하기 위해 꾸준한 소변 흐름을 생성하는 신장을 발달시켜 왔다. 대부분의 민물고기는 과도한 양의 물을 잃고 염분으로 인해 탈수될 위험이 있기 때문에 바닷물에서 생존할 수 없다.

4 ➡ 대조적으로, 바닷물고기는 염분 수준이 빠르게 변하는 환경에 서식한다. 그들은 몇 가지 다른 방법을 통해 이 나트륨을 제거한다. 우선, **A**그들의 신장은 혈액을 여과시킴으로써 나트륨을 제거한다. **E**그들은 또한 혈장에서 과도한 염분을 배출할 수 있도록 하는 아가미 효소를 사용한다. **A**이러한 과정이 많은 에너지를 소비한다는 사실에도 불구하고, 그것들은 유기체가 염분 환경에서 생존하는 데 필수적이다. 또한, 바닷물고기는 비슷한 양의 물을 마셔도 민물 친척보다 훨씬 적은 양의 소변을 배출한다. **F**이것은 아가미 막이 훨씬 더 투과성이어서 삼투를 통해 더 많은 물을 제거할 수 있기 때문이다. 이것이 유익하다고 볼 수 있지만, 체내 염분을 적절한 수준으로 유지하기 위해 그들의 신체는 섭취하는 나트륨과 물의 양을 조절해야 한다.

5 ➡ 이러한 특정 메커니즘들로 인해 민물고기는 바닷물에서 생존하기 어렵고 바닷물고기는 민물에서 생존하기가 어렵다는 사실에도 불구하고, 넓은 염분 범위에 몸을 적응시킬 수 있는 일부 종이 있다. 이에 대한 좋은 예가 연어이다. 일생 다양한 시점에서, 연어들 바닷물과 민물 사이를 이동한다. 연어들은 민물에서 태어나고 나중에는 대부분의 삶을 보내는 바닷물로 이동하는 것으로 알려져 있다. 그런 다음, 번식기가 되면 그 물고기는 짝짓기하고 알을 낳기 위해 민물로 다시 이동한다.

Type: Fill in a Table

1. **지시문:** 아래 문장들을 알맞게 넣어 다음 표를 완성하시오. 선택지 중 적절한 문장들을 골라 관계된 개념과 연결하시오. 선택지 두 개는 정답이 될 수 없다. *이 문제의 배점은 3점이다.*

선택지	바닷물고기
Ⓐ 그들은 혈류에서 염분을 제거하기 위해 많은 에너지를 사용한다.	Ⓐ
Ⓑ 그들은 혈류에서 물을 제거할 수 있도록 기능하는 신장을 가지고 있다.	Ⓔ
Ⓒ 그들은 일정한 나트륨 이온 수준을 유지하기 위해 물 섭취를 제한한다. (➡ 지문에 언급되지 않은 정보)	Ⓕ
Ⓓ 그들은 물을 많이 마시고 끊임없이 소변으로 배출한다.	민물고기
Ⓔ 그들은 염분 수준을 유지하는 데 도움이 되는 특정 효소를 사용한다.	Ⓑ
Ⓕ 그들은 삼투로 인해 아가미 막들에서 수분 손실이 더 많이 증가한다.	Ⓓ
Ⓖ 짝짓기 동안 그들은 민물과 바닷물 환경 모두에서 살 수 있다. (➡ 지문에 언급되지 않은 정보)	

III. Actual Test

Actual Test 1

본서 | P. 152

Passage 1

| 1. B | 2. B | 3. C | 4. A | 5. C | 6. D | 7. B, C | 8. C | 9. C | 10. B, C, F |

Passage 2

| 11. B | 12. B | 13. D | 14. A | 15. A | 16. C | 17. B | 18. C | 19. B | 20. A, E, F |

Passage 3

| 21. C | 22. C | 23. C | 24. B | 25. A | 26. D | 27. D | 28. B | 29. A | 30. A, C, F |

Passage 1

본서 | P. 153

Type: Sentence Simplification

1. 다음 중 지문에 음영 표시된 문장의 핵심 정보를 가장 잘 표현한 문장은 무엇인가? 오답은 의미를 크게 왜곡하거나 핵심 정보를 누락하고 있다.

Ⓐ 페름기-트라이아스기 멸종 사건은 지구 역사상 가장 큰 대멸종이었으며, 공룡들과 많은 다른 파충류들을 멸종시켰다.

Ⓑ 백악기-제3기 멸종 사건은 가장 크진 않지만, 가장 최근의 멸종 사건이며, 대부분의 고대 파충류들이 멸종한 것으로 유명하다.

Ⓒ 백악기-제3기 멸종 사건은, 페름기-트라이아스기 멸종 사건 다음으로, 공룡들을 포함한 가장 많은 수의 파충류들을 멸종 시켰다.

Ⓓ 백악기-제3기 멸종 사건은 육지와 바다에 사는 모든 파충류들을 전멸시켰기에, 가장 유명한 멸종 사건이 되었다.

Type: Vocabulary

2. 지문의 단어 'simultaneously(동시에)'와 의미상 가장 가까운 것은

Ⓐ 가끔
Ⓑ 동시에
Ⓒ 빈번히
Ⓓ 그 뒤에

백악기-제3기 멸종

1 ➡ 약 6,500만 년 전, 지구상의 75퍼센트가 넘는 종들이 멸종되었다. 백악기-제3기 멸종이라 불리는 이 사건은 지구 역사상 가장 큰 것은 아니었지만—페름기-트라이아스기 멸종 사건이 전체 종의 83퍼센트 이상을 앗아 갔다—가장 최근의, 가장 잘 알려진 멸종 사건이며, 공룡들, 날아다니는 파충류들, 바다에 사는 파충류들을 제거하며, 지구의 파충류 시대의 종말을 이끈 멸종 사건이다. 조개, 물고기, 식물성 플랑크톤을 포함한 다른 많은 해양 생물들도 멸종되었다. 마찬가지로, 대다수의 육생식물들도 사라졌으며, 그것들을 먹이로 하던 대부분의 동물들도 사라졌다. 백악기-제3기 멸종 사건은 그렇게 많은 생물들이 갑작스럽게 특정한 암석층 위에서 사라졌다는 사실 때문에 처음으로 고생물학자들의 관심의 대상이 되었는데, 이것은 그 생물들이 어떤 비극적인 사건으로 인해 동시에 죽었다는 것을 의미했다.

2 ➡ 과학자들은 수십 년간 이 멸종 사건의 원인에 대해 토론을 했으며, 많은 이론들이 제시되어왔다. 상당수의 육생 생물들이 파충류들이었기 때문에, **3A**한 유명한 학설은 빙하기가 와서 파충류들을 멸종으로 이끌 정도로 지구의 평균 기온이 낮아진 것이라고 여겼다. 하지만, 연구자들은 이 학설이 사라진 다른 종들에 대한 설명을 해주지 못하며, 그 이유 때문이라고 하기에는 멸종이 너무 급속하게 진행되었다는 것을 인정했다. **3B**다른 유명한 학설은 지금의 인도가 있는 지역에서 거대한 화산활동이 일어나 공기와 물을 오염시켰을 것이라고 여겼다. 후에, **4A**지질학자들은 세계 전역에서 다양한 두께로 존

Type: Negative Factual Information

3. 2단락에 따르면, 다음 중 멸종 사건의 주장되는 원인에 대해 언급되지 않은 것은 무엇인가?

Ⓐ 기후 변화들

Ⓑ 격렬한 화산 분출들

Ⓒ 전염성 질병들

Ⓓ 소행성 또는 운석과의 충돌들

Type: Inference

4. 다음 중 2단락에서 많은 양의 이리듐에 대해 추론 가능한 것은 무엇인가?

Ⓐ 그것들은 백악기 말 널리 퍼져 있었다.

Ⓑ 그것들은 지구에 있는 공기와 물을 오염되게끔 야기시켰다.

Ⓒ 그것들은 화산 분출들에 의해 생성될 수 없었을 것이다.

Ⓓ 이리듐의 유독한 수준이 많은 육생 종들을 죽였을 것이다.

Type: Vocabulary

5. 지문의 단어 'hastened(촉진되었다)'와 의미상 가장 가까운 것은

Ⓐ 이동되었다

Ⓑ 입증되었다

Ⓒ 촉진되었다

Ⓓ 시작되었다

Type: Rhetorical Purpose

6. 글쓴이가 '고사리류 스파이크'를 언급하는 이유는 무엇인가?

Ⓐ 왜 소행성 충돌이 육상 식물들에게 영향을 미쳤는지 설명하기 위해

Ⓑ 화산 분출에서 살아남은 몇몇 육상 식물들이 있었다는 것을 암시하기 위해

Ⓒ 갑작스럽고도 극적인 기후의 참사가 있었다는 것을 나타내기 위해

Ⓓ 소행성 충돌설을 뒷받침해 줄 강력한 증거를 제시하기 위해

Type: Factual Information

7. 4단락에 따르면, 현대 파충류들의 조상들이 극심한 멸종 사건에도 불구하고 살아남을 수 있는 것에 대해 설명하는 두 개의 정답을 고르시오. 점수를 얻기 위해서는 두 개의 정답을 선택해야만 한다.

Ⓐ 그들의 먹이였던 조류들과 포유류들이 번성했다.

Ⓑ 그들은 오랜 시간 동안 먹지 않고 버틸 수 있었다.

Ⓒ 그들이 살았던 얕은 물이 충돌의 직접적인 영향들로부터 그들을 보호해 주었다.

Ⓓ 잔사식 생물들이 그들의 생존을 위한 새로운 기반을 마련해 주었다.

재하는 점토암 층에 집중했다. 이 석층은 어디에나 존재하고 있기 때문에, 그들은 특별한 중요성을 가지고 있음이 틀림없다고 판단했다. 나중에 알고 보니, 그들의 느낌은 옳았다. **3D/4A**그 층에 있는 돌에는 그 위와 아래의 암석층보다 이리듐 원소가 1,000배가량 많이 포함되어 있으며, 이것은 지구상에서 이리듐이 얼마나 드물게 존재하는지를 고려하면 놀라운 사실이다. 하지만 이 원소는 유성이나 소행성에는 풍부하게 존재한다.

3 ➡ 그들이 발견한 높은 수치의 이리듐을 바탕으로, 지질학자들은 폭 10킬로미터의 소행성이 지구를 강타했을 것으로 추정했다. 그 정도의 충격이라면 엄청난 쓰나미를 일으키고, 광범위한 지진과 화산 폭발, 지구 전체에 걸친 불바람이 생겨나고, 대기 중으로 폭발된 파편들이 모든 햇빛을 차단하고 심각한 낮은 기온을 일으켰을 것이다. **6D**당시 일어났던 대량 멸종은 분명히 이 사건에 의해 야기되거나 촉진되었을 것이며, 높은 비율의 식물 멸종들의 두 가지 양상으로 이를 확인할 수 있다. 광범위한 식물성 플랑크톤의 소멸과 종자식물의 꽃가루의 급격한 감소는 햇빛의 양이 심각하게 감소했다는 것을 보여준다. **6D**한편, 그 층에서 고사리 화석이 급증하기도 하였다. 양치식물들은 아주 원시적인 육상 식물들이며, 과학자들은 이들이 종종 화산 활동으로 인해 타버린 땅에서 갱생한 최초의 생물이었다는 것을 고사리류 스파이크라고 불리는 현상을 통해 관찰했다. 이들의 성장 급증과 다양성은 대부분의 다른 육상 식물들이 사라졌다는 것을 보여준다.

4 ➡ 고사리들은 멸종 사건에서 살아남은 유일한 생명체들은 아니었으며, 생존에 성공한 생명체들은 충돌 이후의 상황이 어떠했는지에 대해 많은 것을 알려주었다. 현대의 악어들과 거북이들의 조상들이 살아남았는데, **7B**이들은 그들이 음식을 아주 자주 섭취하지 않아도 되었고, 먹지 않고서도 수 달 또는 수년을 살 수 있기 때문이었다. [■A] **7C**그들은 또한 얕은 물 속이나 근처에서 살았는데, 이것이 그들을 직접적인 충돌의 영향으로부터 보호해주었다. [■B] 조류들과 포유류들은 그 재앙에서 살아남았을 뿐만 아니라, 파충류들이 남겨두고 간 많은 틈새를 채우는 데까지 나아갔다. [■C] 대다수의 포유류들은 그들을 보호해줄 지하의 굴속에서 살았으며, 새들과 마찬가지로 곤충들을 먹었다. 비록 많은 종의 곤충들과 다른 무척추동물들도 멸종이 되었지만, 그 파괴적인 사건을 통해 성공적으로 살아남은 종들은 그들의 수를 다시 채워주고 번성한 최초의 동물이 되었다. [■D] 살아남은 무척추동물들은 부패하는 식물이나 동물을 먹고 사는 종들이었으며, 잔사식 생물이라고 알려져 있다.

5 ➡ 지렁이들과 같은 잔사식 생물들은 막대한 양의 음식물을 섭취하였으며, 그들의 개체수는 충돌 직후에 폭발적으로 늘어났다. 일부 지역에서는, 지렁이 굴들로 가득 찬 이암(泥巖)이 K-Pg층 위에 있었으며, 이 동물들이 회복한 최초의 종들 중 하나라는 것을 보여줬다. 그들은 곤충들과 곰팡이류들과 함께 새로운 먹이 사슬의 기반이 되었다. 많은 포유류들, 조류들, 작은 파충류들, 양서류 동물들은 이러한 잔사식 생물들을 먹었으며, 결국 더 큰 포식동물의 먹이가 되었다. 시간이 흐르면서, 꽃을 피우는 종자식물들과 침엽수들이 그들이 이전 영토를 되찾았고, 보통의 먹이 사슬들이 돌아왔다. 하지만 소행성 충돌 직후의 몇 년은, 가장 잘 살아남았던 동물들은 잡식 동물들, 식충 동물들, 죽은 동물을 먹는 동물들이었다. 육지에서는, 식물계가

Type: Factual Information

8. 5단락에 따르면, 해저에 사는 동물들보다 탁 트인 대양에서 사는 동물들에게 멸종이 더 심했던 이유는 무엇인가?

Ⓐ 그들은 생존을 위해 햇빛이 필요했기 때문에.

Ⓑ 그들은 유기체 쓰레기를 먹고 사는 것으로 전환하는 데 실패했기 때문에.

Ⓒ 그들은 제1의 생산자들인 식물성 플랑크톤에 의존했기 때문에.

Ⓓ 그들의 육지에 사는 동물들이 그들과 먹이를 두고 경쟁하기 시작했기 때문에.

심각하게 타격을 받았기 때문에, 순전히 초식하는 대부분의 생물체들이 굶어 죽게 되었다. 육식만을 하는 동물들 역시, 그들의 먹이의 대부분이 초식 동물이었기 때문에, 비슷한 운명에 처하게 되었다. **8C** 바다에서는 탁 트인 대양에 사는 초식 동물들과 육식 동물들이 육지에 사는 동물들만큼이나 크게 고통을 당했는데, 이는 식물성 플랑크톤이 먹이 사슬의 제1차 생산자인데, 그것이 거의 전멸하면서 그 먹이 사슬이 붕괴하고 말았기 때문이다. 해저에 사는 생물체들은 잔사식 생물들이었기 때문에, 사는 데 큰 영향을 받지 않았다.

Type: Insert Text

9. 지문에 다음 문장이 들어갈 수 있는 위치를 나타내는 네 개의 사각형 [■]을 확인하시오.

대다수의 포유류들은 그들을 보호해줄 지하의 굴속에서 살았으며, 새들과 마찬가지로 곤충들을 먹었다.

이 문장이 들어가기에 가장 적합한 곳은? [■C]

Type: Prose Summary

10. 지시문: 지문을 간략하게 요약한 글의 첫 문장이 아래 제시되어 있다. 지문의 가장 중요한 내용을 표현하는 세 개의 선택지를 골라 요약문을 완성하시오. 일부 문장들은 지문에 제시되지 않았거나 지문의 지엽적인 내용을 나타내기 때문에 요약문에 포함되지 않는다. ***이 문제의 배점은 2점이다.***

약 6,500만 년 전, 지구 역사상 가장 최근의 대량 멸종이 발생하며, 지구 생물체들의 약 4분의 3이 소멸되었다.

Ⓑ 과학자들은 멸종 사건을 설명하기 위하여 많은 이론들을 제안했으나, 대부분은 그것의 규모와 속도를 설명할 수 없었기에 무시되었다.
Ⓒ 수많은 종들이 사라진 경계면에서 높은 수치의 이리듐이 발견되었다는 것은 지구와 소행성이 격렬하게 충돌했다는 것을 암시한다.
Ⓕ 대멸종 사건 이후, 특정한 종들의 멸종에 의해 남겨진 생태적 빈틈을 채워준 새로운 생물체들이 급속도로 증가했다.

Ⓐ 페름기-트라이아스기 멸종 사건은 전체 종들이 80퍼센트 이상을 없애 버린, 지구 역사상 가장 파괴적인 사건이었다.
Ⓓ 소행성과의 충돌은 쓰나미, 지진, 거대한 불을 일으켰을 것이며, 모든 태양을 차단함으로써 지구의 온도를 바꾸었을 것이다.
Ⓔ 과학자들은 또한 많은 수의 고사리들을 발견했는데, 이것은 무언가가 지구상의 거의 모든 식물들을 전멸시켰다는 증거이다.

어휘 shellfish n 조개류, 갑각류 | phytoplankton n 식물성 플랑크톤 | paleontologist n 고생물학자 | catastrophic adj 큰 재앙의 | debate v 논의하다, 논쟁하다 | hold v 간주하다, 여기다 | lower v 낮추다, 낮아지다 | volcanic adj 화산의 | poison v (유독 물질로) 오염시키다 | clay n 점토 | geologist n 지질학자 | omnipresent adj 어디에나 있는 | significance n 중요성 | suspicion n 의심, 의혹 | iridium n 이리듐 | astounding adj 놀라운, 믿기 어려운 | considering prep ~을 고려하면 | rare adj 드문 | plentiful adj 풍부한 | meteor n 유성 | elevated adj 높은 | estimate v 추정하다 | wide adj 폭이 ~인 | unleash v 촉발시키다, 불러일으키다 | tsunami n 쓰나미 (엄청난 해일) | earthquake n 지진 | eruption n 분출 | ignite v 불을 붙이다, 점화하다 | definitely adv 분명히, 확실히 | hasten v 촉진시키다 | confirmation n 확인 | die-off n 사망 | dramatic adj 극적인 | meanwhile adv 그 동안에, 한편 | proliferation n 급증, 증식 | fern n 양치식물 (고사리류) | primitive adj 원시의, 초기의 | reclaim v 환원하다 | scorch v (불에) 태우다, 그슬리다 | spike n 급증, 급등 | diversification n 다양화 | survive v 생존하다, 견뎌 내다 | crocodilian n 악어 (악어목의 총칭) | turtle n 거북 | disaster n 재난, 재해 | go on to 이어서~을 하다 | fill v 채우다, 채워지다 | leave v 남겨 주다 | make it through ~을 이겨내다, 버티다 | destruction n 파괴 | flourish v 번창하다, 잘 자라다 | detritivore n 잔사식 생물 (생물의 유기물 조각을 먹고 사는 생물) | earthworm n 지렁이 | explode v 폭발적으로 증가하다, 폭발하다 | mudstone n 이암 (泥岩) | tunnel n 굴 | in turn 결국 | conifer n 침엽수 | omnivore n 잡식 동물 | insectivore n 식충 동물 | scavenger n 죽은 동물을 먹는 동물 | purely adv 순전히, 전적으로 | herbivore n 초식 동물 | be doomed to 운명 지어지다 | carnivore n 육식 동물 | fate n 운명 | prey n 먹이 (사냥감) | counterpart n 상대 | nearly adv 거의 | fare better 더 잘하다 | annihilate v 전멸시키다 | now and then 때때로, 가끔 | frequently adv 자주, 빈번하게 | subsequently adv 그 뒤에, 나중에 | allege v 주장하다 | intense adj 강렬한, 극심한 | infectious adj 전염성의, 전염되는 | pollute v 오염시키다 | hurry v 촉진시키다, 서두르다 | launch v 시작하다 | catastrophe n 참사, 재앙 | switch v 바꾸다 (바뀌다) | detritus

(생물체 등에 의한) 쓰레기 | burrow **n** 굴 | devastating **adj** 대단히 파괴적인 | discount **v** 무시하다 | rapidity **n** 급속(도) | violently **adv** 격렬하게, 극심하게

Type: Factual Information

11. 1단락에 따르면, 휴지기가 다른 형태의 비활동 상태와 다른 이유는

   Ⓐ 그것이 생물을 계절별 기후 변화로부터 보호한다

   Ⓑ 그것이 미성숙한 생물들의 발달을 미루는 일을 포함한다

   Ⓒ 그것은 척추가 없는 동물들에 의해 이용된다

   Ⓓ 그것은 보통 건조한 환경들을 견디기 위한 생물들에 의해 이용된다

Type: Sentence Simplification

12. 다음 중 지문에 음영 표시된 문장의 핵심 정보를 가장 잘 표현한 문장은 무엇인가? 오답은 의미를 크게 왜곡하거나 핵심 정보를 누락하고 있다.

   Ⓐ 동물들은 환경 조건이 변화하기 시작함에 따라 발생하는 자연 현상을 알아챌 수 있기 때문에, 자신들이 속한 환경에서 언제 규칙적인 변화가 발생하는지를 예측할 수 있다.

   Ⓑ 비활동 상태는 온도와 강우의 보통의 계절적 변화들에 생존하기 위해 사용되고, 동물들은 규칙적으로 발생하는 변화들을 통해서 언제 그들이 비활동 상태를 시작할지를 예측할 수 있다.

   Ⓒ 동물들은 온도와 강수량의 갑작스럽고, 예기치 못한 변화를 이겨내기 위해 비활동적인 상태를 종종 이용한다.

   Ⓓ 많은 생물들이 본능적으로 알아차리는 자기 환경에서 나타나는 계절적 변화들보다 더 일찍 비활동적 상태에 들어간다.

Type: Inference

13. 2단락에서 노루에 대해 추론 가능한 것은 무엇인가?

   Ⓐ 새끼가 견뎌내게 하기 위해, 그들은 몹시 추운 겨울 조건 이후에 휴지기를 이용한다.

   Ⓑ 그들은 겨울에 생존하는 것을 돕기 위해 가을에 체지방을 늘린다.

   Ⓒ 그들은 짝짓기하는 시기 때문에 흔치 않은 종류의 사슴이다.

   Ⓓ 그들은 겨울에 동면하지 않는 포유류들이다.

Type: Factual Information

14. 3단락에 따르면, 하면은

   Ⓐ 건조한 환경에 사는 동물들이 주로 쓴다

   Ⓑ 많은 수의 큰 포유류들이 이용하는 생존 전술이다

   Ⓒ 예측 가능한 계절적 변화들을 가진 지역에서 보통 발견된다

   Ⓓ 기온들이 갑자기 떨어지는 곳에서 흔하다

비활동 상태와 생존

1 ➡ 많은 생물들이 세포 성장 속도를 제한하여 에너지를 비축하기 위해 성장과 발달, 신체적 활동이 일시적으로 멈추는 생활 주기에 들어간다. 이러한 비활동 상태는 일반적으로 극단적인 온도 변화나 이용 가능한 식량의 부족 현상 같은 환경적 요인들 때문에 일어난다. 비활동 상태에 들어감으로써, 동물들은 그들의 정상적인 활동 수준을 유지한다면 궁극적으로 그들을 죽일 수 있는 조건들에서 살아남을 수 있다. 겨울이 특별히 춥고 긴 지역에서, 동물들은 동면이라고 불리는 상태에 들어가며, 덥고 긴 여름이 있는 지역들에서는 하면이라고 불리는 상태에 들어간다. **11B**이 두 기제들은 성장의 마지막 단계까지 도달한 동물들이 이용하지만, 일부 생물들은 환경이 좋지 못할 경우 새끼의 성장을 멈출 수도 있다. 이러한 생존 전략은 휴지기라고 불리며, 이러한 전략을 이용하는 종의 대부분은 무척추동물들인 반면 이 전략을 이용하는 고등 생물들도 일부 존재한다.

2 ➡ 비활동 상태는 극단적이지만 정기적인 계절적 온도 변화나 우기와 건기 등의 예측 가능한 환경적 조건에 대한 반응이며, 이러한 조건들은 정기적인 간격으로 일어나기 때문에 동물들은 조건이 변화하기 시작할 때 같은 시기에 일어나는 현상에 기반하여 언제 비활동 상태를 시작해야 할지 예측이 가능하다. 예를 들어, 계절이 여름에서 가을로 변할 때 동물들은 낮이 서서히 짧아지는 현상과 기온이 점점 낮아지는 것을 알 수 있다. [■A] 이러한 현상들은 겨울이 다가오고 있다는 것을 알려주는 지표 역할을 하며, **13D**동면을 하는 동물들에게 긴 잠을 자는 동안 영양분을 공급하기 위해 여분의 지방을 늘리기 위해 먹이 섭취량을 증가시키라고 말해준다. [■B] 동면은 거의 포유류들이 독점적으로 이용하지만, 일부 새들도 동면하기도 한다. **13D**다른 포유류들은 자신과 새끼들이 겨울을 날 수 있도록 하기 위해 휴지기를 이용한다. [■C] 노루는 초가을에 짝짓기를 하지만, 암컷은 먹이가 많은 초여름에 새끼가 태어나도록 하기 위해 배아의 착상을 늦춘다. [■D]

3 ➡ 예측 가능한 계절별 변화들이 있는 지역들에서는 여름잠도 이용되지만, **16C**하면은 예측하기 어려운 변화가 존재하는 기후에서 더 유용하다. 상황이 변화한 뒤 비활동 상태에 들어가는 생물들은 결과적 휴면이라고 불리는 휴면을 이용한다. **14A**이러한 생물들은 기온의 갑작스러운 증가로 먹이와 물이 빠르게 고갈될 수 있는 반건조 지역이나 사막 등의 서식지들에 사는 경향이 있다. 이러한 일이 일어나면 많은 동물들이 죽게 되지만, 비활동 상태에 들어갈 수 있는 동물들은 기온이 내려가고 물이 다시 돌아올 때까지 더 생존 확률을 높일 수 있다. 사막에서 살 수 있는 파충류들은 많이 없지만, **14A**소노란 사막의 쟁기발개구리는 환경의 혹독함을 견디기 위해 하면을 이용한다. 물기가 많던 서식지가 사라지면 이 개구리는 삽 모양의 뒷다리를 이용해 1미터 아래까지 땅을 파서 자신을 묻는다. 그것은 죽은 피

15. 지문의 단어 'severity(혹독함)'와 의미상 가장 가까운 것은

ⓐ 혹독함
ⓑ 갑작스러움
ⓒ 멀리 떨어짐
ⓓ 뜻밖임

Type: Rhetorical Purpose

16. 글쓴이가 '소노란 사막의 쟁기발개구리'를 언급하는 이유는 무엇인가?

ⓐ 가혹한 환경 동안에 예측할 수 없는 휴지기를 가지는 생물에 대한 예시를 들기 위해
ⓑ 양서류들이 건조한 환경에 극도로 잘 견디는 것을 나타내기 위해
ⓒ 예측할 수 없는 환경에서 여름잠을 사용하는 것이 얼마나 효과적인지를 설명하기 위해
ⓓ 쟁기발개구리가 높은 온도에 내성을 쌓았다는 것을 보여주기 위해

Type: Negative Factual Information

17. 4단락에 따르면, 다음 중 암컷 붉은 캥거루들에 대해 사실이 아닌 것은 무엇인가?

ⓐ 그들은 살면서 대부분의 시간 동안 계속 임신해 있다.
ⓑ 그들은 각각의 발달 단계에 있는 새끼의 성장을 중단시킬 수 있다.
ⓒ 생식 주기에 대해 통제력을 갖고 있다.
ⓓ 각자 다른 나이의 새끼들을 동시에 돌볼 수 있다.

Type: Factual Information

18. 5단락에 따르면, 어린 쟁기발개구리는

ⓐ 몇 년 동안 땅속에서 비활동 상태로 있을 수 있다
ⓑ 다리들이 자라나고 얼마 안 있어 휴지기에 들어간다
ⓒ 다른 양서류들에 비해 극히 빠른 속도로 성숙한다
ⓓ 어미들이 땅에서 나오기 전에 태어난다

부와 진흙으로 보호막을 형성하여 다시 비가 올 때까지 잠을 잔다. 일부 작은 포유류 또한 예측하기 어려운 날씨에 대처하기 위해 하면을 이용하지만, 이 기술은 대형 포유류들에는 도움이 되지 않는다.

4 ➡ 호주의 오지는 건조한 기후와 예측하기 어려운 날씨 변화로 잘 알려져 있다. 몹시 건조한 환경에 처하게 되면, 호주의 붉은 캥거루는 생존을 보장하기 위해 휴지기에 의존한다. **17A**번식할 나이가 되면, 암컷 붉은 캥거루들은 거의 항상 임신해 있는 상태이다. 이들은 유대목 동물들이기에, 새끼가 부분적으로 발달한 상태일 때 새끼를 낳는다. **17C/17D**어린 캥거루 새끼는 어머니의 주머니 안으로 기어 올라가 젖꼭지 하나를 물고 수유를 시작한다. 이렇게 되면 어미 캥거루는 다시 짝짓기할 준비가 된다. 난자가 수정되면, 수정란을 정체 상태에 놓는다. 나이가 더 많은 새끼가 주머니를 떠날 때가 되면, 더 어린 새끼는 발달을 시작하고 이 순환은 계속된다. 암컷 붉은 캥거루들은 이미 수정란 휴지기를 평소의 생식 주기에 이용하고 있으므로, 먹이가 적을 때에도 이 방법을 이용할 수 있다. 또한, 암컷들은 어머니가 새끼들에게 충분한 모유를 공급할 수 있도록 생존에 필요한 푸른 초목을 제공할 정도로 비가 충분히 올 때에야 임신한다.

5 ➡ 쟁기발개구리는 가뭄에서 살아남기 위해 하면을 이용하긴 하지만, 생식 주기에서 휴지기를 이용하지는 않는다. 성체 개구리들은 폭풍우가 찾아왔을 때 몇 년간 지하에 있는 보호막 안에 머물러 있을 수도 있으며, 개구리의 알들은 어머니의 몸 외부에서 수정되기에 이는 실현 가능하지 않다. 그 대신 성체 개구리들은 비가 그친 뒤 지하에서 나와 즉시 짝짓기하고, 비가 만든 일시적인 웅덩이들에 알을 낳는다. **18C**대부분의 두꺼비들과 개구리들은 새끼가 알에서 성체로 발달하기까지 수 주가 걸리지만, 쟁기발개구리의 새끼는 놀라운 속도로 성장해서 48시간 이내에 알에서 나와 10일 안에 다리들이 생겨나기 시작한다.

Type: Insert Text

19. 지문에 다음 문장이 들어갈 수 있는 위치를 나타내는 네 개의 사각형 [■]을 확인하시오.

동면은 거의 포유류들이 독점적으로 이용하지만, 일부 새들도 동면하기도 한다.

이 문장이 들어가기에 가장 적합한 곳은? [■B]

Type: Prose Summary

20. 지시문: 지문을 간략하게 요약한 글의 첫 문장이 아래 제시되어 있다. 지문의 가장 중요한 내용을 표현하는 세 개의 선택지를 골라 요약문을 완성하시오. 일부 문장들은 지문에 제시되지 않았거나 지문의 지엽적인 내용을 나타내기 때문에 요약문에 포함되지 않는다. *이 문제의 배점은 2점이다.*

많은 생물들이 자기가 사는 환경 상태가 힘겨워질 때 이 시기에서 생존하려고 비활동 상태를 이용한다.

Ⓐ 하면은 갑자기 상황이 더 악화할 수 있는 곳에 사는 동물들이 보통 이용한다.

Ⓔ 일부 동물들은 불리한 환경에 적응하기 위해 생활 주기의 일부로서 휴지기라고 알려진 내성 단계를 발달시켰다.

Ⓕ 겨울의 상태가 일관적이고 예측 가능한 곳에 사는 종들이 동면을 이용한다.

Ⓑ 대부분의 양서류는 겨울 몇 개월 동안 생존하기 위해 겨울잠이나 여름잠을 이용한다.

Ⓒ 암컷 붉은 캥거루들은 보통 동시에 몇 마리의 새끼들을 낳는다.

Ⓓ 포유류들은 내부 온도를 조종할 수 없으므로 동면을 이용하는 유일한 동물들이다.

어휘 dormancy 🔢 비활동 상태 ㅣ temporarily 🔡 일시적으로 ㅣ halt 🔠 중단시키다, 멈추다 ㅣ conserve 🔠 아끼다, 보존하다 ㅣ rate 🔢 속도 ㅣ cellular 🔣 세포의 ㅣ dormant 🔣 휴면기의 ㅣ maintain 🔠 유지하다 ㅣ aestivation 🔢 하면 (여름잠) ㅣ arrest 🔠 막다, 저지하다 ㅣ diapause 🔢 휴지기 ㅣ predictable 🔣 예측 가능한 ㅣ interval 🔢 간격 ㅣ shorten 🔠 짧게 하다, 짧아지다 ㅣ indicator 🔢 지표 ㅣ fat 🔢 지방 ㅣ sustenance 🔢 음식물, 자양물 ㅣ delay 🔠 지연시키다, 연기하다 ㅣ implantation 🔢 (수정란의) 착상, 이식 ㅣ embryo 🔢 배아 ㅣ consequential 🔣 결과로 일어나는 ㅣ semi-arid 🔣 반건조의 ㅣ toad 🔢 두꺼비 ㅣ endure 🔠 견디다, 참다 ㅣ watery 🔣 물의, 물기가 많은 ㅣ shovel 🔢 삽 ㅣ rear 🔣 뒤쪽의 ㅣ bury 🔠 묻다, 뒤덮다, (땅 속에) 숨기다 ㅣ cocoon 🔢 고치, 보호막 ㅣ outback 🔢 오지 ㅣ confront 🔠 맞서다, 마주치다 ㅣ unusually 🔡 대단히, 몹시, 평소와 달리 ㅣ breeding 🔢 번식, (번식을 위한) 사육 ㅣ pregnancy 🔢 임신 ㅣ marsupial 🔢 유대목 동물 ㅣ partially 🔡 부분적으로 ㅣ joey 🔢 캥거루 새끼 ㅣ pouch 🔢 새끼 주머니 ㅣ teat 🔢 젖꼭지 ㅣ stasis 🔢 정체 ㅣ sibling 🔢 형제자매 ㅣ embryonic 🔣 배아의 ㅣ conceive 🔠 임신하다 ㅣ immediately 🔡 즉시 ㅣ temporary 🔣 일시적인 ㅣ astonishing 🔣 놀라운 ㅣ hatch 🔠 부화하다, 부화되다 ㅣ backbone 🔢 척추, 등뼈 ㅣ state 🔢 상태 ㅣ in advance of ~보다 앞에 ㅣ instinctively 🔡 본능적으로 ㅣ following 🔤 ~후에 ㅣ freezing 🔣 너무나 추운 ㅣ harshness 🔢 혹독함 ㅣ suddenness 🔢 갑작스러움 ㅣ remoteness 🔢 멀리 떨어짐 ㅣ unexpectedness 🔢 뜻밖임 ㅣ resting stage 휴지기 ㅣ resistant 🔣 ~에 잘 견디는 ㅣ tolerance 🔢 내성 ㅣ nurture 🔠 양육하다, 보살피다 ㅣ hostile 🔣 적대적인, 어렵게 하는 ㅣ adverse 🔣 부정적인, 불리한

Passage 3
본서 ㅣ P. 161

Type: Factual Information

21. 1단락에 따르면, 아시아와 북아메리카를 연결하는 육교는

Ⓐ 빙상들의 형성 때문에 결국 파괴되었다

Ⓑ 두 대륙을 약 3,000년 전까지 연결했다

Ⓒ 해수면이 빙하기 동안 낮아졌을 때 형성되었다

Ⓓ 두 대륙들을 짧은 기간만 연결한 좁은 지협이었다

Type: Negative Factual Information

22. 2단락에서 다음 중 Clovis 창끝들에 대해 언급되지 않은 것은 무엇인가?

Ⓐ 그것들은 Alaska에서 베네수엘라까지 아메리카 대륙 전역에서 발견되었다.

Ⓑ 그것들은 약 1930년경 New Mexico의 Clovis에서 최초로 발견되었다.

Ⓒ 그것들은 잘 설계된 돌로 된 창끝들이었으며, 북동 아시아에서 온 것보다 훨씬 더 우수했다.

Ⓓ 그것들은 아메리카 최초의 문명에서 온 증거로 여겨졌다.

Type: Sentence Simplification

23. 다음 중 지문에 음영 표시된 문장의 핵심 정보를 가장 잘 표현한 문장은 무엇인가? 오답은 의미를 크게 왜곡하거나 핵심 정보를 누락하고 있다.

Ⓐ 캐나다에서 만들어진 Clovis 창끝들은 잘 보존되었으며 빙하를 통한 길이 열렸을 때 어떻게 사람들이 Texas로 이동했는지를 추론하기 위해 사용되었다.

베링 육교와 이주

1 ➡ 북미 원주민들은 오늘날 베링 해협의 물결 아래에 있는 육교를 통해 1만 4,000년에서 2만년 사이 전쯤 시베리아에서 북아메리카로 이주한 것으로 여겨진다. 홍적세 빙하기 동안에 북반구는 캐나다와 Alaska, 유럽과 아시아 대부분이 3,000미터 두께의 빙상들로 뒤덮여 있었기에 아주 다른 모습이었다. **21C**이 거대한 빙하 지역은 바다에서 엄청난 양의 물을 제거하여 오늘날보다 해수면이 100미터까지 낮아지게 했다. 해안 지대는 오늘날 위치한 것보다 더 멀었으며, 오늘날 물에 잠긴 곳의 많은 부분은 당시 마른 땅이었다. 그 당시 아시아와 북아메리카는 베링 육교라고 불리는, 일부 지역에서는 1,000킬로미터까지 넓은 육지 다리로 연결되어 있었다. 빙하가 물러나기 시작하면서 캐나다에서 통로가 열려 시베리아에서 사람들이 나와 베링 육교를 통해 남쪽으로 향할 수 있게 되었다.

2 ➡ 아시아인들이 아메리카로 이주했다고 제시한 최초의 인물은 1590년의 스페인 전도사였던 Jose de Acosta라는 인물이었다. 그는 남아메리카와 중앙아메리카 원주민들 사이에서 수십 년을 보냈기에 이들이 북동부 아시아인과 관계되었다고 생각했다. **22B**이 가설은 1930년경 New Mexico의 Clovis에서 발견된 창끝들에서 처음으로 확인되었다. **22A**이 정교하게 제작된 돌 창끝들은 Alaska에 있었던 유물과 같았고, 그 이후로 북아메리카 전역과 베네수엘라만큼 먼 남쪽에서 발견되었다. 가장 믿을 만하게 날짜가 추정된 Clovis 창끝들은 Texas에서 발견되었으며 1만 3,500년이 넘었고, 이는 아시아에서 사람들이 건너와 아메리카에 거주하게 해준, 캐나다의 빙하를 통과하는 길의 존재와 일치한다. **22D**종합하여 볼 때, 이 모든 정보는 Clovis 문화가 최초의 북미 원주민들이었다는 의미로 해석된다.

Ⓑ 확실한 증거가 Clovis 창끝들은 Texas에서 처음 발견되었으며, 약 1만 3,500년 된 것임을 나타냈다.

Ⓒ 가장 정확하게 연대가 추정된 Clovis 창끝들은 Texas에서 발견되었으며, 사람들이 캐나다를 통해 지나갔을 때쯤 제작되었다.

Ⓓ Clovis 창끝들은 아시아에서 발명되어 캐나다의 빙하 통로를 통해 아메리카로 건너왔다.

Type: Vocabulary

24. 지문의 단어 'alternative(대안의)'와 의미상 가장 가까운 것은

Ⓐ 평균의

Ⓑ 다른

Ⓒ 계속되는

Ⓓ 통제되지 않는

Type: Rhetorical Purpose

25. 글쓴이가 혈액형들에 대해 논의하는 이유는 무엇인가?

Ⓐ 이주가 원래 가정했던 것보다 훨씬 일찍 일어났다는 주장을 뒷받침하기 위해

Ⓑ 북미 원주민들이 아시아인들과 어떻게 다른지 보여주기 위해

Ⓒ 오늘날의 북미 원주민들이 그들의 조상과 어떻게 다른지 설명하기 위해

Ⓓ Clovis 문명이 처음 도착한 문명이었다는 것을 보여주는 추가 증거를 제공하기 위해

Type: Inference

26. 다음 중 4단락에서 베링 육교에 대해 추론 가능한 것은 무엇인가?

Ⓐ 땅은 바위가 많았으며 차가운 호수들이 흩어져 있었다.

Ⓑ 그곳의 모든 포유류 종들은 오늘날에도 여전히 존재한다.

Ⓒ 꽃가루를 생산하는 다양한 종류들의 식물들이 그 지역에서 이용 가능하게 되었다.

Ⓓ 그것은 생명을 지탱할 수 있는 초목을 가지고 있었다.

Type: Vocabulary

27. 지문의 단어 'inhospitable(살기 힘든)'과 의미상 가장 가까운 것은

Ⓐ 익숙하지 않은

Ⓑ 믿을 수 없는

Ⓒ 닿을 수 없는

Ⓓ 적합하지 않은

Type: Factual Information

28. 5단락에 따르면, 나데네족 분석이 보여주는 것은

Ⓐ 이것은 예니세이어족에서 갈라져 나왔다

Ⓑ 이것은 수천 년 동안 고립되어 발달했다

Ⓒ 이것은 알려진 어떤 아시아 언어와도 공통점이 거의 없다

Ⓓ 이것은 모든 북미 원주민 언어들의 원천 언어이다

3 ➡ 그러나 최근의 연구는 Clovis 문화가 중요하긴 했지만, 아메리카에서 최초는 아니었을 가능성이 높다는 것을 보여주었다. **25A**아메리카 원주민들의 조상은 전에 생각되었던 것보다 훨씬 더 이른 시기에 아시아를 떠났다고 증거가 보여주는 듯하다. 칠레의 Monte Verde에서 한 정착지가 발견되었으며 이곳에는 집 건축과 암석 벽화, 도구 제조, 심지어 보존된 인간의 발자국들까지 증거로 남아 있었다. 이 유물들은 빙하를 통과한 이주 전으로 추정되므로 그 말은 사람들이 대안의 길로 이동했다는 의미이다. 많은 과학자들은 이들이 작은 뗏목들을 이용해 서부 연안을 따라 이동했을 것으로 생각한다. Oregon의 해변가 동굴에서 발견된 유물들은 Clovis 문화가 생겨나기 전에 이미 그곳에 사람들이 있었다는 사실을 분명히 보여준다. **25A**또한, 전통적인 이주 이론과 맞지 않는 생물학적 자료도 있다. 거의 모든 오늘날의 아메리카 원주민들은 O형이며 소수가 A형이지만, 거의 누구도 B형 혈액형이 아니다. 오늘날의 아시아 인구에는 세 가지 유형이 다 있기에 **25A**북아메리카로의 이주는 B형이 진화해서 생겨나기 전에 일어났을 것이며, 유전학자들은 이 일이 3만년 전에 발생했을 것으로 믿는다. 북미 아메리카인과 북동 아시아인들의 DNA 연구 또한 두 집단들이 2만 5,000년 전쯤 갈라졌을 것이라고 보여준다.

4 ➡ 이러한 사실들은 Clovis 문화 전에 아메리카 대륙에 사람들이 있었다는 사실을 보여주며, 이 사람들은 아시아의 친척들이 아메리카 대륙에 들어오기 전 약 1만년 동안 고립되어 살았다. [■A] 이들은 **베링 육교를 그저 새 대륙으로 가는 다리로만 이용한 것이 아니라, 수천 년 간 삶의 터전으로 삼았을 것이다.** **26D**이들이 이렇게 오래 베링 육교에 머물기 위해서, 베링 육교는 이들이 맞닥뜨렸던 돌이 많고 동식물이 적으며 차가운 호수가 존재하던 캐나다의 살기 힘든 통로와는 아주 다른 환경이었을 것임에 분명하다. [■B] 베링 육교 환경을 다시 재구성하기 위해 과학자들은 베링해의 해저에 드릴로 구멍을 뚫었다. [■C] **26D**이들이 제거해낸 코어들은 이 육지가 물 위에 있었을 때의 토양과 식물 화석들, 꽃가루가 섞여 있었다. [■D] 이 지역은 또한 여름에는 따뜻하고, 겨울에는 춥고 건조했기에 유목민들 역시 쉽게 부양할 수 있었을 것이다.

5 ➡ 베링 육교가 육교뿐만이 아니라 고향이었을 것이라는 더 많은 증거는 아시아와 북아메리카에서 여전히 쓰고 있는 언어들의 분석에서 볼 수 있다. 언어학 연구자들은 북아메리카의 나데네족과 아시아의 예니세이어족을 분석했다. 분석 전에도 이 언어들이 관련 있다는 점은 이미 받아들여지고 있었지만, 예니세이어족과 나데네족의 조어는 아시아에서 생겨나 북아메리카로 넘어왔을 것이라고 가정되고 있었다. **28B**그러나 이 언어들의 컴퓨터 모델은 그 조어가 아시아에서 생겨나 빙상 때문에 수천 년 동안 더 이상의 동쪽 이주가 중단된 베링 육교로 넘어왔다고 설명하고 있다. 빙상들이 물러나고 해수면이 상승하면서 베링 육교의 사람들은 떠날 수밖에 없었다. 일부는 아시아로 돌아간 반면 남은 이들은 아메리카 대륙으로 더 멀리 이주했다.

Type: Insert Text

29. 지문에 다음 문장이 들어갈 수 있는 위치를 나타내는 네 개의 사각형 [■]을 확인하시오.

이들은 베링 육교를 그저 새 대륙으로 가는 다리로만 이용한 것이 아니라, 수천 년 간 삶의 터전으로 삼았을 것이다.

이 문장이 들어가기에 가장 적합한 곳은? [■A]

Type: Prose Summary

30. 지시문: 지문을 간략하게 요약한 글의 첫 문장이 아래 제시되어 있다. 지문의 가장 중요한 내용을 표현하는 세 개의 선택지를 골라 요약문을 완성하시오. 일부 문장들은 지문에 제시되지 않았거나 지문의 지엽적인 내용을 나타내기 때문에 요약문에 포함되지 않는다. *이 문제의 배점은 2점이다.*

북미 원주민들은 아시아와 북미를 연결했던 육교를 통해 이주했다.

> Ⓐ 아시아인들이 북미 원주민의 조상들이라는 가설은 한 스페인 전도사에 의해 처음으로 제시되었다.
> Ⓒ Clovis 문명은 중요하지만, 이들이 아메리카에 최초로 도착한 사람들은 아니었다.
> Ⓕ 북아메리카로 이주한 사람들은 베링 육교에 수천 년 동안 머물렀다.

Ⓑ 거의 모든 북미 원주민들이 O형이며 아무도 B형이 아니다.
Ⓓ Clovis 창끝들은 Alaska에서 베네수엘라까지 모든 지역에서 발견되었으며 사람들이 북미 대륙에서 어떻게 확산하였는지 보여준다.
Ⓔ 베링 육교는 살기 힘든 환경이었기에 그곳으로 이주한 이들은 거기 오래 머물지 않았다.

어휘 emigrate Ⅴ 이주하다 ǀ wave ⓝ 파도, 물결 ǀ strait ⓝ 해협 ǀ northern adj 북부의, 북쪽에 위치한 ǀ hemisphere ⓝ 반구 ǀ Pleistocene adj 홍적세의 ǀ ice age 빙하기 ǀ ice sheet 빙상 (대륙 빙하) ǀ currently adv 현재 ǀ recede Ⅴ 물러나다 ǀ corridor ⓝ 통로 ǀ head Ⅴ 향하다 ǀ missionary ⓝ 선교사 ǀ reckon Ⅴ 생각하다, 예상하다 ǀ spear ⓝ 창 ǀ finely adv 섬세하게, 정교하게 ǀ identical adj 동일한 ǀ reliably adv 믿을 수 있게, 확실히 ǀ date Ⅴ 연대를 추정하다 ǀ existence ⓝ 존재, 실재 ǀ passage ⓝ 통로, (뚫고 나가는) 길 ǀ populate Ⅴ 거주하다, 이주하다 ǀ taken together 종합하여 볼 때 ǀ recent adj 최근의 ǀ previously adv 이전에 ǀ contain Ⅴ ~이 들어있다. 포함하다 ǀ preserve Ⅴ 보호하다, 보존하다 ǀ footprint ⓝ 발자국 ǀ alternative adj 대안의, 대체 가능한, (기존과는) 다른 ǀ coast ⓝ 해안 ǀ biological adj 생물학의 ǀ conflict Ⅴ 충돌하다, 모순되다 ǀ theory ⓝ 이론 ǀ virtually adv 사실상, 거의 ǀ geneticist ⓝ 유전학자 ǀ split up 분리하다, 나누다 ǀ inhospitable adj (사람이) 살기 힘든 ǀ encounter Ⅴ 마주하다 ǀ rocky adj 바위로 된, 바위가 많은 ǀ reconstruct Ⅴ 재구성하다, 재건하다 ǀ core ⓝ 중심부, 핵, 핵심 ǀ nomadic adj 유목의 ǀ analysis ⓝ 분석 ǀ linguistic adj 언어(학)의 ǀ isthmus ⓝ 지협 ǀ precisely adv 정확하게 ǀ suppose Ⅴ 추측하다, 가정하다 ǀ proof ⓝ 증거, 증명, 입증 ǀ arrive Ⅴ 도착하다 ǀ dot Ⅴ 여기저기 흩어져 있다, 산재하다 ǀ familiar adj 익숙한, 친숙한 ǀ dependable adj 믿을 수 있는 ǀ reachable adj 닿을 수 있는 ǀ bear resemblance to ~을 닮다

Actual Test 2

본서 ǀ P. 165

Passage 1
1. A	2. D	3. C	4. B	5. C	6. A	7. A	8. D	9. D	10. A, D, F

Passage 2
11. B	12. B	13. C	14. D	15. A	16. C	17. B	18. A	19. B	20. B, D, E

Passage 3
21. B	22. D	23. D	24. A	25. D	26. D	27. C	28. A	29. D	30. C, D, F

| Passage 1 | 본서 ǀ P. 166 |

Type: Inference

1. 1단락에서 추론할 수 있는 것은

Ⓐ 큰 동물들은 크기가 더 작은 동물들보다 위장에 덜 의존한다

수생 곤충의 위장

1 ➡ **1A**일부 종들은 포식자나 사냥감에게 보이는 것을 피하게 도와주는 어떤 형태의 위장을 이용한다. [■A] **1A**이는 특히 곤충들이나

ⓑ 동물들은 주로 포식자들로부터 숨기기 위해 위장술을 사용한다

ⓒ 위장은 포식자 종이 사냥감을 공격하기 위해 주로 이용한다

ⓓ 대부분의 수생 곤충들은 먹을 수 없는 물체로 자신을 위장한다

Type: Factual Information

2. 2단락에 따르면, 수생 곤충들이 카운터쉐이딩을 이용하는 이유는

ⓐ 그것이 양옆에서 이들을 보기 어렵게 만들기 때문이다

ⓑ 그들은 주변의 물과 섞여 들어야 하기 때문이다

ⓒ 그것이 사냥감을 사냥하고 공격하기 더 쉽게 해주기 때문이다

ⓓ 그들은 두 방향에서 오는 공격에 취약하기 때문이다

Type: Negative Factual Information

3. 2단락에 따르면, 다음 진술들 중 사실이 아닌 것은:

ⓐ Popham은 그의 관찰에 대한 세 번째 설명을 고려하는 데 실패했다.

ⓑ Popham은 자신의 가설을 시험하기 위해 실험들을 진행했다.

ⓒ Popham은 물벌레들이 완전히 무작위로 개울을 고른다는 사실을 발견했다.

ⓓ Popham의 계산은 우연의 가능성을 배제했다.

Type: Vocabulary

4. 지문의 단어 'deliberately(의도적으로)'와 의미상 가장 가까운 것은

ⓐ 개별적으로

ⓑ 의도적으로

ⓒ 결국에

ⓓ 놀랍게도

Type: Rhetorical Purpose

5. 3단락은 본문 전체에 대해 하는 기능은 무엇인가?

ⓐ 그것은 적응을 잘 이용하는 종의 또 다른 예시를 든다.

ⓑ 그것은 언급되었던 인물에 대한 배경 정보를 제공한다.

ⓒ 그것은 이전 문단에서 언급되었던 실험들을 자세히 설명한다.

ⓓ 그것은 전의 이론들과 반대되는 이론들을 제시한 과학자를 소개한다.

Type: Rhetorical Purpose

6. 글쓴이가 '두족류 동물들'을 언급하는 이유는 무엇인가?

ⓐ 물벌레와 이들의 능력들을 비교하기 위해

ⓑ 왜 많은 생물들에게 위장이 필요한 전략인지 설명하기 위해

ⓒ 물벌레들이 보통 어떤 포식자들을 피해 숨는지 알려주기 위해

ⓓ 위장을 사용하는 것으로 잘 알려진 예시를 들기 위해

다른 작은 동물의 경우 그러하다. [■B] 위장의 정도와 종류는 동물이 사는 환경과, 눈에 띄는 것을 얼마나 완전히 피해야 하는지에 따라 크게 달라진다. [■C] 일부 곤충들은 너무 완벽하게 위장해서 포식자들에게 아무런 관심도 끌지 못하는 먹을 수 없는 사물들처럼 보인다. [■D] 예를 들어, 일부 사마귀 종류들은 나뭇잎들과 똑같이 생겼으며, 어떤 애벌레들은 새똥들과 아주 흡사하다. 그러나 대부분의 곤충들은 그들이 사는 환경의 주된 배경색에 섞여 들 수 있도록 해주는 색과 패턴의 몸들을 갖고 있다. 소수의 수생 곤충들은 이들을 먹을 수 없는 사물들처럼 보이게 하는 자연 위장을 하며, 한편 다른 곤충들은 숨기 위해 모래나 다른 식물 등을 몸들에 붙이기도 하지만 대부분은 주변에 섞이기 위한 색을 지니고 있다.

2 ➡ 육지에 기반한 친척들과 달리 **2D**물에 사는 곤충들은 위에서도, 아래에서도 공격받을 수 있다. 그래서 수생 곤충들은 보통 카운터쉐이딩을 이용하는데, 이는 위에서 봤을 때 몸 위쪽은 해저와 섞여 들기 위해 더 어두운 색이, 아래에서 봤을 때 몸 아래쪽은 하늘에 섞이기 위해 더 옅은 색이 되는 것이다. 카운터쉐이딩을 아주 효율적으로 이용하는 한 수생 종은 바로 물벌레이다. 물벌레들은 빛이 흙탕물 바닥 끝까지 도달하는 얕은 연못들에 살기 때문에 몸 위쪽이 갈색이다. 영국의 곤충학자 E.J. Popham은 물벌레들을 연구했을 때 여덟 개의 다른 연못에서 사는 곤충들이 모두 각각 연못의 흙탕물 바닥 색과 꽤 비슷한 색을 띠고 있는 사실을 발견했다. **3D**그의 계산에 따르면, 벌레들의 색이 연못들의 색과 맞아떨어진 빈도는 너무 높아서 우연의 일치가 아니었다. 그는 물벌레들이 자신의 색에 맞는 연못들을 택하거나, 아니면 임의로 연못들을 택했고 배경 색과 맞지 않는 물벌레들은 제거되었다고 추론했다. **3B**그의 실험은 전자의 설명이 옳았다는 것과, **3A**예기치 못한 세 번째 가능성이 있었다는 것도 드러냈다.

3 ➡ Popham의 실험들은 물벌레가 의도적으로 자신의 색과 가능한 가장 비슷하게 일치하는 연못들에 살기를 선택했다는 것을 보여주었다. 벌레들을 아주 다른 색의 수조들에 넣었을 때 벌레들은 불안해하며 더 나은 곳으로 날아가려고 시도했다. 색이 비슷했을 경우 절대 다른 곳으로 옮기려고 하지 않았다. 그는 또한 바닥을 세 구간의 다른 색으로 나눠 칠한 수조에 물벌레들을 넣었다. 벌레들을 넣자 이 벌레들은 어떤 색이 자기 몸과 가장 비슷한지 알아낼 때까지 계속 이동했고, 색이 비슷한 구역에 머물렀다. 게다가, 그는 물벌레들이 환경과 더 잘 어우러지기 위해 색을 바꿀 수 있다는 것도 알게 되었다. **6A**문어들이나 갑오징어들 같은 두족류 동물들처럼 즉시 생김새를 변형할 수는 없어도, 허물을 벗을 때 변화할 수 있다. 이 벌레들은 유충이라고 불리는 작은 버전의 어른벌레들로 알에서 태어난다. 이들은 성장하면서 완전히 자란 크기가 될 때까지 주기적으로 허물을 벗는다. Popham은 어두운 색의 수조에 옅은 색의 유충들을 넣었고, 이들은 성충들이 되자 75퍼센트가 배경과 같은 색이 되었다.

4 ➡ 다른 수생 곤충들은 주변과 섞이는 일에 다른 접근법을 취했다. 위장은 근본적으로 보이지 않게 하는 방법이니, 일부 곤충들은 몸 대부분에 아주 적은 양의 색소만 갖고 있다. 유령 흑파리의 유충들은 색이 그다지 필요 없는 옅은 웅덩이에서 살기 때문에 이들의 몸은 거의 전체가 투명하다. **7A**Jan Stenson이라는 과학자는 이 유충들을 연구할 때 유령 흑파리의 생존 비결은 이들의 색 결핍이라는 사실을 알았다. Stenson은 유충들이 사는 웅덩이에서 이들을 잡아먹는

Type: Factual Information

7. 4단락에 따르면, 물고기들은 유령 혹파리 유충들보다 어두운 혹파리 유충들을 더 먹으려고 하는 이유는 어두운 유충들이

- Ⓐ 보기가 쉬워서이다
- Ⓑ 덜 공격적이어서이다
- Ⓒ 더 많이 움직여서이다
- Ⓓ 잔잔한 물에 사는 것을 선호해서다

Type: Vocabulary

8. 지문의 단어 'transparent(투명한)'와 의미상 가장 가까운 것은

- Ⓐ 가득한
- Ⓑ 밝은
- Ⓒ 어두운
- Ⓓ 투명한

물고기를 제거했고, 유충들의 수는 증가했다. 그리고 황갈색의 색을 가진 비슷한 종을 투입했다. 이 종들은 물고기가 웅덩이에 있었을 때 그 안에 없었으므로, Stenson은 물고기가 이들을 더 노릴 것으로 추측했다. 그러나 더 어두운 종들은 또한 더 활동적이었기에, Stenson은 물고기가 색에 더 이끌리는지, 움직임에 더 이끌리는지를 알아내야 했다. **7A**그는 투명한 유충들에 색을 칠해 원래 어두운 색의 유충들과 똑같이 만들었다. 그 뒤 두 종들을 그 물고기와 함께 수조에 넣었고, 물고기는 두 종들을 똑같이 공격하기 시작했다. 물고기가 유충들의 움직임 때문에 자연적으로 어두운 색의 유충들을 더 공격하지는 않았기에, Stenson은 색깔이야말로 결정 요인이라고 추측했다.

Type: Insert Text

9. 지문에 다음 문장이 들어갈 수 있는 위치를 나타내는 네 개의 사각형 [■]을 확인하시오.

예를 들어, 일부 사마귀 종류들은 나뭇잎들과 똑같이 생겼으며, 어떤 애벌레들은 새똥들과 아주 흡사하다.

이 문장이 들어가기에 가장 적합한 곳은? [■D]

Type: Prose Summary

10. **지시문:** 지문을 간략하게 요약한 글의 첫 문장이 아래 제시되어 있다. 지문의 가장 중요한 내용을 표현하는 세 개의 선택지를 골라 요약문을 완성하시오. 일부 문장들은 지문에 제시되지 않았거나 지문의 지엽적인 내용을 나타내기 때문에 요약문에 포함되지 않는다. *이 문제의 배점은 2점이다.*

수생 곤충들은 다른 대다수의 작은 생물들과 마찬가지로 그들의 환경에 섞여 들기 위해 위장을 이용한다.

> Ⓐ 대부분의 수생 곤충들은 위와 아래에 있는 것 둘 다에 맞춰야 하므로 카운터쉐이딩에 의존한다.
> Ⓓ Popham은 물벌레가 환경에 어떻게 섞여 드는지를 밝혀낸 실험들을 진행했다.
> Ⓕ 유령 혹파리들은 포식자가 이들을 보는 것을 어렵게 만드는 투명한 몸들을 갖고 있다.

- Ⓑ 물속에 사는 대부분 생물들은 이들이 먹지 못하는 사물들과 닮도록 만드는 위장을 이용한다.
- Ⓒ 물벌레들은 더 나은 환경을 찾기 위해 날아가는 능력이 있으며, 이는 수생 곤충들에는 흔하지 않다.
- Ⓔ 물고기들은 더 어두운 색의 혹파리 유충들이 색이 옅은 유충들보다 더 많이 움직이기에 이들에게 더 끌려든다.

어휘 camouflage ⓝ 위장 ⓥ 위장하다 | complete adj 완벽한, 완전한, 완료된 | inedible adj 먹을 수 없는 | object ⓝ 물체 | interest ⓝ 관심, 흥미 | color ⓥ 색칠하다 ⓝ 색깔 | pattern ⓥ 무늬를 만들다 | affix ⓥ 붙이다 | sand ⓝ 모래 | side ⓝ (어느 한) 쪽[측], 옆면, 측면 | shade ⓝ 그늘, 음영, 색조 | water boatman 물벌레 | pond ⓝ 연못 | muddy adj 흙탕물의, 탁한 | closely adv 밀접하게, 면밀하게 | match ⓝ ~와 비슷한 것 ⓥ 걸맞다, ~와 조화되게 하다, 맞먹다 | respective adj 각각의 | calculation ⓝ 계산 | frequency ⓝ 빈도, 빈번 | coincidence ⓝ 우연의 일치, 동시에 일어남 | experiment ⓝ 실험 | the former (둘 중) 전자 | explanation ⓝ 설명 | unexpected adj 예기치 않은, 뜻밖의 | place ⓥ 놓다, 두다 | agitated adj 불안해하는 | cephalopod ⓝ 두족류 동물 | octopus ⓝ 문어 | cuttlefish ⓝ 갑오징어 | molt ⓥ 탈피하다, 허물을 벗다 | nymph ⓝ 유충 | periodically adv 주기적으로 | shed ⓥ (허물을) 벗다 | invisible adj 보이지 않는 | pigment ⓝ 색소 | larvae ⓝ (larva의 복수형) 유충 | phantom midge fly 유령 혹파리 | transparent adj 투명한 | join ⓥ 가담하다 | related adj ~에 관련된 | tinted adj 색조를 띠는 | active adj 활동적인, 적극적인 | proceed ⓥ ~에 계속해서 ~을 하다 | equally adv 동등하게 | determinant ⓝ 결정 요인 | chiefly adv 주로 | rule out 제외시키다, 배제하다 | on purpose 의도적으로 | detail ⓥ 상세하게 하다 | contradict ⓥ 반박하다, 모순되다 | aggressive adj 공격적인 | mobile adj 이동하는, 기동성 있는 | praying mantis 사마귀, 버마재비 | caterpillar ⓝ 애벌레 | remarkably adv 현저하게 | droppings ⓝ (새나 짐승의) 똥 | resemble ⓥ 닮다, 비슷하다

Type: Factual Information

11. 1단락에 따르면, 다음 중 드바라바티 왕국에 대해 사실인 것은 무엇인가?

Ⓐ 드바라바티 왕국은 수 세기 동안 강력한 제국이었다.

Ⓑ 왕국의 위치는 육상 교역로들을 이용할 수 있게 해주었다.

Ⓒ 드바라바티 왕국의 수도는 시암 만 연안에 위치해 있었다.

Ⓓ 드바라바티 사람들은 외국 문화들의 영향에 저항했다.

Type: Inference

12. 1단락에서 불교에 대해 추론 가능한 것은 무엇인가?

Ⓐ 그것은 동남아시아 전역에 빠르게 확산하였다.

Ⓑ 그것은 드바라바티 왕국이 나타나고 난 후 공식적인 종교가 되었다.

Ⓒ 드바라바티의 황제가 기원전 3세기에 인도로 사절단들을 보냈고, 그들이 불교를 드바라바티로 들여왔다.

Ⓓ 드바라바티의 왕은 기원전 3세기에 인도 선교사들을 만난 후 불교로 개종했다.

Type: Vocabulary

13. 지문의 단어 'dispersal(분산)'과 의미상 가장 가까운 것은

Ⓐ 재배치

Ⓑ 이주

Ⓒ 분산

Ⓓ 인구

Type: Rhetorical Purpose

14. 글쓴이가 특정한 동전을 언급하는 이유는 무엇인가?

Ⓐ 드바라바티가 돈을 사용한 최초의 아시아 문화들 중 하나였다는 것을 증명하기 위해

Ⓑ 금속을 다루는 사람들의 기술에 대한 예시를 들기 위해

Ⓒ 드바라바티 왕국이 교역했던 문화들이 얼마나 널리 퍼져있었는지를 보여주기 위해

Ⓓ 그 문화에 부여된 이름의 유래를 설명하기 위해

Type: Vocabulary

15. 지문의 단어 'configuration(배치)'과 의미상 가장 가까운 것은

Ⓐ 배치

Ⓑ 요새화

Ⓒ 위치

Ⓓ 환경

Type: Negative Factual Information

16. 3단락에 따르면, 다음 중 드바라바티 정착지들에 대해 언급되지 않은 것은 무엇인가?

Ⓐ 그것들은 보통 둥근 모양을 하고 있었다.

Ⓑ 그것들은 인구가 많았다.

드바라바티 왕국

1 ➡ 동남아시아에서 불교를 완전히 받아들였던 최초의 문명은 오늘날 태국의 중앙과 북동쪽에 있는 드바라바티 문명이었다. **12B**인도의 Ashoka 황제가 보낸 불교 선교사들은 기원전 3세기에 그 지역에 처음 도착했지만, 드바라바티 왕국이 존재하기 전까지 이 종교는 정부가 승인한 것이 아니었다. 이 왕국에 대해 완전히 확실하게 알려진 것은 거의 없으며, 특히 국경이나 수도 혹은 수도 도시들이 어디에 위치했는지에 관해서는 거의 알려지지 않았다. 그것은 분명한 문화를 가졌지만, 결코 제국으로 발달하지는 못한 것으로 보인다. **11B**그러나 그 문화의 것으로 보였던 많은 예술품과 유물들은 그 사람들이 마르타반 만과 시암 만 사이의 육상 교역로들을 이용할 수 있도록 하는 많은 도시들이 있는 커다란 지역을 점령했다는 사실을 보여준다. 그들의 예술품들이나 건물들에 새겨진 글들은 그들이 몬 언어를 사용했으며 이 지역을 6세기에서 9세기까지 지배했다는 것을 나타낸다.

2 ➡ 유적지의 분산과 거기서 발견된 무수한 물건들은 연구자들에게 이 문명에 관해 존재하는 대부분의 정보를 제공해 주었다. **14D**드바라바티라는 이름은 '드바라바티의 군주'라고 쓰인 가장 인구 밀도가 높은 지역에서 발견된 동전에서 유래되었다. 그 지역에서 가장 인구 밀도가 높은 곳에 살던 사람들은 태국 중앙 평야 지역의 가장자리를 따라 있었던 것으로 보이며, 가장 오래된 정착지 또한 이곳에서 발견된다. 다른 마을들은 서쪽으로 미얀마, 동쪽으로 캄보디아, 그리고 북동쪽으로 코랏 고원으로 이어지는 길들을 따라 발견된다. 이 유적지들의 위치와 작은 구슬, 램프, 동전 등 그들에서 발견된 외국의 공예품들은 이 길들이 고대의 교역로들였음을 보여준다. 드바라바티 왕국은 정치적 영향력이 크게 발달하지 않았음에도 불구하고, 경제적, 문화적으로 중요했던 것으로 보인다.

3 ➡ 드바라바티 왕국의 일부로서 이 모든 유적지들을 연결하는 고고학적 증거는 그들의 일반적인 배치와 많은 불교 공예품들을 보여준다. **16A**우선, 마을들은 보통 원형이나 타원형의 형태를 가지고 있었고, 요새화된 흙벽과 해자로 둘러싸였다. 그들은 10제곱킬로미터까지 달했는데, **16B**이것은 그들이 상당한 인구를 가졌다는 것을 암시한다. 도시에 살았던 사람들은 아마도 주변 시골에 살던 농부들의 지원을 받았을 것이다. 도회인들은 종종 금속과 목재, 직물, 향신료를 거래하는 상인들이었다. **16D**도시에는 또한 커다란 종교 복합 건물들이 있었으며, 그 대부분은 불교 사원들로 지어졌거나 사원으로 개조되었다. 도시들에서 발견된 글들은 지역의 역사에 대한 많은 통찰을 전해주지는 않지만, 다수가 고대 인도의 문자 체계인 산스크리트어로 쓰여 있었다. 이는 그들이 남아시아로부터 종교 이상의 것들을 받아들였음을 보여준다. 많은 비문들은 돌로 조각했거나 테라코타로 만들어진 불교 조각품들에서 발견되었다. **17B**이 독특한 조각품들은 이 지역 특유의 것이지만, 인도로부터 큰 영향을 받았다는 것을 보여준다. 대부분의 유적지에는 또한 부처의 모습을 담은 많은 소형 점토판들이 있다. 이 점토판들에 대해 가장 중요한 점은 이들이 산스크리트어와 몬 언어 둘 다로 쓰여졌다는 것이다.

4 ➡ 발견된 정착 지역들과 유물들이 드바라바티 왕국의 규모를 증명하지만, 이 왕국의 진정한 규모와 국경은 여전히 알려지지 않은 상

Ⓒ 그것들은 주로 교역에 의해 지탱되었다.

Ⓓ 그것들은 종교적인 건물들을 포함했다.

Type: Factual Information

17. 3단락은 불교 유물들에 대해 다음 중 뒷받침하는 것은 무엇인가?

Ⓐ 그들 위에 새겨진 글들은 종교적인 문제들, 특히 신들의 행위들에 대하여 다루었다.

Ⓑ 그들은 인도와의 접촉이 얼마나 큰 영향을 미쳤는지 보여준다.

Ⓒ 그들을 사용함으로써, 산스크리트어와 몬 문자의 관계를 알아낼 수 있을 것이다.

Ⓓ 그들에 대한 기록의 필요가 점토판들의 사용으로 이어졌다.

Type: Factual Information

18. 4단락에 따르면, 어느 문화가 드바라바티를 대체하였는가?

Ⓐ 태국

Ⓑ 중국

Ⓒ 크메르

Ⓓ 버마

태이다. [■A] 왕국의 민족 조성과 정치 구조가 확실히 정의되지 않은 것도 한 요인이다. [■B] 그럼에도 불구하고, 드바라바티의 역사에 대해 알려진 것은 그들의 이웃들이 쓴 역사적 문헌들에 짧게 언급된 내용들에서 온 것이다. 몬 사람들은 중국 서부에서 온 것으로 여겨지고 있으며, 중국 제국의 압박 때문에 이 반도로 이주했다. [■C] 6세기에 그들은 독립적인 왕국으로 발전했으나 통치권은 오래 가지 못했다. [■D] 10세기에 버마 사람들에게 정복되었고 11세기부터 13세기까지 크메르인들의 지배를 받았으며, **18A**13세기에는 태국 제국에 완전히 흡수되었다. 그러나 드바라바티 왕국은 정치적으로 약했지만, 자신들의 관습과 종교를 유지해냈다. 이들은 인도와의 이른 접촉을 통해 독특한 문화를 받았고, 동남아시아 전역에 인도의 예술, 문학, 종교를 전파했다. 한 나라가 정복당하게 되면 보통 지배 국가의 문화 요소들을 받아들이지만, 버마와 크메르, 그리고 태국의 문자 체계와 문학, 예술, 정부와 종교는 모두 드바라바티 왕국의 영향을 받았다. 실제로 이들 모두 오늘날도 주로 불교문화를 유지하고 있다.

Type: Insert Text

19. 지문에 다음 문장이 들어갈 수 있는 위치를 나타내는 네 개의 사각형 [■]을 확인하시오.

그럼에도 불구하고, 드바라바티의 역사에 대해 알려진 것은 그들의 이웃들이 쓴 역사적 문헌들에 짧게 언급된 내용들에서 온 것이다.

이 문장이 들어가기에 가장 적합한 곳은? [■B]

Type: Prose Summary

20. 지시문: 지문을 간략하게 요약한 글의 첫 문장이 아래 제시되어 있다. 지문의 가장 중요한 내용을 표현하는 세 개의 선택지를 골라 요약문을 완성하시오. 일부 문장들은 지문에 제시되지 않았거나 지문의 지엽적인 내용을 나타내기 때문에 요약문에 포함되지 않는다. *이 문제의 배점은 2점이다.*

드바라바티 사람들은 동남아시아에서 가장 먼저 불교 국가가 된 최초의 문화였다.

Ⓑ 드바라바티에 대해 알려진 대부분은 고고학적 발견들에서 나온다.

Ⓓ 드바라바티와 관련된 다양한 부지는 서로 많은 공통 요인들을 공유하고 있다.

Ⓔ 드바라바티 사람들은 동남아시아 전역에 인도 문화를 확산시킨 주역이었다.

Ⓐ 드바라바티는 중국 서쪽 지역에서 기원했으며 중국 제국을 피해 이 반도로 이주했다.

Ⓒ 드바라바티 왕국은 드바라바티 왕국을 통치하는 국가들의 문화에 큰 영향을 받았다.

Ⓕ 드바라바티 문명이 만든 조각들은 인도가 그들에게 얼마나 많은 영향을 끼쳤는지 보여준다.

어휘 embrace Ⓥ 받아들이다 | Buddhism Ⓝ 불교 | emperor Ⓝ 황제 | sanction Ⓥ 허가하다 | come into existence 나타나다, 생기다 | certainty Ⓝ 확실성 | especially adv 특히 | boundary Ⓝ 경계 | capital Ⓝ 수도 | definable adj 분명한, 정의할 수 있는 | empire Ⓝ 제국 | artwork Ⓝ 예술품 | occupy Ⓥ 차지하다, 점령하다 | overland adj 육로의 | dispersal Ⓝ 분산 | coin Ⓝ 동전 | plain Ⓝ 평원 | plateau Ⓝ 고원 | bead Ⓝ 작은 구슬 | political adj 정치적인 | configuration Ⓝ 배치, 배열 | wealth Ⓝ 부, 부유함, 풍부한 양, 다량 | oval adj 타원형의 | fortify Ⓥ 요새화하다 | earthen adj 흙으로 된 | moat Ⓝ 해자 | sizable adj 상당한 크기의 | urbanite Ⓝ 도시인, 도회인 | timber Ⓝ 목재 | spice Ⓝ 향신료 | complex Ⓝ 단지, 복합 건물, 집합체 | temple Ⓝ 사원 | yield Ⓥ 산출하다, 굴복하다, 넘겨주다 | sculpture Ⓝ 조각품, 조소 | carve Ⓥ 조각하다, 깎아서 만들다 | terracotta Ⓝ 테라코타 | distinctive adj 독특한 | scores of 많은 | clay tablet 점토판 | script Ⓝ 문자 | attest Ⓥ 증명하다, 입증하다 | border Ⓝ 경계 (지역) | in part 부분적으로 | composition Ⓝ 구성 |

entity **n** 독립체 I sovereignty **n** 통치권, 자주권 I custom **n** 관습, 풍습 I disseminate **v** 퍼뜨리다, 전파하다 I literature **n** 문헌, 문학 I subjugator **n** 정복자 I indeed **adv** 실제로 I exploit **v** 이용하다, 활용하다 I resist **v** 저항하다 I take shape 형태를 갖추다, 구체화되다 I delegate **n** 대표 I relocation **n** 이주 I arrangement **n** 배치 I fortification **n** 요새화 I mainly **adv** 주로 I deed **n** 행동, 행위 I brief **adj** 짧은, 간단한 I reference **n** 언급, 언급한 것 I find **n** 발견물 I govern **v** 통치하다, 지배하다

Type: Inference

21. 다음 중 1단락에서 지구의 표면을 형성한 요인들에 대해 추론 가능한 것은 무엇인가?

Ⓐ 풍화 작용은 지구의 표면에 갑작스러운 변화를 야기한다.

Ⓑ 과학자들은 충돌 사건의 빈도에 대한 그들의 의견을 바꾸었다.

Ⓒ 천체 충돌 사건들은 종종 격한 화산 폭발들을 야기했다.

Ⓓ 내부의 힘들은 외부의 힘들보다 지구의 표면에 더 많은 영향을 끼친다.

Type: Negative Factual Information

22. 다음 중 1단락에서 지구의 표면에 영향을 주는 힘에 대해 언급되지 않은 것은 무엇인가?

Ⓐ 풍화 작용

Ⓑ 화산 활동

Ⓒ 대륙 이동

Ⓓ 조산 운동

Type: Sentence Simplification

23. 다음 중 지문에 음영 표시된 문장의 핵심 정보를 가장 잘 표현한 문장은 무엇인가? 오답은 의미를 크게 왜곡하거나 핵심 정보를 누락하고 있다.

Ⓐ 소행성대와 카이퍼대는 지구가 통과해 지나치는 유성들이 있는 지역이다.

Ⓑ 소행성들은 해왕성 너머 카이퍼대에서 오고, 혜성은 목성과 화성 궤도 사이의 지역에서 온다.

Ⓒ 가장 잘 알려진 유성 구름들은 목성과 화성의 궤도 사이, 그리고 해왕성을 지나 위치하는 것들이다.

Ⓓ 화성과 목성 사이와 카이퍼대에 있는 천체들이 잘 알려졌지만, 태양 주위를 도는 다른 천체들뿐만 아니라 유성 구름들도 있다.

Type: Rhetorical Purpose

24. 글쓴이가 'Theia'를 언급하는 이유는 무엇인가?

Ⓐ 지구의 위성의 기원을 설명하기 위해

Ⓑ 지구가 어떻게 거의 파괴되었는지 묘사하기 위해

Ⓒ 지구와 충돌한 가장 큰 물체를 나타내기 위해

Ⓓ 얼마나 많은 물체들이 달과 충돌했는지를 보여주기 위해

거대 충돌 사건들

1 ➡ 지구와 다른 지구형 행성들의 표면들은 **22B**화산 활동과 **22C**판구조론을 포함한 내부적 힘과, **22A**풍화 작용과 천체와의 충돌 사건들을 포함한 외부적 힘 둘 다에 의해 만들어졌다. 판구조론과 풍화 작용은 충분히 긴 시간에 걸쳐 측정했을 때를 제외하면 보통 알아차리기 어려운 점진적인 과정이지만, 화산 활동과 충돌 사건들은 갑작스러우며 종종 대변동이 일어난다. 우주에서 지속해서 파편들이 지구에 많이 날아오지만, 그 물질의 대부분은 마찰 가열 때문에 대기에서 타 버린다. **21B**그래서 과학자들은 한때 충돌 사건들이 지구 표면의 전반적인 구조에 큰 영향을 주지 않았을 거라고 믿기도 했다. 확실히 거대 충돌 사건들은 유성체와 소행성, 심지어 유성이 지구에 충돌했을 때 일어났지만 이런 사건은 흔치 않은 것으로 여겨졌다. 그러나 과학자들은 최근 이 거대 충돌 사건들이 전에 생각했던 것보다 훨씬 더 자주 있었으며, 지구의 현재 상태에 크게 일조했을지도 모른다는 것을 알게 되었다.

2 ➡ 예전보다 훨씬 파편의 수가 줄어들었지만, 태양계에는 여전히 태양계 형성으로 인해 남겨진 파편이 엄청나게 많다. 가스와 먼지구름들부터 달 크기의 소행성까지, 이 천체들은 일부 구역에 다른 구역보다 더 많이 집중되어 있다. 해왕성을 지나는 카이퍼대와 화성과 목성 사이에 있는 소행성대가 널리 알려졌지만, 지구가 주기적으로 통과하는 유성 구름들은 물론, 태양 주위에서 자신의 경로로 이동하는 혜성, 소행성 등도 있다. 태양계가 형성된 지 얼마 안 되었을 때 태양은 오늘날 존재하는 행성들에 점차 달라붙게 된 원반형의 물질들로 둘러싸여 있었다. 행성들의 크기가 커짐에 따라, 행성들은 그들의 질량의 대부분을 얻은 큰 물체들에 의한 많은 충돌을 겪었다. **24A**널리 인정받는 이론에 따르면, Theia라는 이름의 미행성 물체가 이 무렵 두 물체가 완전히 파괴되는 것을 막는 각도로 지구와 충돌했다. 이 충돌에서 우주로 날아갔지만 지구의 중력에 붙잡힌 물질에서 달이 형성되었으며, 그 이후 달은 사실 다른 많은 물체들을 막아주며 지구의 보호자 역할을 하고 있다.

3 ➡ 약 38~41억년 전, 내행성들은 후기 운석 대충돌기(LHB)라고 불리는 극심한 소행성 충돌 시기를 겪었다. 이 충돌 사건들의 증거는 수성과 금성, 화성, 그리고 달에서 거대하고 오래된 분화구의 형태로 분명하게 볼 수 있다. [■A] 물체들은 충돌하면서 보통 없어지다시피 하며 산산이 흩어지기 때문에, **25D**충돌한 물체의 크기와 그 물체가 이동하던 속도는 충돌에서 남겨진 분화구의 크기로 추정해야 한다. [■B] 달과 내행성들이 가진 분화구들의 크기로 판단했을 때, 후기 운석 대충돌기 동안의 충돌에서 발산된 에너지는 어마어마

Type: Factual Information

25. 3단락에 따르면, 과학자들이 충돌 사건들에 대해 추정해야만 하는 것은 무엇인가?

- Ⓐ 방출된 에너지의 양
- Ⓑ 충돌이 발생했던 시기
- Ⓒ 분화구의 크기들
- Ⓓ 충돌한 천체의 크기

Type: Vocabulary

26. 지문의 단어 'velocity(속도)'와 의미상 가장 가까운 것은

- Ⓐ 방향
- Ⓑ 중심
- Ⓒ 인근
- Ⓓ 속도

Type: Factual Information

27. 4단락에 따르면, Vredefort 분화구는

- Ⓐ 약 15킬로미터의 지름을 갖고 있다
- Ⓑ 쉽게 식별될 수 있다
- Ⓒ 가장 최초의 확인된 충돌 사건이다
- Ⓓ 분출된 물질들을 이용하여 찾아냈다

Type: Factual Information

28. 5단락에 따르면, 후기 운석 대충돌기 소행성들이 초기의 생명체에 어떤 영향을 미쳤는가?

- Ⓐ 그들은 초기의 생명체가 탄생하는 데 필요한 구성 요소들을 제공했을지도 모른다.
- Ⓑ 그들은 이 사건 전에 존재하던 어떠한 생물들이라도 제거했을지도 모른다.
- Ⓒ 그들은 생명이 시작될 수 있도록 충분히 기온을 바꾸었을지도 모른다.
- Ⓓ 그들은 지진을 일으켜 암석 형성에 변화들을 야기했을지도 모른다.

해서, 거대한 지진 사건들을 일으켰을 것이다. [■C] 달의 극단적으로 푹 팬 표면과, 대부분 손상을 받지 않은 지구의 표면은 대기가 행성을 얼마나 보호하는지 나타낸다. [■D] **그럼에도 불구하고, 지구는 후기 운석 대충돌기 동안 일어났던 충돌에 시달렸을 것이 분명하다.**

4 ➡ 지구에서 거대 분화구들이 아주 적게 발견되는 이유는 지표면을 형성하는 다른 요인들과 관련이 있다. 화산 활동과 판구조론이 지각을 갈아엎으며 많은 분화구들을 덮거나 없앴지만, 대부분은 풍화 작용으로 서서히 사라졌다. **27C**지구에서 가장 오래된 충돌 사건이라고 확인된 사건은 약 10~15킬로미터 지름의 소행성이 20억 2,300만 년 전 충돌하여 약 300킬로미터에 달하는 분화구를 남겼을 때 발생했다. 이 브레데포트 분화구는 원소들에 의해 거의 완전히 지워졌기에 그 분화구는 충돌에 의해 야기된 암석 형성의 흔적을 통해 우주에서만 볼 수 있다. 과열된 물질들로 구성된, 이전의 충돌 때 떨어져 나온 파편들이 발견되고 연도 측정되었지만 이들이 생겨난 분화구는 사라진 지 오래다.

5 ➡ 다수의 오래된 분화구들은 처음 형성되었을 때 크기는 훨씬 더 컸겠지만, 적절히 이름 지어진 미국 Arizona의 유성 분화구와 닮았을 것으로 보인다. 유성 분화구는 약 5만년 전 50미터의 지름을 가진 한 운석이 충돌하면서 만들어졌다. 상대적으로 작은 크기의 이 충돌 운석은, 형성된 지 얼마 되지 않아 주변 풍경과 확실히 대비되는 약 1,186미터 크기의 분화구를 형성했다. 오늘날 후기 운석 대충돌기 시기에서 온 충돌 물질들에 대한 증거가 적게 남아 있긴 하지만 과학자들은 이들의 유산이 계속되고 있다고 믿는다. **28A**후기 운석 대충돌기 시기 때 지구와 충돌했던 물체들은, 이들이 없었다면 거의 존재하지 않았을 많은 원소들과 더불어 지구에 있는 대부분의 물을 제공했다. 일부 과학자들은 또한 충돌 뒤 지구의 열기가 식고 안정되었을 때, 생명의 발달을 시작했을지도 모르는 휘발성 화학 물질을 소행성과 유성이 침전시켰을 수도 있다고 믿는다.

Type: Insert Text

29. 지문에 다음 문장이 들어갈 수 있는 위치를 나타내는 네 개의 사각형 [■]을 확인하시오.

그럼에도 불구하고, 지구는 후기 운석 대충돌기 동안 일어났던 충돌들에 시달렸을 것이 분명하다.

이 문장이 들어가기에 가장 적합한 곳은? [■D]

Type: Prose Summary

30. 지시문: 지문을 간략하게 요약한 글의 첫 문장이 아래 제시되어 있다. 지문의 가장 중요한 내용을 표현하는 세 개의 선택지를 골라 요약문을 완성하시오. 일부 문장들은 지문에 제시되지 않았거나 지문의 지엽적인 내용을 나타내기 때문에 요약문에 포함되지 않는다. *이 문제의 배점은 2점이다.*

증거의 대부분이 사라지긴 했지만, 지구는 다수의 거대 충돌 사건들을 견뎠다.

ⓒ 태양계는 과거에 많은 물체가 그랬던 것처럼 지구에 충돌할 수 있는 많은 물체들을 포함하고 있다.

ⓓ 거대 충돌 사건들에서 만들어진 분화구들의 대다수는 풍화 작용과 내부적 힘들로 서서히 사라졌다.

ⓕ 후기 운석 대충돌기는 지구를 포함한 내행성들에 영향을 끼쳤다.

Ⓐ 소행성이 행성에 충돌하면 모든 물체들은 초기 폭발에서 파괴된다.

Ⓑ 후기 운석 대충돌기 동안 지구에 도달했던 소행성들은 많은 양의 물을 없앴다.

Ⓔ 달은 지구가 생겨난 지 얼마 되지 않은 행성이었을 때 일어난 거대한 충돌 사건에서 만들어졌다.

어휘 terrestrial planet 지구형 행성 | internal adj 내부의 | volcanism n 화산 활동 | plate tectonics 판구조론 | weathering n 풍화 | celestial object 천체 | imperceptible adj 감지할 수 없는 | measure v 측정하다 | sufficiently adv 충분히 | volcanic eruption 화산 폭발 | shower v 빗발치듯 쏟아지다[퍼붓다] | burn up 전소되다, 타 오르다 | frictional heating 마찰 가열 | meteoroid n 유성체 | recently adv 최근에 | crowd v 가득 메우다 | solar system 태양계 | range from A to B 범위가 A에서 B에 이르다 | moon n 달, 위성 | past prep ~을 지나, ~을 넘어 n 과거 | surround v 둘러싸다 | disc n 원반 | accrete v (부착하여) 커지다 | accept v 받아들이다, 인정하다 | planetoid n 미행성 | angle n 각도 | prevent v 막다 | thoroughly adv 완전히, 철저히 | destroy v 파괴하다 | blast v 폭발하다 | guardian n 수호자 | intercept v 가로막다 | inner planet 내행성 | bombardment n 충격 | Late Heavy Bombardment 후기 운석 대충돌기 | Mercury n 수성 | Venus n 금성 | in the form of ~의 형태로 | crater n 분화구, 큰 구멍 | impactor n 충돌하는 물체 | velocity n 속도 | obliterate v 없애다, 지우다 | scatter v 흩어지다 | judging from ~으로 판단컨데 | massive adj 거대한 | seismic adj 지진의 | pockmarked adj 구멍이 패여 있는, 자국이 나 있는 | unblemished adj 흠 없는 | shape v 형성하다 | cover v 가리다, 덮다 | recycle v 재활용하다, 재생하다 | crust n 딱딱한 층, 지각 | confirm v 확인하다 | erase v 지우다, 없애다 | superheated adj 과열된 | eject v 방출하다, 분출하다, 뿜어내다 | aptly adv 적절히 | name v 명명하다 | stand out 눈에 띄다 | landscape n 풍경 | youth n 젊음 | absent adj 없는, 부재의 | volatile adj 변덕스러운, 휘발성의 | onset n 시작 | violent adj 격렬한, 극심한 | continental drift 대륙 이동 | mountain building 조산 운동 | beyond prep ~너머, ~지나 | origin n 기원 | dimension n 규모, 크기 | ingredient n 성분, 구성 요소 | initial adj 처음의 | explosion n 폭발

PAGODA
TOEFL
70+ Reading